노동 빈곤과 토지 정의

-교황에게 보내는 공개서한

노동 빈곤과 토지 정의
-교황에게 보내는 공개서한

헨리 조지 지음 / 김윤상 옮김

경북대학교출판부

김윤상

경북대학교 석좌교수(사회정의, 토지정책 전공)
미국 펜실베이니아대학교(도시계획학 박사)
서울대학교 법과대학(법학사)

주요 저·역서
『특권 없는 세상: 헨리 조지 사상의 새로운 해석』(2013)
『지공주의: 새로운 토지 패러다임』(2009)
『알기 쉬운 토지 공개념』(2006)
『진보와 빈곤』(역서, 1997) 외 다수

노동 빈곤과 토지 정의
- 교황에게 보내는 공개서한

초판 1쇄 2012년 4월 18일 · **초판 2쇄** 2017년 1월 19일
지은이 헨리 조지 · **옮긴이** 김윤상
펴낸이 김상동 · **펴낸 곳** 경북대학교출판부 · **출판등록** 1973년 10월 10일 ㉑97호
주소 대구광역시 북구 대학로 80 · **전화** 053-950-6741~3 · **팩스** 053-953-4692
이메일 press@knu.ac.kr · **홈페이지** http://knupress.com
정가 10,000원 · **ISBN** 978-89-7180-342-4 93350
※파본은 바꾸어 드립니다.

추천사

이정우(경북대 교수, 경제학)

노동자의 빈곤이 극심해지던 19세기 말, 교황 레오 13세가 '새로운 사태'(Rerum Novarum)라고 불리는 유명한 「회칙」을 1891년에 발표하고 몇 달 후에 헨리 조지가 이에 대한 반론으로 「공개서한」을 발표하였다. 다 알다시피 이 「회칙」은 노동문제에 대해 전향적 태도를 취한 가톨릭의 대표적 회칙이며 이를 발표한 교황 레오 13세는 역대 교황 중에서도 가장 진보적인 교황으로 평가된다. 또 헨리 조지는 당시 노동 빈곤 문제에 관해 마르크스를 능가하는 영향력을 행사했던 인물로서, 「회칙」이 제시하는 해결책보다 토지 정의를 회복하는 것이 더 근본적이라고 역설하였다.

교황 레오 13세의 「회칙」은 노동자들의 상태에 대한 깊은 연민과 동정심으로 가득 차 있으며, 노사 문제에 대해 노사가 극단적 자기 주장을 피하고 상호 인정의 바탕 위에서 양보와 타협으로 문제를 풀 것을 제안한 중요한 문건이다. 교황은 당시 발호하던 사회주의 사상을 강하게 비판하면서 노동자들에게 사회주의의 유혹에 넘어가지 말 것을 권고하고 있다. 동시에 약육강식으로 귀결되는 맨 얼굴의 자본주의와 자본가들의 지나친 탐욕에 대해서도 반대하고 있다. 그런 점에서 이 「회칙」은 '제3의 길'의 선구라 해도 좋다. 현재 세계 자본주의가 종래 시장만능주의의 약탈성, 비인간성, 불공평을 반성하고 새로운 길을 모색하는 단계에 있는데, 19세기 말에 나온 교황의 이 「회칙」은 좋은 참고가 된다.

「회칙」은 노동조합 결성의 자유를 강력히 지지하고 있는데, 이는 지금의 관점에서 보면 별 것 아니지만 당시의 사회적 환경에서는 상당히 전향적인 주장이었다. 실제로 당시 미국의 노동자들에게는 노조 결성의 자유가 없었으며 노동자들의 조합 결성 기도는 언제나 혹심한 탄압에 직면해야 했다. 그리고 결국에는 법의 제동을 받았는데, 미국 대법원은 독점 대기업을 규제하는 데 써야 할 독점금지법을 엉뚱하게도 노동조합의 발을 묶는 데 썼기 때문이다. 미국에서 노조 결성의 자유는 1930년대 뉴딜에 의해 비로소 확립되었으니 「회칙」은 시대를 훌쩍 앞서 가고 있었다.

당연히 짐작되듯이 「회칙」은 가톨릭계뿐 아니라 가톨릭 바깥의 진보적 사상가, 노동조합, 진보정당, 시민단체 등에도 엄청나게 큰 영향을 미쳤다. 역사의 수레바퀴를 크게 전진시키는 데 기여했다고 말해도 좋다. 그런데 그 내용을 읽은 헨리 조지는 교황의 「회칙」이 자신의 사상과 운동을 오해하고 있고, 사회주의와 혼동하고 있음을 발견하고는 몇 달간 고심의 작업 끝에 교황의 「회칙」을 비판하는 「공개서한」을 발표하게 된다. 「공개서한」은 이탈리아어로 번역되어 교황에게 전달되었다고 하는데, 교황의 직접적인 반응은 알 수가 없다. 다만 헨리 조지를 열렬히 지지하다가 파문된 맥글린 신부가 「공개서한」 발표 후 복권된 점, 교황이 헨리 조지에 비판적이었던 보수적 주교들을 멀리한 점 등으로 미루어 보건대 교황은 「공개서한」을 읽고 공감했던 게 아닌가 짐작할 뿐이다.

「회칙」과 「공개서한」은 그 내용이 역사적으로 중요할 뿐 아니라 노동 빈곤의 근본적인 해법을 놓고 벌이는 이론적 논쟁도 흥미진진하다. 많은 국민이 양극화와 비정규직 문제로 신음하고 있으며 중산층의 몰락으로 복지가 중요한 화두로 등장하고 있는 현실에서, 당시 벌어졌던 논쟁의 주제는 바로 지금 우리의 문제라고 할 수 있다. 특히 토지 정의를 강조한 「공개서한」은 지난 반세기 동안 부동산 투기에 시달려 온 우리나라에 시사하는 바가 매우 크다.

「회칙」과 「공개서한」은 내용도 교훈적이지만 문장이 유려한 것으로도 읽는 사람들에게 감동을 준다. 「공개서한」은 짧은 글이지만 정곡을 찌르는 문학적 비유로 가득 차 있다. 독자들은 이 책을 읽고 나면 고전이란 바로 이런 것이구나 하는 느낌을 받을 것이다. 또 헨리 조지는 「회칙」을 정면으로 반박하면서도 시종일관 교황에 대한 무한한 존경을 표시하며 추호도 예의를 잃지 않고 있다. 이런 태도는 자기와 생각이 다른 상대방에 대한 인정과 배려가 다소 부족한 한국의 지식인들이나 운동단체가 깊이 생각해야 할 점이 아닌가 한다.

「회칙」과 「공개서한」이 나온 지 121년 되는 해에 우리나라 최고의 헨리 조지 연구자인 경북대의 김윤상 선생이 헨리 조지의 「공개서한」을 번역하였다. 번역자인 김윤상 선생은 이미 헨리 조지의 대표작인 『진보와 빈곤』을 완벽하게 번역한 바 있다. 또 이 책에서는 「공개서한」의 번역만이 아니라 「공개서한」이 나오게 된 당시의 시대적 상황, 그리고 헨리 조지 사상과 사회주의의 차이점에 대한 해설까지 붙여 놓아 독자들에게 크게 도움을 주고 있다.

이래저래 이 책을 읽어 봐야 할 이유는 너무나 많다.

2012년 2월

역자 서문: 해제를 겸해서

이 책은 헨리 조지(Henry George, 1839-1897)가 1891년에 쓴 편지 형식의 글로서, 같은 해에 반포된 교황 레오 13세의 회칙에 대한 반론이다.

헨리 조지는 1879년 『진보와 빈곤*Progress and Poverty*』을 펴내 세계적인 명성을 얻은 미국의 사상가 겸 개혁가이다. 헨리 조지의 사상을 요약하면 다음과 같다.

> 평등한 토지권을 부정하는 토지사유제는 빈부격차와 경제위기의 주범이며, 이 문제를 해결하는 가장 좋은 수단은 토지가치를 조세로 환수하는 지대조세제(land value taxation)다.

안타깝게도 헨리 조지가 주목한 문제는 아직도 해결되지 않고 있다. 아니, 세계적인 신자유주의 물결 속에 부유한 1%와 가난한 99%의 양극화가 오히려 더 심각해지고 있을 뿐 아니라 최근 50년간의 우리나라, 1990년대 이래의 일본, 2008년 금융위기를 맞은 미국에서도 보듯이 빈부격차와 경제위기의 밑바닥에는 여전히 토지 문제가 깊숙이 자리 잡고 있다.

당시에는 토지가치만 환수해도 정부 재정을 모두 충당할 수 있다고 보았기 때문에 헨리 조지가 제시한 세금을 토지단일세(single tax)라고도 하였다. 『진보와 빈곤』은 발간 직후부터 엄청난 반향을 일으켰다. 영어 사용권은 물론, 유럽 대륙에도 많은 영향을 주었고 톨스토이, 손문 등도 깊이 공감하였다. 또 의도하지 않게, 당시 침체해 있던 사회주의 운동을 부흥시키는 촉매로 작용하기도 하였다.

이런 움직임 속에서 1891년 교황 레오 13세는 회칙을 반포하여 사회주의를 비판하고 가톨릭의 해결책을 제시하게 된다. 이 회칙은 라틴어로 된 원문의 첫 두 단어를 따서 '*Rerum Novarum*' 또는 '새로운 사태'라고도 부르기도 하고 '노동헌장'이라고 하기도 한다(이하 「회칙」으로 부름). 「회칙」은 그로부터 40년 후에 나온 교황 비오 11세의 회칙 「사십주년」과 함께 가톨릭 사회교리의 초석을 놓은 문헌으로 손꼽힌다. 사회 문제에 대한 종교의 사명을 명시하는 「회칙」의 한 구절을 인용해 둔다.

> 교회의 모든 배려가 지상의 현세적 삶에 속하는 것을 무시하면서까지 오로지 영혼의 구원에만 전적으로 쏠려 있다고 믿어서는 안된다.
>
> (회칙 21)

헨리 조지는 「회칙」을 높이 평가하면서도 그 해결책에 대해서는 의문을 품고 공개서한을 발표한다(이하 「공개서한」으로 부름). 「공개서한」은 노동자의 빈곤을 개선하기 위해서는 사회주의도 정답이 아니지만 「회칙」이 제시한 내용도 역시 정답이 아니라고 하면서 이렇게 결론을 짓는다.

> 양식이 부족한 것은 하느님께서 임무를 다하지 않으시기 때문이 아닙니다. 노동 의욕을 가진 인간이 가난이라는 저주에 빠지는 것은 하느님께서 마련하신 물자의 원천에 잘못이 있어서도 아니고, 약속하신 양식이 지상에 풍부하게 존재하지 않기 때문도 아닙니다. 인간이

불경스럽게도 창조주의 자비로운 의도를 거스르면서 토지를 사유재산으로 만들고 관대한 아버지께서 모든 인간을 위해 마련하신 토지에 배타적 소유권을 설정한 후, 이를 극소수에게 부여하였기 때문입니다.

이 외의 어떤 답도, 혹 그것이 종교의 형식을 갖춘다고 해도 실제로는 무신론적인 답일 뿐입니다.

「공개서한」의 제목은 「회칙」의 영문 제목과 같은 '*The Condition of Labor*'이다. 가장 가까운 번역은 '노동자의 상태'이지만 「공개서한」의 내용을 독자에게 보다 효과적으로 전달하기 위해 번역서의 제목을 '노동 빈곤과 토지 정의'라고 붙였다.

헨리 조지가 「공개서한」을 발표한 것은 단순한 의견 차이 때문만은 아니다. 「회칙」이 표면적으로는 사회주의 운동을 비판하고 있지만 사실상 토지단일세 운동을 겨냥한 것이라고 생각했기 때문이다. 「공개서한」의 다음과 같은 구절이 헨리 조지의 인식을 나타낸다.

> 회칙을 세밀하게 검토해 보면 교황님은 사회주의에 반대하신 것이 아닙니다. 회칙에서 완화된 모습의 사회주의를 권장하시기 때문입니다. 교황님은 미국에서 토지단일세제라고 불리는 개혁에 반대하신 것입니다.

헨리 조지가 이런 판단을 하게 된 근거를 두 가지만 지적해 두기로 한다. 하나의 근거는 당시 상황이다. 가톨릭계 보수파는 토지단일세 운동에 적대적이었다. 이 점은 맥글린(Edward McGlynn) 신부의 파문 사건이 잘 보여준다. 맥글린 신부는 뉴욕 시 성 스테파노(St. Stephen) 성당의 주임신부로서 빈곤 문제에 깊은 관심을 가지고 토지단일세를 적극 지지하였으며 헨리 조지가 뉴욕시장 후보에 지명되었을 때 찬조 연설을 하기도 했다. 비유하자면 당시의 해방신학자였다고 할 수 있다. 그런데 뉴욕의 코리건(Michael Corrigan) 대주교는 맥글린 신부에게 토지단일세 운동을 포함한 모든 정치적 사안에서 손을 떼라고 명령하였고 맥글린 신부가 이에 불복하자 대주교는 1887년 초에 그의 사제직을 박탈하였다. 그러나 맥글린 신부는 오히려 헨리 조지와 함께 빈곤추방협회(Anti-Poverty Society)를 결성하여 매주 대규모 집회를 가지는 등 교단과 타협하지 않다가 결국 같은 해 7월 파문당했다.

또 하나의 근거는 「회칙」의 내용이다.

> 땅에서 생산되는 결실들을 향유하는 권리 이외에도 땅 자체를 소유할 권리를 인간이 가지고 있으며, … (회칙 5)
>
> 인간은 당연히 토지를 자기 소유로 삼으며 … (회칙 7)

이처럼 「회칙」은 토지를 사유재산권의 대상으로 인정한다. 헨리 조지가 토지사유제 철폐를 주장한 것과 분명히 대립된다. 또한 토지단일세를 반대하는 것으로 해석해도 무리가 없어 보이는 표현도 있다.

> 사유 재산권은 인간의 법이 아니라 자연법에서 나온 것이므로 국

> 가는 그것을 폐지할 수 없으며, 다만 재산의 사용을 규제하고 또 공동선과 융화될 수 있도록 유도할 수 있을 뿐이다. 국가가 각종 세금의 명목으로 각 사람들에게서 그가 바쳐야 할 것 이상으로 강요하는 것은 부당하고 비인간적인 처사이다. (회칙 33)

그러나 「회칙」과 「공개서한」의 사상이 근본적으로 다르지 않다고 보는 사람도 있다. 그 하나의 근거로 「회칙」에는 헨리 조지의 사상과 통하는 다음과 같은 표현이 있다.

> 토지가 비록 각 개인 소유로 분배되는 경우라 하더라도 여전히 모든 이들에게 공동 이익과 편의에 봉사해야 한다는 것은 너무나 명백하다. (회칙 6)

또 하나의 근거는 맥글린 신부가 복권되었다는 사실이다. 그는 교황청의 재심을 거쳐 「공개서한」이 발표된 지 1년 남짓 후인 1892년 성탄절 직전에 복권되었다. 토지단일세가 가톨릭 교리에 어긋난다고 교황청이 보았다면 이런 결과가 나오지 않았을 것이다. 「공개서한」이 헨리 조지와 가톨릭 사이에 근본적인 차이는 없다는 점을 서로 확인하는 계기가 된 것으로 추측된다. 맥글린 신부의 파문에서 복권으로 이어지는 사건 경위와 교황청 재심을 위해 맥글린 신부가 작성한 「신앙 소명서」가 [부록 3]에 소개되어 있다.

[부록 3] 외에도 독자를 위해 마련한 부록이 더 있다. 헨리 조지가 제시

한 해결책에 대해 독자가 가질 수 있는 의문을 [부록 1]에서 간략히 검토한다. [부록 2]에서는 헨리 조지와 당시 사회주의자들과의 관계를 소개한다. 헨리 조지는 「회칙」이 자신의 사상을 사회주의의 하나로 오해했다고 판단하여 「공개서한」을 썼으며, 오늘날에도 헨리 조지를 사회주의자로 치부하는 사람들이 있다. 그래서 헨리 조지 사상과 사회주의가 어떻게 다른지를 보여 주는 것이 독자에게 도움이 될 것으로 생각한다. [부록 4]에는 천주교 주교회의에서 번역한 「회칙」을 가감 없이 원문 그대로 수록해 두었다.

헨리 조지의 대표작 『진보와 빈곤』에 비해 「공개서한」이 가진 장점을 세 가지만 들어 보자. 첫째로, 길이가 짧다. 『진보와 빈곤』의 완역본을 다 읽으려면 공이 많이 들고, 축약번역본은 원저를 여기저기 발췌한 것이기에 아무래도 아쉬운 면이 있다. 그런 의미에서 「공개서한」은 헨리 조지의 사상을 짧은 시간 내에 그의 육성을 통해 이해하고 싶은 독자에게 적절하다. 둘째로, 「공개서한」을 쓴 1891년은 헨리 조지가 『진보와 빈곤』을 출간한 지 12년이 흐른 시점이다. 헨리 조지는 그 기간 동안 세계적 관심과 비판 속에 많은 활약을 하였으며 「공개서한」에는 이런 과정에서 쌓아 올린 내공이 녹아들어 있다. 이 무렵이 정신적으로나 신체적으로나 헨리 조지의 전성기였다고 해도 과언이 아니다. 헨리 조지 자신도 「공개서한」을 쓰고 나서 만족스럽게 생각하였다고 한다. 셋째로, 사회문제에 관한 종교의 책무에 관심을 갖는 독자에게는 특히 「공개서한」이 도움이 된다. 「회칙」은 말할 것도 없고 「공개서한」 역시 종교의 사회적 사명과 기독교 정신에 대한 근본적인 문제의식을 잘 반영하는 수준 높은 문헌이기 때문이다.

이 책이 나오기까지 여러 분의 도움을 받았다. 「회칙」 번역문을 부록으로 신도록 승인해 준 한국천주교 중앙협의회와 대구대교구, 천주교 용어에 대해 여러 차례 자문해 준 경북대 배한동 교수, 바쁜 일정을 할애하여 추천사를 써 준 이정우 교수, 이 책의 가치를 이해하고 성의를 다해 준 경북대출판부의 김용훈 선생, 성의 있게 교정을 봐준 대학원생 성승현 군에게 감사드린다. 그 밖에도 여러 분의 도움이 있었지만 일일이 거명하지 않아도 다 이해하실 것으로 믿고 감사의 마음을 전한다.

2012년 3월

역자

일러두기

번역 대본

번역에 사용한 「공개서한」 원문의 출처는 다음과 같다.

Henry George, *The Land Question and Related Writings: Viewpoint and Counterviewpoint on the Need for Land Reform*, Robert Schalkenbach Foundation, 1982.

번역 원칙

1. 「공개서한」이 가톨릭 교황의 「회칙」에 대한 반론이므로 번역에서는 가톨릭 표기법을 따랐다. 예를 들면, God은 '하느님'으로 옮기고 성경 출처를 밝힐 때도 가톨릭 식으로 표기하였다.

2. 하느님과 그리스도를 언급할 경우에는 "하느님께서", "그리스도께"와 같이 번역하고 교황의 경우에는 "교황님이", "교황님에게"와 같이 번역하였다. 원문에서 교황을 언급하는 경우에는 Your Holiness 또는 you라고 되어 있는데, 번역에서는 모두 교황님으로 통일하였다.

3. 「공개서한」은 Ⅰ에서 Ⅴ까지 5개의 장 그리고 공개서한을 올리는 저자의 소회로 구성되어 있다. 원문에는 제목이 전혀 없지만 번역에서는 독자의 편의를 위해 각 장의 제목을 붙이고 장 안에서도 내용별로 소제목을 붙였다.

4. 각주 중 [원문의 주]라고 표시한 것 외에는 모두 번역자가 붙인 것이다. 또 원문에는 성경 인용문의 출처가 표시되어 있지 않지만 번역에서는 독자의 편의를 위해 (더 중요하게는 그리스도교인이 아닌 번역자의 참고를 위해) 각주로 밝혀 두었다. 성경 인용문의 번역은 「회칙」 국역본의 예에 따라 「공동번역성서」에서 따왔다.

5. 「회칙」은 국역본과 두 가지 공식 영역본을 참고하였다. 국역본은 한국 천주교 주교회의 웹사이트(http://www.cbck.or.kr)에 있는 〈교황 레오 13세의 회칙, 새로운 사태〉이다. 공식 영역본 하나는 바티칸 웹사이트(http://www.vatican.va)에 있고 다른 하나는 위에서 밝힌 번역 대본에 부록으로 실려 있다. 국역본과 영역본 사이에 그리고 두 영역본 사이에도 약간의 차이는 있으나 「회칙」을 인용할 때에는 국역본의 문단 번호와 문장 표현을 기준으로 삼았다. 다만, 국역본의 표현 중 일부는 두 영역본을 참고하여 번역자가 수정하고 그 사실을 각주에 명시하였다.

목차

레오 13세 교황님에게

저는 노동자의 상태에 관하여 가톨릭 총주교, 수석주교, 대주교, 주교를 통해 그리스도교 세계에 전하는 교황님의 회칙을 주의 깊게 읽었습니다.

저희가 따르고 있는 이론을 교황님이 지지해 주실 것으로 알고 있었는데 회칙에는 저희 이론을 비판하는 내용이 담겨 있어 정말로 놀랐습니다. 그래서 저는 저희 믿음의 근거를 교황님 앞에 제시하고 불행히도 교황님이 간과하신 몇 가지 사항을 해명할 수 있게 허락해 주시기를 간청합니다. 교황님이 언급하셨듯이 그리스도교 세계에 만연한 빈곤, 고통, 들끓는 불만은 너무나 심각하고 또 사람들이 격정과 무지에 휩싸여 날로 악화하는 사회 상황에 대한 맹목적인 투쟁으로 치달을 위험성이 있어 이런 간청을 드리지 않을 수 없습니다.

Ⅰ. 저희는 이렇게 생각합니다

하느님과 인간

저희 이론의 전제는 모두 교황님의 회칙에 명시적·묵시적으로 언급되어 있습니다. 그 전제란 인간 이성의 기본 인식이자 그리스도교 신앙의 근본 가르침입니다.

저희는 이렇게 생각합니다.

이 세상은 하느님께서 창조하신 것입니다.

인간은 이 세상에 잠시 살다 가는 존재로서 하느님 세상의 평등한 피조물이며 하느님의 섭리 속에서 평등한 백성입니다.

인간은 숙명적으로 물질의 욕구를 가지며 그 욕구를 충족시켜야만 육체적 생명을 유지할 수 있고 지적·정신적 생명을 발전시킬 수 있습니다.

하느님께서는 각자의 노력으로 이런 욕구를 충족하도록 하셨고, 이를 위해 인간에게 능력을 주시고 노동하라고 명령하셨습니다. 이 능력으로 인해 인간은 동물의 수준을 훨씬 능가하는 존재가 됩니다. 인간이 창조적 사역의 조력자가 될 수 있는 것도 이 능력 때문이라고 감히 말씀드릴 수 있습니다.

하느님께서는 인간에게 벽돌을 만들게 하시면서 짚도 같이 주셨습니다. 하느님께서는 인간에게 노동의 필요성과 노동의 능력을 주시면서 노동의 원료도 같이 주셨습니다. 원료란 곧 토지입니다. 인간은 육체적으로 토지의 동물입니다. 인간은 토지 위에서 그리고 토지로부터 삶을 얻으며, 토지의 사용을 통해서만 공기와 햇빛, 물과 같은 다른 요소를 사용할 수 있습니다.

인간은 창조주의 평등한 피조물이며, 하느님의 섭리 속에서 평등한 생존과 욕구 충족의 권리를 가진 존재입니다. 그러므로 인간은 평등하게 토지를 사용할 권리가 있으며, 평등한 토지 사용을 부정하는 제도는 어떤 것이든 도덕적으로 옳지 않습니다.

정당한 소유권

저희는 소유권에 대해 이렇게 생각합니다.

인간은 서로 다른 욕구와 능력을 가진 개별적 존재로 창조되었기에 각자 자신의 능력을 활용하고 그 성과를 누릴 권리를 가집니다. 물론 가족과 같은 인간관계에서 생기는 도덕적 의무를 회피할 수는 없습니다.

그러므로 인간이 노동으로 생산한 물자를 사적으로 소유할 권리나 이 소유물을 타인에게 양도할 권리의 타당성은 인간의 법에 앞서는 하느님의 법에서 도출되는 것이며, 생산자의 동의 없이 생산물을 빼앗으면 절도가 됩니다.

인간의 자기 자신에 대한 권리에서 비롯되는 재산권만이 유일하게 완전한 재산권입니다. 이러한 재산권은 노동에 의한 생산물에 대해서만 인정되며 하느님의 창조물에 대해서는 인정되지 않습니다.

바다에서 물고기를 잡는 사람은 그 물고기에 대한 재산권을 취득하며 이 배타적 권리를 팔거나 증여하거나 남에게 양도할 수 있습니다. 그러나 바다에 대해서는 이런 권리를 취득할 수 없습니다. 바다는 남에게 팔 수도, 줄 수도 없고 남이 사용하지 못하게 막을 수도 없습니다.

또 풍차를 건설하는 사람은 자신이 바람을 이용하여 생산한 물자의 재산권을 취득합니다. 그러나 바람 자체에 대한 재산권을 취득하여 바람을 팔거나 남이 사용하지 못하게 막을 수는 없습니다.

또 농사를 짓는 사람은 자신의 노동으로 재배한 곡식에 대한 재산권을 취득합니다. 그러나 곡식을 자라게 한 태양이나 토지의 재산권은 취득할 수 없습니다. 태양이나 토지는 모든 세대가 사용하도록 하느님께서 끊임없이 베푸시는 선물로서 아무도 독차지할 수 없기 때문입니다.

노동 생산물에 대한 정당한 사적 소유권을 하느님의 창조물에 대해서도 인정하는 것은 진정한 재산권을 손상하고 부정하는 것과 같습니다. 바다나 대기나 햇빛이나 토양을 (이런 모든 자연물을 '토지'라는 단일 용어로 부릅니다) 사용하는 사람이 이에 대한 대가를 노동의 산물 중 일부로 다른 사람에게 지불해야 한다면 이는 정당한 재산을 강제로 빼앗기는 것과 같습니다.

토지 이용

저희는 토지 이용에 대해 이렇게 생각합니다.

노동 생산물에 대해서는 정당한 소유권이 인정되지만 토지에 대해서는 소유권이 아니라 사용권만 인정될 수 있습니다. 교황님은 "하느님께서 온 인류로 하여금 땅을 지배하고 활용하게 하셨다는 사실은 모든 사람이 차별 없이 공동으로 소유해야 한다는 의도에서가 아니[며]"[1] 토지의 최선 이용에 필요한 조치는 인간의 법으로 제정할 수 있다고 하셨습니다. 그러나 이런 조치는 도덕 법칙에 부합하여야 합니다. 즉 하느님께서 모두에게 베푸신 세상의 이익에 동등하게 참여할 권리를 보장하여야 한다는 것입니다. 이 원리는 아버지가 여러 자식에게 재산을 똑같이 물려주는 것과 마찬가지입니다. 재산 중에는 공동 이용에 적합하지 않는 것도 있고, 나누기 어려운 것도 있습니다. 특정 재산을 특정 자녀에게 물려줄 수는 있지만 이 경우에도 모든 자녀가 재산을 평등하게 받아야 한다는 조건은 충족되어야 합니다.

수렵, 어로, 야생 열매 채집 정도로 살아가는 미개한 사회에서는 토지의 사적 사용이 필요 없었습니다. 그러나 땅을 경작하고 노동을 장기적인 일에 투입하게 되면서 노동 생산물에 대한 정당한 재산권을 확보하기 위해 노동 투입 대상인 토지의 사적 사용이 필요하게 되었습니다. 추수할 수 있도록 토지의 배타적 사용이 보장되지 않는다면 누가 파종하려고 하겠습니까? 노동의 이익을 취할 수 있도록 토지의 배타적 사용이 보장되지 않는다면 누가 토지에 공을 들이겠습니까?

그러나 하느님께서 창조하신 물자에 대한 이 사적 사용권은 노동 생산물에 대한 사적 소유권과는 매우 다릅니다. 앞의 권리에는 제한이 있지만 뒤의 권리에는, 인간이 살아 있는 동안에는 제한이 없습니다. 앞의 권리, 즉 토지에 대한 배타적 사용권의 목적은 단지 뒤의 권리, 즉 노동 생산물에 대한 배타적 소유권을 보장하는 데 있습니다. 앞의 권리가 뒤의 권리를

1 회칙 6.

침해하거나 부정하는 정도에 이르러서는 안 됩니다. 토지에 대한 배타적 사용권을 갖더라도 다른 사람의 동일한 권리를 침해하지 않는 정도에 그쳐야지 그 이상은 안 됩니다.

지상에 사는 사람이 카인과 아벨 둘뿐이라고 하면 합의해서 땅을 나누어도 됩니다. 이런 상황에서는 각자 자신의 땅에 대해 배타적 권리를 행사해도 됩니다. 그러나 새로 출생하는 사람이 있으면 이런 권리를 행사할 수 없습니다. 그 누구도 하느님의 허락 없이는 이 세상에 나올 수 없으므로 출생은 곧 하느님의 하사물에 대해 평등한 사용권을 가진다는 것을 의미하기 때문입니다. 카인과 아벨이 새로 출생하는 사람의 토지 사용을 거부한다면 이는 살인을 저지르는 것과 같습니다. 또 새로 출생한 사람이 자신들 밑에서 일하지 않거나 노동 생산물을 대가로 지불하지 않을 경우 토지를 사용하지 못하도록 막는다면 이는 도둑질을 하는 것과 같습니다.

토지가치 징수

하느님의 법은 변하지 않습니다. 사정에 따라 법의 적용 방법이 달라질 수는 있어도, 인구가 적고 경제가 단순할 때의 옳고 그름의 원리는 인구가 불어나고 경제가 복잡해져도 그대로 성립합니다. 인구 수백만 명의 도시나 수천만 명의 국가에서도 그리고 고도의 분업으로 자신이 토지 사용자라는 사실을 의식하지 못할 정도로 발달한 문명사회에서도, 인간은 토지의 동물이며 토지 위에서만 살 수 있다는 사실 그리고 토지는 모두를 위한 하느님의 하사물이라는 사실은 여전히 진리입니다. 토지 사용을 금지하는 것은 살인이며 토지 사용 대가를 다른 사람이 징수하는 것은 강도짓입니다. 그러나 경제가 발달하고 토지개발이 증가하여 사적인 토지 이용을 인정해야 할 필요성이 보편화되더라도, 토지 이용과 평등한 토지권을 조화시키는 데는 아무 어려움이 없습니다. 동일한 노동 투입으로 다른 땅보다 더 많은 생산이 나오는 땅에서는 가치가 발생하며 그 크기는 매각 또는 임대의 대가로 표시됩니다. 이처럼 토지가치는 땅의 개량물 가치와 무관하며 누구든 그 땅을 사용하는 사람에게 돌아가는 이익의 가치를 정확히 반영합니다. 이 가치는 생산자 또는 그 승계인으로서 개인적 권리를 가진 사용자에게 귀속되는 가치와 구분됩니다.

그러므로 사적 이용의 장점과 공동 소유의 정의를 결합시키기 위해서는 토지에서 노동 투입 여부와 무관하게 발생하는 가치를 모두 징수하여 공동으로 사용하기만 하면 됩니다. 앞서 예를 들었듯이, 아버지가 자식에게 재산을 균등하게 상속할 때 분할하기도 곤란하고 자식들에게 공동으로 이용하게 하기도 곤란한 재산에 대해 적용하는 원리와 동일합니다. 이런 경우에는 재산을 매각하거나 임대하여 그 가치를 균등하게 나누어 주면 됩니다.

스스로 단일세주의자라고 하는 저희는 바로 이런 상식적인 원리에 따라 공동체가 운영되기를 원합니다.

저희는 모든 사람이 아무 때나 어떤 토지든 사용할 수 있게 하는 공동소유 방식으로 평등한 토지권을 구현하자는 것이 아닙니다. 토지를 균등하게 분할하자는 것도 아닙니다. 현대 사회에서는 균등 분할 자체가 불가능합니다. 또 분할된 상태를 계속 유지하는 것은 더더욱 불가능합니다.

저희는, 개인의 토지 이용을 인정하고 증여·매각·상속의 자유도 완전히 허용하는 가운데 토지에 과세하여 공공 목적에 사용하자고 제안합니다. 세액은 토지의 이용 상태나 개량물과 무관한 토지 자체의 연간 가치와 같은데, 이 금액이면 공공수입 소요액을 다 충당할 수 있습니다. 따라서 저희는 토지가치에 과세하는 동시에 현재 노동 생산물이나 생산 활동에 부과하고 있는 세금은 모두 철폐할 것을 제안합니다. 산업에 부과하는 세금은 노동의 결실을 징수하기 때문에 재산권을 침해한다고 생각합니다.

저희가 제안하는 안은 인간이 머리를 써서 만들어 낸 간교한 수단이 아니라 인간의 제도를 하느님의 의지에 부합시키는 장치입니다.

하느님께서는 스스로 모순되시지 않으며, 피조물에게 모순된 법을 적용하시지도 않습니다.

도둑질하지 말라는 것, 즉 노동의 결실에 대한 재산권을 존중하라는 것이 하느님께서 인간에게 내리시는 명령이라면, 그리고 하느님께서 모든 인간의 아버지로서 공동의 하사물에 대해 누구나 평등한 기회를 갖도록 의도하셨다면, 인류 문명의 어떤 단계에서라도, 심지어 고도로 발달한 단계에서라도, 노동 생산물에 대한 배타적인 권리와 토지에 대한 평등한 권리가 조화될 수 있는 방법이 반드시 있을 것입니다.

전지자께서 스스로 일관성을 가지신다면, 교황님이 사회주의자라고 지칭하신 사람들의 주장처럼 생명과 노동의 기회에 대한 평등한 참여를 보장하기 위해 사유재산권을 부정해서는 안 됩니다. 또 교황님이 회칙에서 말씀하시듯 사유재산권을 보장하기 위해 생명과 노동의 기회에 대한 권리의 평등을 부정해서도 안 됩니다. 어느 쪽이든 똑같이 하느님 법의 조화로움을 부정하는 것입니다.

그러나 토지를 사적으로 사용하되 그 토지가 사용자에게 주는 특별한 이익의 가치를 공동체에 납부하도록 하면 두 법을 모두 만족시킬 수 있습니다. 즉 모든 사람에게 창조주의 하사물에 대한 평등한 참여를 보장하면서 개인에게는 자기의 노동 생산물에 대한 완전한 소유를 보장합니다.

국가 수입과 하느님의 의도

또한 저희는 창조주의 하사물에 대한 평등한 권리와 노동 생산물에 대한 배타적 권리를 보장하는 이 방식은 공공수입 조달을 위해 하느님께서 의도하신 것이라고 주저없이 말씀드립니다. 저희는 하느님을 부정하는 무신론자도 아니고 하느님께서 정치나 법제도에는 관심을 두지 않으신다고 보는 준무신론자도 아니기 때문입니다.

"국가보다 먼저 인간이 존재하였고 국가가 형성되기 이전에 인간은 태어나면서부터 자기 자신을 스스로 돌볼 권리를 부여받았[다]"[2]는 교황님의 말씀은 진리입니다. 그런데 절실한 진리일수록 더 쉽게 망각되는 듯합니다. 교황님도 인식하시듯이 국가가 하느님 질서의 한 부분임은 사실입니다. 모든 것을 내다보시고 모든 것에 대비하신 하느님께서는 인구가 증가하고 경제가 발전하면 인간 사회가 국가 내지 정부를 구성하는 것이 효율적이고 불가피하다는 사실도 내다보시고 대비하셨습니다.

국가가 성립하면 수입도 있어야 한다는 사실을 우리는 다 압니다. 초기에는 인구가 희박했고 경제는 저급하였습니다. 국가 기능도 단순하였으므로 수입이 적어도 되었습니다. 그러나 인구가 증가하고 문명이 발달하면서 국가 기능이 늘어나고 수입도 점점 더 많이 필요하게 됩니다.

그렇다면 세상을 만드시고 인간을 그 안에 두셨을 뿐 아니라 인간이 더 높은 능력을 갖추어 창조주의 역사를 더 잘 이해하도록 하는 수단으로서 문명을 예정하신 분께서는, 국가 수입 소요액이 증가할 것도 내다보시고 그에 대비하셨을 것이 분명합니다. 사회 발전과 더불어 공공수입의 필요성이 증가하는 것이 자연스럽고 이것이 하느님께서 예정하신 일이라면 그 수입을 마련하기 위한 정당한 방법이 반드시 있어야 합니다. 하느님께서 의도하셨다고 우리가 진심으로 증언할 수 있는 방법이 있어야 합니다. 그리고 공공수입을 마련하는 이러한 정당한 방법은 도덕법칙에 부합해야 합니다.

그러므로 공공수입을 얻으려고 개인에게 정당하게 속하는 것을 징수하여서는 안 됩니다. 누군가는 팔고 누군가는 사야 할 물건의 가격을 올려서 일부의 사람들에게만 유리하도록 만들어서는 안 됩니다. 지키지 않을 선서를 하게 하거나, 속임수가 이익이 되게 하거나, 거짓 맹세를 하게 하거나 뇌물을 주고받도록 하여 사람을 시험에 들게 해서는 안 됩니다. 국가는

2 회칙 6.

죄악이 아닌 것을 범죄로 만들거나, 그 자체로 의문의 여지가 없는 권리를 행사하는 사람을 처벌하여 옳은 것과 그른 것의 구분을 모호하게 하거나 종교법과 실정법을 약하게 해서는 안 됩니다. 생산을 억제해서도 안 됩니다. 상업을 제약해서도 안 됩니다. 절약을 처벌해서도 안 됩니다. 부의 최대 생산과 공정한 분배에 걸림돌이 되어서도 안 됩니다.

교황님에게 여쭙습니다. 문명 세계 곳곳에서 공공수입을 징수하는 수단, 즉 경제의 과정과 생산물에 부과하는 조세를 생각해 보십시오. 예를 들어 이탈리아의 성곽 도시로 반입하는 물자에 부과하는 수입세(octoi), 그리고 소위 그리스도교 국가라고 하는 나라끼리의 교역에 지장을 주는 저 무서운 관세, 또 직업에, 소득에, 투자에, 주택에, 농지 경작에, 모든 형태의 근면과 절약에 부과하는 각종 조세를 생각해 보십시오. 이것이 정부의 재정을 조달하기 위해 하느님께서 의도하신 수단이 될 수 있습니까? 이 중 어느 하나라도 올바른 계획에 반드시 포함될 만한 특성을 가지고 있습니까?

이 모든 조세는 도덕법칙에 위배됩니다. 오로지 개인에게만 속하는 것을 강제로 징수합니다. 양심적인 사람보다 비양심적인 사람을 유리하게 합니다. 누군가는 팔고 누군가는 사야할 물건의 가격을 올리는 결과를 낳습니다. 아니 의도적으로 그렇게 만듭니다. 정부를 부패시킵니다. 지키지 않을 선서를 하게 합니다. 상업에 족쇄를 채웁니다. 근면과 절약에 벌금을 물립니다. 인간이 향유할 부를 줄이고 빈부격차를 벌립니다.

공공수입을 올리기 위한 이런 제도가 사상에 미치는 영향을 보면 이 제도가 그리스도교 정신에 얼마나 위배되는지 가장 분명하게 알 수 있습니다.

그리스도교는 만인이 형제라고 가르칩니다. 인간의 진정한 이해관계는 조화의 관계이지 대립의 관계는 아니라고 가르칩니다. 인생의 황금률처럼 남에게 대접받고자 하는 대로 남을 대접하라고 가르칩니다. 그런데 노동의 생산물과 생산과정에 과세하는 제도로부터, 그리고 누군가는 팔고 누군가는 사야 할 물건의 가격을 올리는 결과로부터 "보호무역"이라는 이론이 나왔습니다. 이 제도는 복음을 부인하고, 그리스도께서 정치경제학을 모르신다고 전제하며, 국가 번영의 법은 하느님의 법과 같지 않다고 주장합니다. 이 이론은 국가 간 불화를 정당화하며 적대적 관세 전쟁을 확대하라고 부추깁니다. 번영을 위해서는 다른 나라 국민의 생산에 제약을 가해야 한다고 가르칩니다. 그러나 다른 나라 국민이 자기 나라 국민에게 그렇게 하는 것은 바라지 않습니다. 인간이 형제가 되어야 한다는 그리스도교 원리가 아니라 타국인에게 손실을 입히는 것이 시민의 미덕이라고 합니다.

"그들이 맺은 열매를 보고 그들을 알아볼 수 있다."[3] 노동 생산물과 생산 활동에 대한 과세가 공공수입을 올리기 위해 하느님께서 의도하신 바가 아니라는 사실보다 더 분명한 사실이 있습니까?

교황님에게 여쭙습니다. 저희가 과세하자고 하는 가치는 개량물과 무관한 토지가치로서 노동 투입이나 자본 투자에 의해 발생하는 가치가 아닙니다. 노동과 자본에 의한 가치는 개량의 결과이므로 과세하지 않습니다. 개량물과 무관한 토지가치는 인구 증가와 사회 발전에 의해 토지에 부여되는 가치입니다. 이런 가치는 언제나 토지소유자가 차지할 뿐 토지 사용자는 차지하지도 않고, 차지할 수도 없습니다. 소유자가 아닌 사람이 토지를 사용하려면 지대를 지불하거나 토지를 매입해야 하기 때문입니다. 혹 사용자가 동시에 소유자라고 하더라도 사용자가 아니라 소유자 자격으로 그 가치를 차지하게 되며, 사용을 그만둔 후에도 토지를 팔거나 임대하여 그 가치를 수취하게 됩니다.

그러나 개량물과 무관한 토지에 부과하는 조세는 근면의 대가를 감소

3 마태 7,20.

시키지 않으며 가격을 올리지도 않습니다.[4] 어떤 경우에도 개인에게 속하는 것을 징수하지 않습니다. 이 조세는 공동체의 성장에 의해 토지에 부여되는 가치, 따라서 공동체 전체에 속하는 가치를 취할 뿐입니다.

토지가치를 징수하여 정부 수입으로 삼는 동시에 노동 생산물에 대한 조세를 철폐하면, 노동자는 노동의 산물 전부를 가지며 개인은 정당하게 개인에게 속하는 모든 것을 가지게 됩니다. 산업에 부담을 주지 않고 상업을 제약하지 않으며 절약을 처벌하지 않습니다. 인간에게 자유로이 생산

---

4 [원문의 주] 모든 경제학자의 일치된 의견에 의하면, 개량물이나 용도와 무관하게 토지만의 가치에 부과하는 조세는 소유자가 부담할 뿐 사용자에게 전가되지 않습니다. 이런 토지가치를 정치경제학에서는 지대(rent)라고 하는데 토지 자체의 사용 대가만을 의미한다는 점에서 일상용어인 rent(임대료)와는 구분됩니다. 교과서에 나오는 이유를 좀 다르게 설명해 보겠습니다.

가격은 판매자나 매입자의 의사와는 무관하게 수요·공급이 일치하는 점에서 결정됩니다. 그러므로 늘 수요가 있고 생산이 되는 물자의 경우에는 가격이 생산비에 의해 어떤 점에 머물게 됩니다. 추가 공급에 드는 비용을 증가시키는 요인이 생기면 가격을 올려 공급을 제약하게 되고, 비용을 감소시키는 요인이 생기면 가격을 내려 공급을 늘리게 됩니다. 예를 들어, 밀이나 담배나 옷감에 대한 세금은 소비자가격을 올리는 반면, 최근에 보듯이 철강 생산 공정의 개선으로 생산비가 줄어들면 철강 가격이 내려갑니다.

그러나 하느님의 창조물일 뿐 인간이 생산한 것이 아닌 토지는 생산비가 없고 양이 고정되어 있기 때문에 지대는 다음과 같이 결정됩니다. ① (독점지대) 토지가 독점되어 있으면, 보통의 노동으로 생존에 필요한 수준 이상으로 생산할 수 있는 토지의 소유자가 사용자로부터 징수할 수 있는 초과액 전부로 결정됩니다. 그리하여 사용자는 굶주림을 면할 수 없습니다. ② (본래의 경제지대) 토지 독점이 없는 경우에는, 특정 토지에 보통의 노동을 투입할 경우에 생산 면에서 특별히 유리할 것이 없는 토지 즉 지대가 없는 토지에 같은 비용과 노력을 들여 생산할 수 있는 정도 이상을 생산한다면 그 초과액으로 결정됩니다. ③ (투기지대. 이는 독점지대의 일종이며 매매가격으로 표시됩니다.) 사회의 성장과 개선에 의해 미래에 상승할 토지가치에 대한 기대에 의해 결정됩니다. 이런 기대로 인해 토지소유자는 현재의 가격으로는 토지를 내놓지 않게 되어, 담합의 경우와 같은 결과가 됩니다.

그러므로 경제지대에 부과하는 세금은 토지소유자에게서 사용자에게로 전가될 수 없습니다. 세금으로 인해 토지에 대한 수요가 증가하지도 않고, 토지소유자가 토지를 방치하여 공급을 줄일 수도 없기 때문입니다. 지대가 순전히 독점에 의해 결정되는 경우에도 (이런 예를 드는 이유는 경제지대 내지 자연지대가 성립되기 전에는 지대가 이런 식으로 정해질 수도 있기 때문입니다.) 독점지대에 세금을 부과해도 토지소유자는 더 이상을 짜낼 수 없습니다. 더 이상 짜내면 노동자가 죽기 때문입니다. 본래의 경제지대에 세금을 부과해도 전가되지 않습니다. 세금이 토지의 우수성이나 토지에 대한 수요를 높이지 못하기 때문입니다. 가격이 투기지대에 의해 영향을 받는 경우에, 토지소유자가 땅에서 소득을 얻건 말건 토지가치에 따라 세금을 내도록 하면, 토지소유자는 토지를 방치하기가 더 어려워집니다. 토지가치를 완전히 징수하는 세금은 토지를 방치할 수 있는 힘만이 아니라 방치하고 싶은 마음마저 없애버리기 때문입니다.

하도록 하고, 원하는 대로 교환하도록 하며, 인위적으로 가격을 올리지도 않기 때문에 부의 최대 생산과 가장 공정한 분배를 보장합니다. 다른 곳으로 가져가거나 숨길 수 없기에 모든 가치 중에서 가장 쉽게 평가할 수 있고, 가장 적은 비용으로 징수할 수 있는 가치를 정부 수입으로 취합니다. 이렇게 하면 공무원의 수가 엄청나게 줄어듭니다. 선서도 필요 없습니다. 뇌물이나 탈세의 유혹이 예방되며 본질적으로는 죄가 될 수 없는 인공적 범죄가 사라집니다.

그뿐이 아닙니다. 하느님께서 토지가치에 과세하여 국가에 필요한 수입을 마련하라고 의도하셨다는 사실은 하느님께서 산모가 아기에게 모유를 먹여 기르도록 의도하셨다는 사실과 같은 수준, 같은 정도로 입증됩니다.

국가와 산모는 매우 비슷합니다. 국가가 발생하기 전의 원시 상태에는 토지가치가 없습니다. 노동 생산물은 언제나 가치를 가지지만, 인구가 희박할 때는 토지에 가치가 발생하지 않습니다. 그러나 인구 밀도가 증가하고 경제가 정교하게 발달하면서 국가가 필요해지는데, 국가 수입의 필요성과 함께 토지에도 가치가 발생합니다. 인구가 더 증가하고 경제가 더 정교해지면 공공수입의 필요성도 증가합니다. 그러면 동일한 원인에 의해 토지가치도 같이 증가합니다. 이런 관계는 변하지 않습니다. 생산의 규모가 확대되고 과정이 개선되면 생산비가 감소하기 때문에 노동 생산물의 가치는 사회가 발전할수록 하락합니다. 그러나 인구가 집중되는 토지의 가치는 오르고 또 오릅니다. 로마, 파리, 런던, 뉴욕, 멜버른이 그 사례입니다. 이런 도시의 토지가치가 같은 나라 안에서도 인구 정착이 희박한 지역에 비해 엄청나게 높다는 사실을 생각해 보십시오. 그 원인이 어디에 있겠습니까? 그 도시 인구의 밀도와 활동 때문이 아니겠습니까? 거대 도시의 보건과 편의와 안전을 위해 엄청난 공공 지출이 필요하도록 만드는 바로 그 원인 때문입니다. 이런 도시의 성장과 더불어 꾸준히 성장하는 것이 토지가치입니다. 도로나 건물이나 철도 기타 공공시설을 건설하면 토지가치가 증가합니다. 여기에 하나의 자연법, 즉 창조주의 의지가 담긴 어떤 경향성이 분명히 존재하지 않습니까? 국가와 재정의 필요성을 예정하신 창조주께서 토지에서 발생하는 가치를 재정 충족의 수단으로 삼으셨다는 것 외에 다른 해석이 가능하겠습니까?

창조주의 목적

더 깊은 차원에서, 단순한 의도만이 아니라 그 의도가 궁극적으로 목적하는 바를 살펴본다면 이 해석은 더욱 확실해집니다. 사회의 성장과 더불어 토지가치도 함께 증가하는 이 자연의 법칙은 사회의 비용을 완벽하게 마련하시는 창조주의 지혜를 드러내어 우리의 지적 인식을 만족시키고 창조주의 목적도 알게 해 줍니다. 뿐만 아니라 개인에게는 창조주의 자비를 엿볼 수 있게 하여 우리의 도덕적 인식도 만족시킵니다.

생각해 보십시오. 자연법이 작용하여 사회 발전에 따라 가치가 증가하는 것이 하나 있습니다. 그것은 토지입니다. 자연법이 작용하여 모든 인구 성장, 기술 발달, 일체의 개선에 따라 기금이 추가됩니다. 정의와 효율은 이를 거두어 사회가 공동으로 사용하도록 명령합니다. 사회가 공동으로 사용할 기금의 증가분은 사회의 각 구성원에게 동등하게 귀속되어야 할 이익의 증가분입니다. 자연법에 의해 사회가 발전할수록 토지가치는 증가하지만 노동 생산물의 가치는 증가하지 않으며, 문명이 발달할수록 개인이 각자 얻는 소득보다 각 구성원에게 동등하게 귀속되어야 하는 몫이 더욱 커집니다. 후진 사회에서 강자와 약자 그리고 운이 좋은 사람과 불운한 사람 사이에 존재하던 격차는 문명이 발달할수록 자연법에 의해 줄어들게 됩니다. 이는 창조주의 목적이, 문명 발달을 통해 단지 능력만 커질 뿐 아니라 평등도 촉진되도록 하는 데 있다는 사실을 보여 주는 것 아닙니까? 그런데 인간이 하느님의 의도를 무시하기 때문에 사회가 발전할수록 불평등이 괴물처럼 확대되고 있습니다.

최종 증명

이제 하느님께서 사회 성장과 더불어 토지에서 발생하는 가치를 사회 비용에 쓰도록 하셨다는 사실에 대해 최종 증명을 하려고 합니다. 하느님은 질투하시는 하느님이십니다. 인간이 하느님께서 의도하신 바와 다른 방식으로 일을 처리하면 불행과 재앙이 따릅니다. 하느님께서 베푸시는 축복을 인간이 거부하고 오용하면 축복이 천벌로 변합니다. 태어난 아기에게 하느님께서 마련하신 모유를 먹이지 않으면 산모에게 병이 나는 것처럼, 하느님께서 사회적 용도로 마련하신 것을 징수하여 그 용도로 사용하지 않으면 사회에 병이 발생합니다.

사회 성장과 더불어 증가하는 토지가치를 공공 목적으로 징수하지 않으면 생산을 축소시키고 분배를 왜곡하고 사회를 부패시키는 다른 조세를 징수해야만 합니다. 그 결과 모든 사람에게 속해야 하는 것을 일부 사람만 소유하게 됩니다. 토지개량을 위해 필요한 사용권의 확실성과 자연권 중에서도 가장 중요한 자연의 기회에 대한 평등권을 선진 문명에 맞도록 결합시킬 수 있는 유일한 수단을 내버리게 됩니다. 또 사회생활의 기초에서 사람 간의 부당한 불평등을 야기하며, 생존할 권리와 일할 기회와 문명의 혜택과 하느님의 선물을 누리려는 사람에게 대가를 지불하도록 강제하게 됩니다. 문제는 여기에서 끝나지 않습니다. 다수가 당하는 이런 착취는 발전하는 사회에서 새로운 착취를 야기합니다. 토지에서 발생하는 가치가 토지소유권을 가진 자에게만 집중되는 사회에서 인구 증가와 사회 발전이 예상되는 경우, 토지의 매점과 투기가 일어나게 됩니다. 이 때문에 생활과 노동에 필요한 천연 요소가 인위적으로 희소해지고 생산은 위축됩니다. 파괴적인 전쟁만큼이나 심각한 재앙을 초래하는 경제 불황이 되풀이해서 야기됩니다. 사람들은 어쩔 수 없이 구대륙에서 신대륙으로 이주하지만 신대륙에서도 동일한 불행이 발생할 뿐입니다. 물질적 진보가 이루어져도 단순 노동자의 생활이 개선되지 못하고, 나아가 대다수 계층의 상태가 더욱 열악해집니다. 부유한 그리스도교 국가의 많은 국민들이 미개한 민족보다 더 힘들어 하고 더 희망이 없고 더 참담한 생활을 합니다. 하느님은 베푸신 것보다 사람을 언제나 더 많이 내시는 서툰 분이라고 많은 사람들이 생각하게 됩니다. 더 나아가서는 하느님께서 존재하지 않고 하느님 신앙은 미신이며 인생의 현실과 과학의 발전이 이를 입증한다고 생각하게 됩니다.

빛 속의 어둠, 강함 속의 약함, 부유 속의 빈곤, 민란을 야기할 정도의 들끓는 불만과 같은 현 문명의 특징은 우리가 하느님의 자비를 거부하고 그 의도를 무시하는 데서 생기는 자연적이고 필연적인 결과입니다. 반면 우리가 하느님의 분명하고 단순한 정의의 규칙에 따라 개인 노동의 생산물을 모두 개인에게 귀속시키고, 공동체의 성장에 의해 토지에서 발생하는 가치를 모두 공동체에 귀속시키면 공공수입을 마련하기 위한 사악한 방식을 피할 수 있습니다. 또 모든 사람이 창조주의 하사물에 대해 평등한 기회를 갖게 되는 동시에 노동을 투입하고 그 결실을 향유할 평등한 기회를 누리게 됩니다. 그렇게 되면 특별한 강제 조치가 없어도 토지의 매점은 사라지게 됩니다. 토지 소유는 단지 계속적인 사용을 보장할 뿐이고 누구도 사용 목적 외로 토지를 취득하거나 보유하려고 하지 않을 것입니다. 우등 토지를 가진 사람으로부터 국가가 이익을 징수하여 모든 사람의 이익을 위해 사용하므로 그에게 돌아가는 부당한 이익은 없습니다.

토마스 널티[5] 박사는 이 모든 사실을 저희처럼 분명하게 인식하고 교구의 성직자와 평신도에게 설명하면서, 토지의 지대를 징수하여 공동체에 귀속시키도록 하는 신성한 섭리의 설계에 대해 이렇게 말하였습니다.

5 Thomas Nulty(1818–1898): 아일랜드 미스(Meath) 교구의 주교. 기근에 허덕이는 아일랜드 민중을 위해 토지개혁을 추진하였다.

> 그러므로 나는 국토의 진정한 주인은 국민이라는 점을 증거와 이성의 힘에 의해 올바로 추론했다고 생각합니다. 이 위대한 사회적 진실은 무한한 중요성을 가진 것으로 보입니다. 이 분명한 정의의 원리가 불확실성과 의구심에 가려지지 않은 것은 진정 행운입니다. 뿐만 아니라 세상을 위해 마련하시는 하느님 섭리의 지혜로움과 자비로움이 분명하게 드러남으로써 멋과 아름다움까지 느낄 수 있습니다. 하느님께서는 당신께서 만드신 사회적 실체인 국가에 필요한 재정을 조달하는 방법을 마련해 두셨습니다. 우리는 인간이 평생을 국가 속에서 살아야 하는 존재임을 자연적 본능에 의해 알고 있습니다. 국가의 영토는 엄청난 공동 재산이자 거대한 국가 기금입니다. 국가는 법 집행과 2세 교육에 필요한, 그리고 하층민을 먹이고 입히는 데 필요한 정부 예산을 토지가치에서 충분히 조달할 수 있습니다. 토지의 특이한 점은 가치가 고정되어 있지 않다는 점입니다. 토지가치는 인구 증가에 정비례해서 끊임없이 커지고 증가합니다. 정부의 재정 조달 능력이 정부 활동에 대한 수요를 확대하는 바로 그 원인에 비례하여 증가합니다.

널티 주교가 말하듯이 이 위대한 사회적 진실, 즉 경제학자의 용어로 지대의 법칙에 의해 사회의 공동비용을 마련한다는 사실에서 하느님 섭리의 지혜로움과 자비로움이 분명하게 드러나 멋과 아름다움까지 느낄 수 있습니다. 정상적인 종교가 보여 주는 모든 증거 중에서 이 사실이야말로 자비로운 하느님의 존재를 분명하게 증명하며, 오늘날 많은 사람들을 유물론에 빠지도록 하는 의구심을 확실하게 침묵시켜 줍니다.

문명사회의 비용을 충족시키는 자연법이 보여 주는 이 아름다운 섭리에서 우리는 하느님께서 문명을 의도하셨고 인간이 하느님의 계획을 무시할 수 없으며 증기기관, 전기, 노동절약적 발명 역시 이 위대한 도덕법칙을 더욱 분명하고 중요하게 할 뿐임을 알 수 있습니다. 부를 감소시키고 부패를 조장하며 불평등을 확대하고 복음을 부정하도록 하는 조세는 필요 없습니다. 공동체의 성장으로 인해 발생하고 당연히 공동체에 귀속되는 이 기금이 사회 발전과 함께 증가하기 때문입니다. 또 하느님께서 명백히 의도하신 목적에 이 기금을 사용함으로써 고도 문명사회에서 모든 사람이 하느님의 하사물을 평등하게 향유하고 각자의 필요를 충족시킬 동등한 기회를 가질 수 있게 됩니다. 또한 국가도 모든 정당한 용도에 필요한 재원을 충분히 마련할 수 있습니다. 하느님께서 인간 문제를 서툴게 다루신 것도, 인색하게 다루신 것도 아닙니다. 이 세상에 인구를 너무 많이 내신 것도 아니고, 물자를 풍족하게 베푸시는 데 소홀하셨던 것도 아닙니다. 단순한 동물적 생존을 위해 대중이 벌여야 하는 치열한 경쟁이나 우리 문명을 특징짓는 그 엄청난 부의 축적을 의도하신 것도 아닙니다. 이 때문에 많은 사람들이 하느님은 존재하지 않는다고 하기도 하고 더 불경스럽게는 그것이 하느님께서 마련하신 질서라고 하기도 하지만, 이런 폐단은 우리가 하느님의 도덕법칙을 부인하기 때문에 생긴 것입니다. 정의의 법칙인 황금률은 단순히 말로만 그치는 법칙이 아니라 진정한 사회생활의 법칙입니다. 이 법칙을 지키면 모든 사람에게 일자리와 여가와 풍요가 생깁니다. 이 법칙을 지키면 문명은 극빈자에게도 생필품은 물론 모든 편리품과 적당한 수준의 사치품까지 마련해 줄 수 있습니다. 들의 백합화가 무엇을 입을까 걱정할 필요가 없듯이 하느님의 나라와 공의를 추구한다면 물질에 대해 걱정할 필요가 없게 된다고 그리스도께서 말씀하셨는데, 이는 단순한 몽상가의 말이 아닙니다. 정치경제학의 최근 연구결과에 비추어 볼 때 그리스도께서는 완벽한 진리를 설파하신 것입니다.

교황님, 이 사실을 아는 것만으로도 깊고 지속적인 즐거움이 생깁니다. 하느님께서 임재하시고 통치하심을 그리고 하늘에 계신 우리 아버지께서 정의와 사랑의 하느님이심을 알게 되기 때문입니다. 어두운 의심의 구름

틈새로 빛을 비추어 주고, 보이지 않는 중에도 믿는 신앙에 생명력을 불어넣어 줍니다.

Ⅱ. 토지사유제는 정당하지 않습니다

토지사유제에 대한 오해

교황님은 제가 지금까지 드린 설명을 통해서 저희가 제안하는 개혁안에 ―모든 진정한 개혁안이 그렇듯이― 윤리적 측면과 경제적 측면이 있다는 사실을 아시게 되었을 것입니다. 개혁안의 윤리적 측면을 제외하고 단순히 세제 개혁안으로만 추진하면 여러 반대를 피해갈 수 있습니다. 윤리적 측면의 반대는 소유권과 사용권을 혼동하고 사유재산권을 인정해야 토지의 사용과 개량을 보장할 수 있다고 오해하는 데서 생기기 때문입니다. 저희가 현실적으로 추구하는 대안은 되도록이면 빠른 시일 내에 노동생산물과 생산 활동에 부과하는 조세를 철폐하고 개량물과 무관한 토지가치에 과세를 집중하자는 것입니다. 이렇게 표현하고 보면, 저희 개혁안은 단순히 정부 효율성의 문제를 다루고 있는 것처럼 보입니다.

단일세주의자 중에서도 이런 식으로 개혁안을 제시하는 사람이 많습니다. 이들은 우리 개혁안에서 재정적 측면의 아름다움만 인식할 뿐, 그 이상으로 나아가지는 않습니다. 그러나 저처럼 생각하는 사람들에게는 윤리적 측면이 더 중요합니다. 저희는 토지사유제의 의문점을 피해 가기를 바라지 않을 뿐 아니라, 저희가 추진하는 유익하고 영향력이 큰 혁명을 달성하려면 단순한 "합리적 사익"으로는 안 되고 종교적 양심이 필요하다고 봅니다.

그래서 저희가 종교적 판단을 진지하게 추구하는 것입니다. 저희는 그리스도교 조직 중 가장 큰 조직의 수장이신 교황님이 가장 존귀한 대표로 계시는 재판정에 서 있습니다.

그러므로 교황님이 토지사유제를 지지하면서 제시하신 근거를 살피는 것이 저희의 의무입니다. 근거가 온당하면 승복하겠습니다. 그러나 온당하지 않으면 오류를 삼가 지적할 수밖에 없습니다.

교황님은 이렇게 지적하셨습니다. "노동자들의 처우 개선을 추진하려면 확고부동한 기본 원칙으로 사유 재산권이 존중되어야 한다는 것이 명명백백하다."[6] 교황님이 결혼은 하느님의 권위에 의해 예정된 것이라고 말씀하시더라도 저희는 부적절한 결혼은 예외라고 이해하듯이, 교황님이 마음속으로 도덕적 요소만을 생각하시고 정당한 사유재산권에 대해 언급하신 것이라면 저희도 기쁘게 동의합니다. 그러나 불행히도 교황님의 다른 표현을 보면 사유재산제 전반을 말씀하신 것이며 토지사유제도 분명히 포함시키신 것으로 보입니다. 교황님은 회칙 도처에서 이러한 사고의 혼란과 용어의 불확실성을 그냥 둔 채 결론을 도출하셨기 때문에, 전제와 결론이 일관성을 잃고 상호 모순되어 있습니다. 교황님은 노동 생산물에 대한 사유재산권의 도덕적 정당성을 논하시면서 이와는 완전히 다르고 오히려 반대되는 대상, 즉 하느님께서 창조하신 물자에 대한 비슷한 권리도 정당하다고 추론하셨습니다.

사유재산의 종류가 하나는 아닙니다. 적절한 결혼은 하느님의 법에 부합하지만 일부 국가에서 법적으로 인정하고 있는 일부다처제, 일처다부제, 근친혼까지 적절한 결혼이라고 할 수는 없습니다. 이와 마찬가지로 사유재산이 모두 도덕적으로 정당하다고 할 수는 없습니다. 부도덕한 결혼이 존재하듯이 부도덕한 사유재산도 존재합니다. 사유재산이란 개인이 소유할 수 있는 물건 또는 국가의 인정에 의해 개인이 소유할 수 있는 물건

6 회칙 11.

을 말합니다. 일반 법률가라면 이것으로 그만이고, 국가가 사유재산으로 인정하는 것을 다시 구분하려고 하지 않습니다. 그러나 교황님은 국가의 종이 아니라 하느님의 종이시고 도덕의 수호자이십니다. 성 토마스 데 아퀴노[7]도 이렇게 말했습니다.

> 인간의 법은 올바른 이성에 부합할 때만 법이며 따라서 영원한 법에 근원을 두고 있음이 분명하다. 인간의 법이 올바른 이성에서 벗어난다면 정의롭지 못한 법이다. 이런 경우에 인간의 법은 전혀 법이 아니며 일종의 폭력이 된다.

이처럼 국가가 인정하는 재산이라고 해서 모두 도덕적으로 정당한 것은 아닙니다. 국가는 도덕적으로 정당하지 않은 재산, 폭력과 강탈로 인한 재산에 대해서도 때로는 재산권을 인정하였습니다. 예를 들면 종교 용품, 존엄과 권위의 성직, 교회의 성사와 속사를 집행하는 권한마저도 때로는 방탕한 군주가 자신의 가신이나 첩에게 주어 매각할 수 있도록 하는 사례가 있었습니다. 오늘날에도 영국에서는 무신론자나 불신자도 영혼 치유자를 지정할 권한을 공개 시장에서 매입할 수 있을 뿐 아니라, 이를 원하는 대로 팔고 증여하고 상속할 수 있는 법적 재산으로 소유할 수도 있습니다. 이런 법적 권리의 가치는 적어도 1,700만 파운드가 된다고 합니다.

다른 예도 들겠습니다. 고대 국가에서 노예는 관습과 법에 의해 재산으로 취급되었으며, 이는 유럽에 그리스도교가 전파된 이후에도 오랫동안 인정되어 왔습니다. 금세기 초에도 모든 그리스도교 국가가, 적어도 식민지에서는, 예외 없이 노예를 인정했으며 노예선이 그리스도교 깃발을 달고 바다를 가로질렀습니다. 미국에서도 30년 전쯤까지는 사람도 말처럼

7 St. Thomas Aquinas(1225?–1274): 이탈리아의 신학자, 『신학대전』의 저자.

매입하면 재산이 되었습니다. 이슬람 국가에서는 지금도 법과 관습에 의해 노예를 포로로 잡은 사람 또는 매입한 사람의 재산으로 간주하고 있습니다.

그러나 교황님은 교황의 위치에서 노예제의 마지막 보루를 제거하기 위해 영광스럽게 기여하신 분으로서, 노동 생산물에 부여하는 재산권을 노예에 대해서도 부여하는 것이 도덕에 어긋난다는 점을 부인하지 않으실 것입니다.

회칙의 여러 문장에서 재산권 또는 사유재산권이라는 포괄적인 용어를 사용하셨는데, 이에 대해서는 도덕적으로 인정하거나 부정할 수 없는 상태입니다. 문장마다 따로 놓고 보면 이 용어의 의미가 모호한 경우가 많기 때문입니다. 그러나 전체를 읽어 보면 교황님이 단순히 재산권이라고 언급하실 때 토지재산권을 의미하신 것임에 의문이 없습니다. 이렇게 해석하면, 토지사유제를 인정해야 하는 근거로 교황님이 여덟 가지를 드고 계심을 알 수 있습니다. 그 근거를 하나씩 검토하겠습니다.

정당한 대가를 지불하고 매입하면 정당한 재산이 된다?[8]

매매란 정당성을 주는 행위가 아니라 소유권을 이전하는 행위일 뿐입니다. 도덕적으로 인정되지 않는 재산권이 매매를 거친다고 해서 도덕적 정당성을 가질 수는 없습니다.

노예를 노예 사냥자의 재산으로 인정할 만한 정당한 이유가 없다면 노예 매입자의 정당한 재산이 될 이유도 없습니다. 그러나 토지 재산권에 관한 교황님의 논리에 따르면 노예 재산권도 정당화됩니다. 교황님의 문장에서 토지를 노예로 바꾸어 놓고 읽어 보기만 해도 이 점이 입증됩니다. 바꾸어 보겠습니다.

8 회칙 3.

사실 노동의 목적, 즉 노동자가 자각하고 있는 노동의 근본 동기는 사유 재산이며, 또한 그가 고용되어 다른 사람의 이익을 위하여 자기 업무를 충실히 수행하고 자기 능력을 최대한 발휘하는 동기가 자기 생활에 필요한 것들을 획득하기 위한 것임을 누구나 쉽게 이해할 수 있다. 그런데 노동자는 노동의 대가로서 임금을 요구할 뿐 아니라, 자기의 합당한 임금을 원하는 대로 활용할 수 있는 진정하고도 완전한 권리도 요구한다. 그러므로 만일 노동자가 자기 임금을 절약하여 저축하고 또한 그 임금을 증식시키기 위하여 토지[노예] 매입에 그것을 투자하였다면, 이 토지[노예]는 결국 다른 형태로 변형된 똑같은 임금이며 또 결과적으로 그 자신의 재산인 것이다. 그것은[노예는] 다른 형태의 임금에 지나지 않는다.

토지를 노예로 바꿔 놓은 것 외에 제가 손댄 부분이 없습니다. 제가 살아온 시기의 미국에서는 매입에 의해 소유권이 생긴다는 논리가 노예제 옹호의 공통된 근거였습니다. 정치인도 그랬고 법률가도 성직자도 주교도 그랬습니다. 온 나라의 대다수 국민이 이 논리를 수용했습니다. 아내와 남편 그리고 자식과 부모를 떼어 놓고 강제 노동을 시키고 노동의 결실을 가로채고 그리스도교도가 그리스도교도를 사고파는 일이 이 논리에 의해 정당화되었습니다. 교황님의 말씀과 거의 같은 이런 반문이 있었습니다. "가난한 사람이 열심히 일하고 검약하게 살면서 저축한 돈으로 노예 몇 명을 매입하였습니다. 노예를 해방시켜 이런 사람의 재산을 강탈해도 되는 겁니까?" 또 이렇게 반문하기도 하였습니다. "가난한 과부가 있습니다. 남편이 물려준 것이라고는 흑인 몇 명뿐이고, 이 노예는 힘들게 일해 마련한 재산입니다. 노예를 해방시켜 남편 없는 과부와 아버지 없는 자식의 재산을 강탈해도 됩니까?" 이렇게 논리를 왜곡하여 정의롭지 못한 재산권과 정의로운 재산권을 혼동하고 인간의 법을 마치 하느님 법인 것처럼 시행했기 때문에 이 나라에 포화와 유혈의 심판이 내렸습니다.

그 자체로 정당하지 않는 재산권도 매매를 거치면 정당한 재산권이 된다고 생각한 미국인의 오류는 교황님이 범하신 오류와 똑같습니다. 형식만 같은 것이 아니라 내용도 같습니다. 토지사유제는 진정한 사유재산제에 위배되며, 노예 사유제도 똑같습니다. 동일한 강탈행위의 다른 표현일 뿐입니다. 인간의 창의를 왜곡하는 이 쌍둥이 수단 때문에 강하고 사악한 자가 하느님의 노동 명령을 회피하여 다른 사람에게 노동을 강제할 수 있었습니다.

다른 사람이 살아가야 할 토지를 소유하는 것과 다른 인간 자체를 소유하는 것 사이에 어떤 차이가 있습니까? 두 경우 모두 소유자가 상전이 되지 않습니까? 소유자가 다른 사람의 노동을 강제할 수 있지 않습니까? 다른 사람의 노동의 결실을 소유자가 취할 수 있고 노동자를 부릴 수 있지 않습니까? 소유자가 다른 사람의 생사를 결정할 힘을 쥐지 않습니까? 토지를 박탈하면, 혈관을 베어 피를 흘리게 하거나 목을 졸라 숨을 쉬지 못하게 할 때처럼 사람이 죽습니다.

노예제의 핵심은 다른 사람의 노동을 대가 없이 가로채는 권한을 인정한다는 데 있습니다. 토지사유제는 노예제와 똑같습니다. 노예소유자는 노예의 생산물 중에서 노예가 생존할 만큼은 남겨 주어야 합니다. 그런데 소위 자유국가라는 곳에서 노동자층의 상당수가 그 이상을 얻지 못하고 있지 않습니까? 이탈리아나 영국의 농업노동자는 과거 미국 남부의 노예보다 노동의 결실을 얼마나 더 많이 가져가고 있을까요? 오래전 유럽에서 토지소유자가 신부에 대해 초야권을 행사할 수 있었던 것도 토지사유제 때문이 아닙니까? 이런 무도한 일은 오늘날에도 끔직한 부와 무서운 빈곤의 대조로 인해 생기는 부도덕함 속에 간간히 존재하지 않습니까?

러시아의 노예제는 농노의 삶터인 땅을 지주에게 주었기 때문에 생긴 것 아닙니까? 이반 황제나 예카테리나 황제[9]가 총애하는 신하를 부유하게 만들 때, 사람을 준 것이 아니라 토지를 주지 않았습니까? 토지의 전유가 진행되면서 땅 없는 사람에게 더 이상 돌아갈 몫이 없게 되자 토지사유제가 노예제를 대신하게 되었습니다. 토지사유제는 폭력을 동원하지 않고도 남모르게 노동을 착취할 수 있는 더 경제적이고, 더 간편한 방식입니다. 토지사유제하에서는 노예를 사냥하고 가두고 먹일 필요도 없기 때문입니다. 사람이 제 발로 찾아와서 주인으로 모실 수 있게 해 달라고 간청합니다. 쓸모없는 사람은 해고해 버리면 그만입니다. 채찍질도 필요 없습니다. 굶주림이 특효약입니다. 바로 이 때문에, 영국을 정복한 노르만족이나 아일랜드를 정복한 영국인은 국민을 분할하지 않고 토지를 분할하였으며 유럽의 노예선은 유럽 아닌 신세계로 노예를 실어 날랐습니다.

노예제는 아직 철폐되지 않았습니다. 모든 그리스도교 국가에서 조잡한 형태의 노예제는 사라졌지만 우리 문명의 한복판에는 더 음험한 형태의 노예제가 남아서 확대되고 있습니다. 라비주리 추기경[10]은 아랍의 노예거래를 막기 위해 교황님의 축복 속에 무장한 수도사를 사하라에 보냈으나 하느님의 영광과 인간의 자유를 위해 십자가 군병들이 해야 할 일은 따로 있습니다. 그런데도 교황님의 회칙은 노예 사유제를 옹호하던 사람들이 내세웠던 잘못된 근거를 동원하여 다른 형태의 노예제를 옹호하는 오류를 범하고 있습니다.

아랍인도 알 것은 다 압니다. 그리고 교황님의 회칙은 멀리까지 전파됩니다. 무장한 수도사가 아랍의 노예상인을 총으로 위협하며 노예를 풀어주라고 할 때, 노예는 자신의 저축으로 매입한 것이라고 상인이 말한다면

9 Ivan IV Vasilyevich(1530–1584): 러시아의 폭군.
Yekaterina II Velikaya(1729–1796): 러시아의 여제, 농민의 권리를 박탈하였음.

10 Charles Lavigerie, 1825–1892, 프랑스 추기경, 1874년 '사하라와 수단 선교단'을 결성.

수도사가 무슨 말을 할 수 있겠습니까? 상인이 교황님의 회칙을 제시하고는 그 논리에 따라 노예는 "다른 형태로 변형된 똑같은 임금"이라고 하면서 교황님의 축복으로 권한을 부여받은 자가 "임금을 투자할 수 있는 권리를 박탈함으로써 자기의 자산을 유용하게 활용하고 자기의 생활을 향상시킬 수 있는 권리와 희망을 빼앗으려" 하느냐고 반문한다면 수도사가 무슨 말을 할 수 있겠습니까?

토지사유제는 인간이 부여받은 이성으로부터 나온다?[11]

둘째로 교황님은, 인간은 이성과 준비성을 갖추고 있기 때문에 토지의 결실만이 아니라 토지 자체에 대한 소유권을 취득할 수 있으며 토지 생산물로써 미래에 대비할 수 있다고 하셨습니다.

이성과 그로 인한 준비성은 진실로 인간의 뚜렷한 특성이고 인간을 짐승보다 고귀한 존재로 만들어 줍니다. 이는 또한 성경 말씀처럼 인간이 하느님의 형상을 본떠 창조되었음을 입증합니다. 이성이 부여되었다는 사실은, 교황님이 지적하신 대로, 육체노동으로 생산한 것만이 아니라 이성과 그로 인한 준비성을 발휘하여 생산한 것도 사유재산권의 대상이 되어야 함을 의미합니다. 사실 인간의 생산 활동에 작용하는 이런 요소는 서로 분리할 수 없고 노동에서 이성의 활용은 불가피합니다. 인간이 생산자로서 동물과 다른 점은 이성 때문이며 이런 의미에서 인간은 제작자입니다. 인간의 신체적 힘 자체는 미약합니다. 그것은 정신이 원료에 작용하도록 연결시켜 인간이 자연의 물질과 힘을 의도에 맞게 활용할 수 있게 해 줄 뿐입니다. 정신, 즉 지적인 이성이야말로 노동의 핵심적 촉진자이며 생산의 필수적 요소입니다.

그렇지만 인간이 이성과 준비성으로 마련한 물자라고 하더라도 사적

11 회칙 4-5.

소유권이 무조건 발생하는 것은 아닙니다. 하느님께서 당신의 이성과 준비성으로 마련하신 물자에는 사적 소유권이 발생할 수 없습니다!

예를 들어 보겠습니다. 이스라엘 백성이 이집트로부터 이동할 때처럼 한 무리가 사막을 가로질러 여행한다고 가정합니다. 이들이 준비성에 의해 물을 주머니에 담아 왔다면 그 물에 대해 정당한 재산권을 갖습니다. 미리 물을 준비하지 않아 사막에서 목이 타는 사람이 있다면, 그는 물을 가진 사람에게 자비를 베풀어 달라고 할 수는 있어도 물을 요구할 권리는 없습니다. 물 그 자체는 하느님께서 마련하신 것이지만 물이 주머니에 담겨 이런 장소에 존재하는 것은 물을 가져온 사람들이 마련한 것입니다. 그래서 이 사람들은 그 물에 대해 배타적 권리를 갖습니다.

그러나 어떤 사람이 준비성을 더 발휘하여 샘을 독차지해 버리고는 다른 사람이 와서 물을 마실 때 돈을 받는다고 가정해 보겠습니다. 이런 준비성은 권리의 근거가 됩니까?

교황님, 교황님이 토지사유제를 옹호하기 위해 제시하신 근거는 필요한 곳에 물을 가져가는 준비성이 아니라 샘을 독차지하는 준비성입니다!

좀 더 자세히 생각해 보겠습니다. 노동 생산물의 원료를 토지에서 취득하기 때문에, 토지사유제가 정당하지 않다면 노동 생산물에 대한 사유제 역시 정당하지 않을 것이라는 반론은 검토할 가치가 있습니다. 생각해 보면 인간의 모든 생산은 사막에 물을 운반하는 것과 다르지 않습니다. 곡물을 재배하는 일이나 철을 제련하는 일, 가옥을 짓는 일이나 천을 짜는 일, 그 어떤 생산 활동에서도 사람이 하는 일이란 기존 물자의 위치를 옮기거나 형태를 바꾸는 것뿐입니다. 인간의 생산은 변화만 시킬 뿐 창조하지는 않습니다. 창조는 하느님만이 하십니다. 인간의 생산이 물질에 일으킨 변화는 생산물의 수명 동안 존속하므로, 부수적인 것은 핵심적인 것에 속한다는 원리에 따라, 생산 노동과 결합한 자연물에 대한 소유권이 발생합니다. 그리하여 원래 장소에 원래 모습으로 존재하는 물은 하느님께서 모든 인간을 위해 베푸신 것이지만 천연의 원천으로부터 길어 올려 사막으로 운반하면 그 물은 장소 이동이라는 생산 활동을 한 개인이 정당하게 소유하게 됩니다.

그러나 이런 소유권은 실제로는 일시적인 사용권에 불과합니다. 인간이 자연이라는 창고로부터 원료를 취하여 자신의 욕구에 따라 그 장소나 형태를 바꾸지만, 자연에서 취하는 그 순간부터 원료는 다시 창고로 되돌아가는 과정을 시작합니다. 나무는 썩고 쇠는 녹슬고 돌은 분해되거나 대체됩니다. 어떤 생산물은 더 심해서 그저 몇 달, 며칠 정도 견딜 뿐이며 사용 즉시 소모되는 것도 있습니다. 우리가 아는 한, 물질은 영원하고 힘은 소멸되지 않습니다. 햇살에 떠다니는 작은 티끌 하나, 나뭇잎을 흔드는 미세한 자극 하나도 우리가 창조하거나 소멸시킬 수 없습니다. 그러나 인간이 옮기고 결합한 생산물은 끊임없는 자연의 흐름 속에서 스러지고 맙니다. 그리하여 자연을 원료로 삼아 인간이 생산한 것에 대한 소유권을 인정해도 단지 일시적으로 사용할 수 있을 뿐, 우리 모두를 위해 마련된 원천에는 영향을 미칠 수 없습니다. 물을 이곳에서 저곳으로 운반하더라도 총량을 바꿀 수는 없습니다. 마시거나 엎지르거나 증발하도록 놔두어도 물은 자연이라는 원천으로 돌아갈 수밖에 없기 때문입니다. 이 사실은 인간이 생산을 통해 노동의 흔적을 남길 수 있는 모든 물자의 경우에 다 적용됩니다.

교황님은, 일시 사용으로 소멸되는 물자만이 아니라 장래에 사용할 물자에 대해서도 인간의 이성으로 인해 권리가 발생한다고 말씀하셨습니다.[12] 사용으로 소멸되는 음식이나 땔감 그리고 수리를 통해 여러 세대에 걸쳐 존속할 건물과 같은 경우에는 맞는 말씀입니다. 그러나 모든 사람이 원료를 취하는 원천인 자연의 항구적인 물자에 대해서도 인간이 사적 소유권을 가질 수 있다고 추론하시는 것은 분명히 잘못입니다. 인간은 자기 노동으로 생산한 토지의 결실은 사적으로 소유해도 됩니다. 이런 물자는

12 회칙 4.

시간이 지나면서 노동의 흔적을 잃고 원료가 나온 원천인 자연으로 돌아가므로 특정인이 소유하더라도 다른 사람에게 피해를 주지 않기 때문입니다. 그러나 사람이 토지 그 자체를 소유할 수는 없습니다. 토지는 계속해서 생산 원료를 추출해야 하는 원천일 뿐 아니라 인간의 몸 그 자체이기도 하기 때문입니다.

인간이 토지를 원료로 노동을 통해 생산한 결실이 아닌 토지 그 자체에 대해서는 소유권을 가질 수 없는 결정적인 이유는 교황님이 그 다음 문단에서 하신 말씀에 나옵니다.

> 인간의 욕구는 한번 충족되면 사라지는 것이 아니라 끊임없이 되살아난다. 즉, 오늘 충족된 욕구가 내일 다시 꿈틀거린다. 그러므로 자연은 안정적이고 인간과 항상 함께하는 원천, 인간이 계속해서 물자를 조달할 것으로 기대할 수 있는 원천을 마련해 주었음이 분명하다. 풍성한 결실로써 인간에게 갖가지 재화들을 제공할 수 있는 것은 토지뿐이다.[13]

여기에서 교황님이 말씀하신 인간은 모든 인간입니다. 자연이 모든 인간에게 부여한 것을 어떻게 일부 인간의 사유재산으로 만들어 다른 사람을 제외시킬 수 있습니까?

---

13 회칙 5. 인용문의 셋째 문장("그러므로 자연은 … 분명하다.")은 주교회의의 국역본을 약간 변경하였다. 국역본의 표현은 공식 영역본과 조금 다르다. 바티칸 공식 영역본은 다음과 같다. "Nature accordingly must have given to man a source that is stable and remaining always with him, from which he might look to draw continual supplies." 헨리 조지가 「공개서한」에서 참고한 당시의 공식 영역본은 다음과 같다. "Nature, therefore, owes to man a storehouse that shall never fail, the daily supply of his daily wants." 이 문장이 주교회의 국역본에는 "그러므로 자연은 인간이 자기의 끝없는 욕구를 적절히 충족시켜 줄 재화들을 지배할 수 있도록 그 권한을 인간에게 부여하였음이 분명하다"라고 되어 있으나, 여기에서는 바티칸 공식 영역본의 문장을 기준으로 하여 달리 번역하였다.

교황님의 말씀을 다시 강조하려고 합니다. "그러므로 자연은 인간이 계속해서 물자를 조달할 것으로 기대할 수 있는 원천을 마련해 주었음이 분명하다." 교황님이 말씀하신 자연은 하느님입니다. 이처럼 하느님께서 우리를 창조하시면서 인간이 계속해서 물자를 조달할 것으로 기대할 수 있는 원천을 마련하실 의무를 스스로 지셨다는 교황님의 생각은 널티 주교가 내린 불가피한 결론과 일치합니다.

> 하느님께서는 완전한 자유 속에서 우리를 창조하셨습니다. 그러나 우리를 창조하시면서 우리에게 필요한 생존 물자를 마련하실 의무를 스스로 지셨습니다. 토지는 우리가 알고 있는 한 생존 물자의 유일한 원천입니다. 그러므로 모든 나라의 토지는 그 나라 국민의 공동 재산입니다. 토지의 진정한 주인은 토지를 만드시고 자발적 선물로 국민에게 넘겨주신 하느님이시기 때문입니다. "땅은 사람에게 주셨네."[14] 모든 국민이 하느님의 피조물이자 자녀이고 모든 피조물은 하느님께서 보시기에 동등하므로, 어떤 미천한 국민이라도 공동 재산에서 배제한다면 그것은 그 개인에 대한 불의하고 부당한 처사일 뿐 아니라 **창조주의 자비로운 의도를 거스르는 불경한 저항**입니다.

토지사유제는 다른 사람의 토지 이용을 방해하지 않는다?[15]

자연은 인간이 계속해서 물자를 조달할 수 있도록 하느님께서 마련하신 원천이라고 말씀하실 때 교황님은 마음속으로는 한 가지 불편한 의문, 토지를 사유재산으로 전유해도 되는지에 대한 의문이 생기신 것이 분명합니다. 그 말씀에 이어 마치 확인이라도 하시듯이, 토지 소유를 인정하더라

14 시편 115,16.

15 회칙 6.

도 다른 사람을 해롭게 하지 않는다고 덧붙이셨기 때문입니다. 토지를 소유하지 않는 사람은 자신의 노동을 팔아 토지 생산물을 취득할 수 있기 때문에 토지를 개별 소유자에게 분할하더라도 토지가 모든 사람의 필요를 충족시킨다는 사실에는 변함이 없다는 말씀으로 이해됩니다.

누가 아래와 같은 양심에 관한 의견을 도덕의 판단자이신 교황님에게 제시한다고 생각해 보십시오.

> 저희 아버지는 저희 자녀 모두가 생활하기에 충분한 밭을 물려주셨습니다. 밭을 개인별로 나누시지 않고 저희 스스로 분할 한도를 정하도록 하셨기 때문에 장남인 제가 밭 전체에 대한 배타적 소유권을 차지하였습니다. 그러나 저는 다른 형제도 밭을 이용하여 생활할 수 있게 하였습니다. 밭에서 일하도록 했고 다른 사람을 고용할 때 지불하는 임금만큼 소출을 나누어 주었습니다. 제 양심에 꺼릴 일이 있습니까?

교황님은 어떤 대답을 하실까요? 그 자가 죄악을 저질렀고 변명으로 죄가 더 무거워졌다고 하시지 않겠습니까? 잘못을 바로잡고 참회하라고 하시지 않겠습니까?

또 교황님이 속계의 군주라고 가정하고 이집트처럼 비가 오지 않는 땅, 샘도 개울도 없고 오로지 나일 강과 같이 수량이 풍부한 하나의 강에서만 물을 구할 수 있는 땅을 통치한다고 생각해 보십시오. 이 땅을 풍요롭게 하려고 신하들을 보내면서 정의를 행하고 번영하게 만들 것을 명하셨는데, 신하 몇이 강에 대한 소유권을 설정하고 일반인은 대가를 지불하지 않으면 물 한 방울도 이용할 수 없게 하였다는 보고를 받으셨다고 생각해 보십시오. 그 결과 신하 몇 사람은 일하지 않아도 부유해지고 일반인은 물값을 내느라고 열심히 일해도 생존이 어려울 정도의 빈곤에 빠졌다는 보고를 받으셨다고 생각해 보십시오.

교황님은 뜨겁게 분노하시지 않겠습니까?

강을 소유한 신하가 교황님에게 아래와 같은 내용으로 자신의 행위를 변호했다고 생각해 보십시오.

> 강을 나누어 몇 사람이 소유하기는 했지만 모든 사람의 필요를 충족시킨다는 사실은 변함이 없습니다. 물을 마시는 사람은 모두 이 강의 물을 마시기 때문입니다. 강물을 소유하지 않는 사람도 자신의 노동을 제공하면 물을 구할 수 있습니다. 그러므로 자기 소유의 강에서 구하든 노동을 제공해서 구하든 물은 구할 수 있습니다. 강물을 길어 올리는 데도 노동이 필요하고 물을 매입하기 위해서도 노동이 필요합니다.

교황님의 분노가 누그러지겠습니까? 이런 변명으로 교황님의 지성을 모독하였으므로 분노가 더 커지지 않겠습니까?

하느님의 선물을 완전히 박탈하는 것과 돈을 내지 않으면 박탈하는 것 사이의 차이는 사람을 죽게 방치하는 강도와 사람을 인질로 잡는 강도 사이의 차이와 다름없다는 사실을 교황님에게 입증하기 위해 더 이상 애를 쓸 필요는 없다고 봅니다. 그러나 "토지가 비록 각 개인 소유로 분배되는 경우라 하더라도 여전히 모든 이들의 공동 이익과 편의에 봉사"한다는 말씀은 커다란 진실을 간과한 말씀이라는 점은 지적해 두고 싶습니다.

교황님은 바티칸 궁에서 캄파냐(Campagna) 평원을 내다보실 수 있을 것입니다. 이곳은 신도들의 정성과 국가의 노력에 의해 이제 겨우 사람이 살 만한 곳으로 바뀌고 있습니다. 그러나 한때 이 평원에서는 농업이 활발하게 이루어졌었고 행복한 마을이 여기저기 자리 잡고 있었습니다. 수 세기 동안 이 평원이 파괴된 원인이 무엇입니까? 역사는 토지사유제라고 말해 줍니다. 플리니우스가 로마 멸망의 원인으로 꼽았던 대장원이 성행했기 때문입니다. 사람 농사가 실패한 바로 그 원인 때문에 고트족과 반달족이 침입했고 로마가 지배하던 영국(Roman Britain)이 오딘과 토르를 예배하게 되었으며, 그전에는 부유하고 인구가 많았던 동방은 군대의 힘이 미약해지고 무기가 쇠하여 이슬람의 무력에 굴복하였고 예수님의 무덤이나 성 소피아 교회의 십자가가 무너지고 초승달이 뜨게 되었습니다![16]

스코틀랜드에 가시면 과거에 모든 사람의 농지권을 인정하여 건실한 주민을 길러 낸 게일(Gaelic)식 토지제도가 실시되었던 넓은 지역을 보실 수 있습니다. 그런데 토지사유제로 인해 지금은 야생 동물의 영역이 되고 말았습니다. 아일랜드에 가시면 주교들이 보여 줄 것입니다. 그들이 젊은 사제였을 당시에는 정직하고 친절하고 신앙심 깊은 주민들이 가득했던 촌락에 지금은 야생 동물만 남아 풀을 뜯고 있는 것을.[17]

미국에 오시면 유럽의 총인구가 편안하게 살 수 있는 넓고 풍요한 이 나라에서 이민을 부정적으로 보는 정서가 자라는 것을 보시게 될 것입니다. 이는 토지사유제로 인해 토지가 인위적으로 희소해져서 현재의 미국인에게도 충분한 공간과 일자리가 없어 보이기 때문입니다.

혹은 호주에 가시면 거기에서도 영국처럼 토지사유제 때문에 토지가 방치되면서 사람들이 대도시로 쏠리는 현상을 보시게 될 것입니다. 현대적 발명 덕에 활용하게 된 힘을 느낄 수 있는 곳에 가시면 토지사유제는 저주임을 보실 것입니다. 예언자께서는 이런 결과를 땅을 차례로 사들여 "온 세상을 혼자 살듯이 차지"[18]한다고 비판하셨습니다.

단순한 유물론자에게도 이것은 죄악이자 수치입니다. 이 세상이 하느

16 오딘(Odin)과 토르(Thor)는 북구 이교도의 숭배 대상, 초승달은 이슬람의 상징.

17 [원문의 주] 누구든 이 교구에 가면 유럽에서 가장 아름다운 넓디넓은 이 지역이 금세기 초부터 인구가 무참하게 줄고 고독과 적막의 땅이 되어 버려서 초원과 황야보다 더 못 해졌다는 사실을 직접 볼 수 있습니다. 토지제도는 이처럼 엄청난 규모로 생사를 결정하는 힘을 발휘합니다. 노예제의 어두운 역사에도 이런 예는 없었습니다. – 널티 주교의 '미스(Meath) 교구의 교직자와 교인에게 보내는 편지'

18 이사 5,8.

님의 세상임을 믿는 우리가, 더 높은 생을 위한 전 단계로 인간을 이 세상이 내신 것으로 믿는 우리가 어떻게 토지사유제를 변호할 수 있겠습니까?

토지에 노력을 투입하면 토지를 소유할 수 있다?[19]

이어서 교황님은 토지에 투입하는 노력이 토지 자체에 대한 소유권을 주며, 토지 개량의 이익은 토지 자체와 분리할 수 없는 것이라고 말씀하셨습니다.

설혹 이런 견해가 옳다 하더라도 토지에 노력을 투입한 사람만이 토지를 소유할 수 있는데, 이것으로는 현재와 같은 토지사유제를 정당화할 수 없습니다. 오히려 법적인 토지 소유자로부터 토지를 회수하여 소작인이나 토지 노동자에게 주자는 움직임을 정당화할 수 있습니다. 또 개량물이 토지 그 자체와 분리될 수 없다면 지주는 자신의 개량물에 대한 대가조차 요구할 수 없지 않겠습니까?

그러나 교황님의 의도는 표현과 다르다고 봅니다. 제가 보기에 교황님이 진정 의도하신 것은 토지에 노동을 투입한 사람이 그 토지에 대한 소유권을 갖는 것이 원칙적으로 정당하다는 것입니다. 그러나 이것도 현재와 같은 토지사유제를 정당화하지 못합니다. 현재의 토지소유권이 노력의 투입보다는 권력과 속임수에서 비롯되었다는 것은 보편적인 사실이 아닙니까?

이탈리아를 예로 들겠습니다! 이탈리아 땅의 대부분을 소유하는 자는 노동을 투입한 자가 아니라 다른 사람의 투입 노동을 가로챈 자라는 것이 사실 아닙니까? 영국 등 다른 나라도 역시 그렇지 않습니까? 토지 소유가 집중될 충분한 시간이 없었고 이용자에게 토지를 분배하려는 움직임이 있었던 미국에서조차, 오늘날 대부분의 토지소유자는 땅을 이용하지도 않고 스스로 이용할 계획도 없으면서 다른 사람에게는 돈을 받고서야 그 땅을

19 회칙 7–8.

이용할 수 있게 해 줍니다.

또 인간의 노력이 토지소유권의 근거가 된다면 소유권의 한도는 어디까지입니까? 어떤 사람이 수 평방마일의 땅에 양을 방목했다고 하면 당사자와 그 상속인에게 그 땅의 소유권이 발생합니까? 이 땅에서 풍부한 광물이 발견된다면 또는 인구 증가나 사회 발전으로 인해 이 땅을 농업용·원예용·대도시용으로 개발해야 할 경우에는 어떻게 합니까? 오늘날 뉴욕시의 부지는 그 가치가 수억 달러에 달하는데, 최초로 이 땅에 자신의 노력을 투입하여 소를 키우거나 감자를 재배했던 사람이 있다면 그에게 이 땅의 소유권을 부여한다는 말씀이신가요?

교황님의 말씀은 적절하지 않습니다. 토지에 투입한 노력은 그 결실에 대한 소유권을 발생시킬 뿐 토지 그 자체에 대해서는 그렇지 않습니다. 바다에 노력을 투입할 때 잡은 물고기에 대한 소유권은 발생하지만 바다에 대해서는 그렇지 않은 것과 같습니다. 또한 노동의 결실을 보장하기 위해 토지소유권이 필요하다는 말씀도 적절하지 않습니다. 토지 개량의 이익은 토지 자체와 분리할 수 없다는 말씀도 적절하지 않습니다. 토지의 사용과 개량을 위해 사용권의 보장이 필요하다는 점은 저도 이미 말씀드렸습니다. 그러나 소유권이 필요한 것은 아닙니다. 모든 문명국가에서 토지 소유자 이외의 다른 사람이 토지를 경작하고 개량하고 있습니다. 영국, 이탈리아 등 여러 나라에서 경작지의 대부분은 소유자가 아닌 소작인이 경작합니다. 고가의 빌딩도 대가를 지불한다는 조건으로 일정 기간의 사용권만을 가지는 사람들이 건축하고 있습니다. 런던의 거의 전부가 이런 식으로 건설되었고 뉴욕, 시카고, 덴버, 샌프란시스코, 시드니, 멜버른, 그 밖에 유럽의 여러 도시에서도 큰 건물의 소유자 중 상당수는 부지 소유자와 일치하지 않습니다. 토지와 개량물의 가치를 분리할 수 없다고 하셨지만 개인 간의 거래에서는 상시적으로 분리 거래되고 있습니다. 예를 들면, 시카고의 거대한 그랜드 퍼시픽 호텔 부지의 반이 최근에 분리 거래되었고, 실론에서는 과일 나무 소유자와 과수원의 소유자가 다른 경우가 비일비재합니다.

토지 개량 행위 (예를 들면 개간, 밭 갈기, 비료 주기, 재배하기, 지하 창고 만들기, 우물 파기, 집짓기 등) 가운데 개량물의 가치와 토지가치를 분명하게 구분할 수 없는 경우는 그 어디에도 없습니다. 개량물을 가진 토지는 개량물이 없는 토지보다 언제나 비싼 값에 매각 또는 임대되기 때문입니다.

그러므로 국가가 개량물과 무관한 토지가치에 해당하는 금액을 세금으로 부과하면 단순한 소유의 이익만을 징수할 뿐이므로, 사용과 개량의 이익은 완전하게 남아 있습니다. 현재의 제도는 이렇게 하지 않고 있습니다. 국가가 앞으로 계속해서 토지가치에만 과세한다고 하더라도 토지를 지니고 있는 사람은 형식상으로는 여전히 토지소유자이며 언제라도 사용권과 개량물을 증여하거나 매각할 수 있습니다. 자기의 노동 투입 또는 자본 투자로 인해 토지에 부가하거나 축적한 재산은 자신이 소유하며 또 완전한 금액을 받고 처분할 수 있습니다.

따라서 저희의 제안은 교황님이 정의롭고 정당하다고 하신 원리, 즉 "노동의 결실도 당연히 수고한 당사자에게 돌아가야 한다"[20]는 원리를 보장합니다. 그러나 그 외의 방법은 그렇지 않습니다. 토지사유제는 사회의 성장과 개선에 의해 토지에 부가된 가치를 소유자가 국가에 적절한 대가를 지불하지 않고 차지하도록 만들어 버립니다. 노동의 결실을 수고한 당사자로부터 가로채도록 하고, 이 사람이 노동하여 생긴 결실을 저 사람이 향유하도록 넘겨줍니다. 노동은 능동적 생산요소로서 모든 부의 생산자입니다. 단순한 소유권만으로는 아무것도 생산하지 못합니다. 세상을 소유한다고 해도 "얼굴에 땀을 흘려야 양식을 먹을 수 있으리라"[21]고 하신 말

20 회칙 8.

21 창세 3,19.

씀처럼 노동이 없으면 한 끼의 음식도, 한 조각의 옷도 구할 수 없습니다. 그러므로 토지소유자가 자신의 노동 없이 소유권 덕에 노동 생산물을 풍부히 얻는다면 이는 필시 다른 사람이 노동과 땀의 결실로 정당하게 얻은 것을 권리 없는 자가 가로채서 향유하는 것이 됩니다.

토지의 경우 사용권에 비해 소유권이 가진 유일한 장점은 자신의 노동으로 생산하지 않은 것을 소유자가 차지할 수 있다는 나쁜 의미의 장점입니다. 토지소유자가 자신이 투입한 노동과 자본의 대가 이상을 얻을 수 없는 경우에는, 다시 말해서 노동 투입 없이 매각이나 임대만을 통해 토지로부터 노동 생산물을 획득할 수 있는 경우가 아니라면, 소유권은 단지 사용권을 보장하는 데 그칠 뿐 가치를 갖지 않습니다. 토지소유자가 현재 또는 미래에 소유권으로부터 수입을 얻을 수 있어야, 다시 말해서 소유자가 자신의 노력 없이 단지 소유자라는 자격만으로 타인의 노동 결과를 차지할 수 있어야 토지소유권이 가치를 갖게 됩니다.

토지사유제가 강도 행위와 마찬가지라는 사실을 사람들이 잘 깨닫지 못하는 이유는, 토지사유제가 대부분의 경우 개인에 대한 강도짓이 아니라 사회에 대한 강도짓이기 때문입니다. 앞에서도 설명 드렸듯이 경제적 의미의 지대, 즉 사회의 성장과 개선에 의해 토지에 부가되는 가치는 토지 사용자가 차지할 수 없는 가치입니다. 지대는 소유자나 사회만이 차지할 수 있습니다. 그러므로 런던이나 뉴욕 중심지의 토지를 사용하는 자는 엄청난 지대를 지불하고 있지만 자신은 아무런 피해도 입지 않고 있다고 생각합니다. 개인적으로 볼 때 사용자는 지대에 상응하는 이익을 얻으며, 다른 사람이든 자신이든 그 좋은 땅을 공짜로 사용할 수는 없다고 생각하게 됩니다. 사용자는 사회 전체의 이익에 생각이 미치지 못하거나 이를 신경 쓰지 않기 때문에 이러한 제도에 이의를 제기하지 않습니다.

도시가 성장하면서 가격이 매우 높아진 뉴욕의 어느 땅에서, 소유권도 없는 자가 여러 해 동안 여러 사람으로부터 지대를 받아 왔다는 사실이 최근 드러났습니다. 지대를 지불한 사람들은 그자가 소유권을 가지고 있는지 물어보려 하지도 않았다고 합니다. 지대를 지불하지 않으면 그 금싸라기 땅을 사용할 수 없다고들 느꼈을 뿐, 그 땅에 대해서는 모든 사람이 권리를 가지고 있다는 점에는 생각이 미치지 않았거나 신경을 쓰지 않았습니다.

토지사유제는 인류가 공통적으로 인정하며, 평화와 안정에 기여해 왔고, 하느님의 법에서도 인정된다?[22]

인류가 공통적으로 토지사유제를 인정해 왔다고 가정하더라도 이것이 토지사유제가 정의롭다는 증거가 될 수는 없습니다. 노예제가 한때 보편적인 관행이었지만 정의롭다고 할 수 없는 것과 마찬가지입니다.

더구나 그런 가정은 사실과도 다릅니다. 초기의 인류는—우리가 아는 범위 내에서는—언제나 평등한 토지권을 인정했었습니다. 노동 생산물에 대한 소유권을 보장하기 위해 개인별로 토지에 대한 배타적 사용권을 부여할 필요가 생긴 후에도, 평등을 충분히 보장하는 방법을 각 사회의 발전 단계에 맞게 마련해 왔습니다. 어떤 민족은 농토를 주기적으로 재분배하고 가축을 기르거나 땔감을 마련하는 토지는 공동으로 사용하였습니다. 또 거주와 경작에 필요한 토지를 각 가족에게 분배하지만, 필요성이 사라지면 누구든 다른 사람이 그 땅을 차지하여 쓸 수 있게 하기도 했습니다. 모세의 토지법도 성격은 같습니다. 일단 토지를 공평하게 분배한 다음, 어느 가족도 토지를 빼앗기지 않도록 하기 위해 희년제도를 두었습니다. 즉 매입한 토지라 하더라도 50년마다 원 소유자의 자손에게 되돌려 주도록 하였습니다.

우리가 아는 토지사유제, 즉 노동 생산물에 대한 정당한 소유권과 같은 성질의 권리를 토지에 대해서도 부여하는 제도는 예외 없이 강압이나 폭

22 회칙 8.

력에 의해 확립된 제도입니다. 노예제처럼 전쟁의 산물이고, 교황님의 조상인 로마인이 우리에게 물려준 제도이며, 로마 문명을 부패시키고 멸망시켰던 그 제도입니다.

토지사유제는 북방 민족의 자유로운 정신과 결합하여 봉건제도로 변화했습니다. 평등 관계가 종속 관계로 달라지기는 했지만 여전히 토지에 대한 공동의 권리는 인정되고 있었습니다. 봉토는 신탁토지였고 토지에는 의무가 연계되어 있었습니다. 모든 국민을 대표하는 군주만이 유일한 토지소유자였습니다. 토지를 사용하는 소작인은 군주에 대해 직간접적으로 일정한 의무를 부담하거나 대가를 지불하였습니다. 이것은 정교하지 못하고 불완전하기는 하지만, 저희가 단일세를 통해 이룩하려고 하는 목표, 즉 토지가치를 징수하여 공공의 용도로 사용하는 것과 동일합니다. 왕실 소유지에서는 왕실과 민간의 공공비용을 조달하였고 교회 소유지에서는 예배와 교육, 병자 치료, 극빈자 구제, 나그네 대접에 드는 비용을 조달하였으며 군대 소유지에서는 국방과 전쟁에 필요한 비용을 조달하였습니다. 네 번째 부류의 토지이자 가장 면적이 넓은 토지는 공동으로 사용하였습니다. 인근에 사는 주민은 누구나 가축을 기르거나 땔감을 마련하거나 그 밖의 공동의 용도로 토지를 사용하였습니다.

완전하지는 않지만 본질적으로는 토지에 대한 공동의 권리를 인정하는 이런 제도 덕에, 산업 기술이 저급하고 전쟁이 빈번하고 현대의 위대한 발견과 발명은 꿈도 못 꾸던 시대였지만 노동자의 상태는 지금보다 나았습니다. 지금은 놀라운 발전에도 불구하고 노동자가 극심한 빈곤에서 헤어나지 못하고 있습니다. 이런 문제에 대한 최고의 권위자인 고(故) 로저스 교수[23]는, 우리가 자부해 마지않는 19세기에 수백만의 영국인이 겪고 있는 빈곤과 절망과 압박과 타락이 13세기 영국에는 존재하지 않았다고 단언하

23 James Edwin Thorold Rogers(1823-1890): 영국의 경제학자, 정치인.

였습니다. 또 실제로 기근이 든 시기를 제외한다면, 노동자 중에서 자신이 죽으면 아내와 자식이 가난해질까 염려할 정도로 빈곤한 사람은 없었다고 하였습니다. 당시는 여러 측면에서 암흑기이자 저급한 시대였지만 이때 지은 성당과 교회, 기타 종교적 건물의 흔적은 아직도 우리의 감탄을 자아낼 정도입니다. 그 시대의 영국은 오늘날처럼 국가 부채도, 빈민구제법도, 상비군도 없었고 대대로 내려오는 빈민도 없었습니다. 밤에 머리를 어디에 눕힐지도 모른 채 아침에 일어나는 수많은 군상도 없었습니다.

봉건제가 쇠락하면서 로마를 멸망시켰던 그 토지사유제가 확대되었습니다. 영국의 경우를 간략히 말씀드리자면, 왕실 소유지 대부분은 왕이 총애하던 신하가 차지하였고, 교회 소유지는 헨리 8세가 궁정 대신들에게 나누어 주었으며, 스코틀랜드에서는 귀족의 수중으로 들어갔습니다. 국방 부담금은 17세기에 결국 면제되고 말았고 그 대신 소비세가 생겼습니다. 공동 토지는 튜더 왕조[24] 이래 대토지 소유자가 종획하여 지금은 극히 일부만 남아 있을 뿐이며 이런 토지사유제는 때로는 무력에 의해, 때로는 뇌물을 매개로 하여 아일랜드와 스코틀랜드의 하일랜드 지역에까지 퍼졌습니다. 국방 부담금이 완전 면제되지 않고 일부라도 존속했다면 오늘날 다른 세금을 한 푼도 거두지 않더라도 모든 정부 예산을 충당할 수 있었을 것입니다.

신대륙도 유럽의 제도를 도입하였습니다. 종전 스페인령이었던 지역의 낙후성과 소요 사태는 거대한 토지를 소수가 차지했기 때문이며, 미국 남부에 노예제가 지속된 것은 대규모 농장 때문이었습니다. 반면 북부에서는 옛 영국의 정서가 남아 있어서 토지가 공평하게 배분되었고 장원을 조성하려는 시도는 거의 실패하였습니다. 북부가 더 활발하게 성장한 비결은 여기에 있습니다. 그러나 식민지 시대가 종결되기 전에, 토지가 사유재

24 Tudors: 1485년에서 1603년까지의 잉글랜드를 통치했던 절대 왕조.

산이라는 생각이 영국에 정착되었고 미 연방정부와 일부 주정부에서도 토지를 그렇게 취급했습니다. 처음에는 토지가 싼 값에 거래되었고, 그 후에 실제 정착자에게 배분되기도 했지만 투기자가 대량으로 토지를 매입하였으며, 정부는 철도 건설 및 기타의 목적으로 엄청난 토지를 민간에 무상으로 퍼 주었습니다. 한 세대 전만 해도 무한하게 보였던 연방정부의 국유지는 이제 사실상 사라지고 없습니다. 이것은 성장하는 나라가 토지사유제를 취할 경우 나타나는 자연스러운 결과입니다. 토지에서 불로소득을 얻을 수 있다면 힘세고 염치없는 사람들은 토지를 소유하려고 합니다. 그러나 저희 제안처럼 불로소득인 경제지대를 국가가 징수하여 공동체의 용도로 사용하면 토지는 사용자의 수중으로 가게 됩니다. 토지가치가 아무리 높아도 사용자에게만 이익이 생기기 때문입니다.

교황님은 토지사유제가 평화와 안정에 기여해 왔다고 하셨습니다. 그러나 이 말씀에 대해서는, 토지를 얻기 위한 투쟁이 전쟁과 소송의 가장 흔한 원인이며 토지사유제가 빚어낸 빈곤으로 인해 소위 그리스도교 문명을 가진 나라에는 교도소와 소년원이 빠짐없이 존재한다는 사실만을 지적하는 정도로 충분할 것입니다.

또 교황님은 신명기를 인용하시어 하느님의 법이 토지사유제를 승인한다는 듯이 말씀하셨습니다. "이웃의 아내를 탐내서는 안 된다. 이웃의 집이나 밭, 남종이나 여종, 소나 나귀 할 것 없이 이웃의 재산은 무엇이든지 욕심내서는 안 된다."[25]

여기에 "이웃의 밭"이라는 구절이 들어 있다고 해서 하느님의 법이 현재와 같은 토지사유제를 승인하고 있다고 해석한다면, "남종이나 여종"이라는 구절이 들어 있으니 하느님께서는 노예제를 인정하고 있다고 해석할 수밖에 없습니다. 남종이나 여종은, 다른 부분과 종합해서 볼 때 한시적

25 신명 5,21.

하인과 영구적 노예를 다 포함하기 때문입니다. 그러나 "밭"이라는 단어는 사용과 개량의 대상이라는 의미를 가지며 토지 자체를 소유하지 않더라도 각각 사용권과 소유권이 발생합니다. 밭이라는 구절이 있다고 해서 오늘날과 같은 토지사유제를 승인하는 것이 아님은 모세의 법이 제한 없는 토지소유권을 금지한다는 사실에 의해 분명히 입증됩니다. 모세의 법은 "땅은 아주 팔아넘기는 것이 아니다. 땅은 내 것이요, 너희는 나에게 몸붙여 사는 식객에 불과하다"[26]는 선언과 함께 매 50년마다 토지를 되물리도록 하였습니다. 이것은 경제가 저급했던 시대에 적합한 방식으로, 사람들이 발붙일 땅을 박탈하지 못하게 한 것입니다.

성경의 그 어느 곳에도 노동 생산물에 대한 재산권과 같은 권리를 토지에 대해 인정하는 제도를 정당화하는 구절은 없습니다. "너희 하느님 야훼께서 주시는 땅"[27]이라는 표현처럼 어디에서나 토지를 하느님의 대가 없는 하사물로 다루고 있습니다.

가장은 자녀들을 부양할 책임이 있으며 이를 위해 토지사유제가 필요하다?[28]

가족의 신성함에 대해 교황님이 하신 말씀에는 저희도 완전히 동의합니다. 그러나 자녀에 대한 가장의 의무가 어떻게 토지사유제를 정당화하는지 이해할 수 없습니다. 가장의 의무를 다하기 위해 토지사유제가 필요하다고 하시면서 이런 근거를 제시하셨습니다.

> 가장은 침해될 수 없는 자연법으로 말미암아, 자녀들을 부양할 책

26 레위 25,23.

27 신명 5,16.

28 회칙 9-11.

임을 맡고, 그로 하여금 자녀들 안에서 자신의 모상과 인격의 연장과 계승을 인식하게 해주는 자연의 충동 때문에 그는 자녀들이 고된 삶의 여정 중에서 그들의 욕구를 정당하게 충족시킬 수 있도록 당연히 그들을 보살펴주기 마련이다. 자녀 부양의 책임 완수는 가장이 후에 자녀들에게 유산으로 상속시켜 주게 되는 생산적인 재산을 소유함으로써 가능하다.[29]

하느님께서는 인간이 세상에 태어날 때 지극한 사랑으로 보살핌을 받도록 하시고 세상을 떠날 때 효심으로 수발을 받게 하심으로써 세대가 이어지도록 하셨습니다. 그리하여 자녀가 성장할 때까지 돌보는 것이 가장의 의무이자 기쁨이고, 자연의 질서에 따라 시간이 지나면 부모를 봉양하는 것이 자녀의 의무이자 특권입니다. 이것이 결혼 관계를 감미롭고 자애롭고 순수한 기쁨의 토대로 만들어 주는 자연스러운 이유이며, 가톨릭 교회에서도 결혼을 언제나 확고하게 지지해 왔습니다.

인간이 태어나서 몇 년간은 육신의 아버지의 보살핌을 받아야 합니다. 그러나 우리의 삶과 움직임과 존재의 원천인 그분, 즉 하늘에 계신 우리 아버지의 보살핌에 비하면 이는 사소하고 일시적이며, 그 범위도 좁습니다. 그리스도께서는 육신의 아버지가 아니라 "온갖 훌륭한 은혜와 모든 완전한 선물을 주신 분"[30]께 "오늘 우리에게 필요한 양식을 주시"[31]도록 기도하라고 하셨습니다. 그분을 통해서 인간이 대를 이어 존재한다는 사실은

29 인용문의 둘째 문장 중 "생산적인 재산을 소유함으로써"는 주교회의 국역본과 다르다. 바티칸 공식 영문본의 표현은 "by the ownership of productive property"이며 헨리 조지가 「공개서한」에서 참고한 당시의 공식 영문본의 표현은 "by the ownership of profitable property"이다. 주교회의 국역본은 이를 "풍성한 재화를 획득함으로써"라고 번역하였으나 여기에서는 두 가지 공식 영역본을 참고하여 다르게 번역하였다.

30 야고 1,17.

31 마태 6,11.

너무도 명백합니다. 지구의 평균 기온이 불과 몇 도(우리가 실험실에서 낼 수 있는 온도에 비하면 아주 미미한 정도)만 오르내려도, 얼음이 열대의 태양 아래 녹듯이 그리고 서리에 맞은 잎이 떨어지듯이, 인류는 사라지고 말 것입니다. 지구에서 몇 계절 동안만 생산이 중단된다면 수많은 인구 중 몇 명이나 살아남겠습니까?

자녀들이 고된 삶의 여정 중에서 자신의 욕구를 정당하게 충족시킬 수 있도록 생산적인 재산을 유산으로 상속시켜 주어야 할 가장의 의무! 불가능한 일은 의무가 될 수 없습니다. 가장이 어떻게 이런 일을 해낼 수 있겠습니까? 인류가 말 그대로 손에서 입으로 먹고 산다는 사실, 매일 그날의 양식을 마련한다는 사실을 교황님은 감안하지 않으셨습니다. 한 세대가 다음 세대에 물려줄 수 있는 것은 많지 않습니다. 노동이 중단되면 기존의 축적 물자를 소비하는 수밖에 없는데, 문명세계에서 부의 총계가 1년간의 노동과 맞먹는다고 하더라도 노동이 중단되면 가장 부유한 국가에서조차 불과 며칠 안 가서 질병과 기근이 만연할 것입니다.

교황님이 말씀하시는 "생산적인 재산"은 토지입니다. 모든 경제학자가 동의하듯이 생산적인 토지는 보통 사람이 취득하기 어려운 우등한 토지입니다. 이런 토지를 소유하면 소유자라는 이유로 소득이 생깁니다. 즉 소유자가 자신의 노동 없이 노동 생산물을 가로챌 수 있다는 뜻입니다. 토지 소유에서 상당한 이익이 생기려면 다른 사람의 것을 빼앗아야만 합니다. 자녀에게 생산적인 토지를 물려줄 수 있는 가장은 소수에 불과합니다. 그렇다면 교황님은 결국 특별히 운 좋고 힘세고 염치없는 자만이 할 수 있는 일 그리고 다른 사람을 착취해야만 가능한 일, 즉 하느님의 물질적 선물을 빼앗는 일을 모든 가장의 의무라고 선언하신 것입니다.

이러한 반(反)그리스도교 원리는 모든 그리스도교 국가에 오랫동안 적용되었습니다. 그 결과가 무엇입니까?

「회칙」이 악으로 규정하는 바로 그것이 아닙니까? 고된 삶의 여정 중에서 자신의 욕구를 스스로 충족시킬 수 있도록 해 주는 대신 수많은 대중을 고된 삶으로 몰아넣지 않았습니까? 이와 같은 빈곤과 비참함은 자연 질서의 결과가 아니며, 이교도 야만국보다 심하고 더 일반화되어 있습니다. 토지사유제를 취하는 부유한 국가에서 자녀에게 어느 정도의 재산이라도 물려줄 수 있는 가장은 5%도 채 안 되며 대부분은 자신의 장례비도 남겨 주지 못하는 실정입니다! 일부 가정의 자녀는 아버지로부터 기대 이상으로 부유한 유산을 물려받습니다. 그러나 대다수는 아버지에게서 물려받는 것이 없을 뿐 아니라 토지사유제 때문에 하늘에 계신 아버지께서 베푸시는 혜택마저 박탈당하고 있습니다. 이들은 생존하고 일하기 위해 타인의 허락을 간구해야 하며 평생 힘들게 일해도 그 소득으로는 기아와 빈궁을 면하기 어렵습니다.

교황님은 의도와는 달리 사실상 지상의 아버지가 천상의 아버지 기능을 담당해야 한다고 하셨습니다. 어느 세대가 "자녀들이 그들의 욕구를 충족시킬 수 있도록" 해 주는 것은 인간의 일이 아닙니다. 그것은 하느님의 일입니다. 인간은 아버지를 창조할 수 없듯이 자녀도 창조할 수 없습니다. 하느님만이 모든 세대를 창조하실 수 있습니다. "그러므로 자연은 안정적이고 인간과 항상 함께하는 원천, 인간이 계속해서 물자를 조달할 것으로 기대할 수 있는 원천을 마련해 주었음이 분명하다. 풍성한 결실로써 인간에게 갖가지 재화들을 제공할 수 있는 것은 토지뿐이다."[32]라고 교황님이 앞에서 말씀하셨습니다. 그런데 여기에서는 계속해서 물자를 조달할 것으로 기대할 수 있는 원천인 토지를 다른 사람의 자녀로부터 빼앗아 자신의 자녀에게 물려주는 것이 사람의 의무라고 말씀하십니다.

자녀에 대한 가장의 의무—모든 가장이 감당할 수 있는 의무! 이것은 자녀가 성장하여 건전한 신체, 성숙한 정신, 덕성 있는 습관, 효심, 근면을 갖추도록 가장이 스스로 모범을 보이면서 자녀를 양육하고 가르치는 일이

32 회칙 5.

아니겠습니까? 또 만물의 아버지이신 하느님의 하사물에 대해 자녀든 다른 사람이든 자유롭게 접근할 수 있는 사회에서 살 수 있게 해 주는 일이 아니겠습니까?

이렇게 함으로써 가장은 현재 극히 부유한 집의 가장만이 할 수 있는 것보다 더 확실하게 자녀를 빈곤으로부터 보호할 수 있을 것입니다. 인간보다는 하느님께서 더 많이 마련해 주시기 때문입니다. 하느님의 정의는 섭리를 피해 가려는 인간의 노력을 비웃습니다. 인간을 얽어매는 이상한 법은 빈자를 고통에 빠뜨릴 뿐 아니라 부자를 타락시키기까지 합니다. 설령 고된 삶의 여정 중에서 욕구를 정당하게 충족시킬 수 있도록 자녀에게 부를 물려줄 수 있는 사람이 일부 있다고 해도 과연 결과가 좋겠습니까? 자녀를 다른 사람보다 더 풍족하게 해 주어 노동하라는 하느님의 법이 자신에게는 해당되지 않는다고 자녀가 생각하도록 만드는 것이, 우리 경험에 비추어 볼 때, 자녀에게 잘하는 일입니까? 이런 부는 복이 되기보다는 독이 되기 쉽고, 그런 부에 대한 기대가 효심을 파괴하며 가족 간의 불화와 시기를 초래하는 일도 흔하지 않습니까? 아무리 부유하고 강력한 가장이라고 해도 얼마나 그리고 언제까지 자녀를 운명에서 제외시켜 줄 수 있겠습니까? 한때 거부였던 가문의 후손이 오늘날 극빈자가 되어 있고, 과거 왕족의 후손이 오늘날 빈민가와 소년원에서 지내는 일이 비일비재합니다.

그러나 저희가 이룩하려고 하는 사회에서는 하느님의 하사물에 대한 독점과 낭비가 사라지고 노동의 결실이 노동자에게 돌아가며, 누구나 적당한 노동을 하면 충분히 편안한 생활을 할 수 있게 됩니다. 장애인이나 무능력자 또는 보호자를 잃은 사람에게는 하느님께서 지대법칙을 통해 사회에 마련해 주시는 기금—점점 성장하는 대규모 기금—으로 충분히 지원할 수 있습니다. 이러한 지원은 받는 이의 자존심을 상하게 하는 인색한 자선이 아니라 인간의 권리이며 그리스도교 국가에서 모든 구성원에게 제공할 의무가 있는 사회보장입니다.

이처럼 자녀에 대한 가장의 의무는 토지사유제를 지지하는 것이 아니라 확실하게 반대하는 것입니다. 또한 토지사유제를 철폐하고 단순하고 효과적인 방법인 토지단일세를 도입하도록 강력하게 요구하는 것입니다.

이와 같은 의무는 실제로 자녀를 둔 가장에게만 국한되지 않습니다. 성인의 권한과 책임을 가진 우리 모두의 의무입니다. 그리스도께서는 한 어린 아이를 사도들 가운데 세우시고 어린이와 같이 되지 않으면 결코 하늘나라에 들어가지 못할 것이라고 하시면서, 이 보잘것없는 사람들 가운데 누구 하나라도 죄짓게 하는 사람은 그 목에 연자 맷돌을 달고 깊은 바다에 던져져 죽는 편이 오히려 나을 것이라고[33] 말씀하시지 않으셨습니까?

어떻습니까? 젊은이는 결혼을 두려워하고, 결혼한 부부는 애 낳기를 두려워하고, 어린이들은 적절한 영양 섭취와 보살핌이 없어 죽어 가고, 공부하거나 뛰어놀아야 할 시기에 힘든 노동을 하고 있지 않습니까? 성인이 되더라도 상당수는 영양 결핍, 신경과민, 정신적 미숙에 시달리고 있는데, 이런 상황은 단순한 고통만이 아니라 범죄를 예고하지 않습니까? 감옥과 사창가를 예고하지 않습니까?

교황님이 이런 점을 참작하신다면 토지사유제를 옹호하시는 대신 규탄하고 저주하실 것입니다.

토지사유제는 근면을 촉진하고 부를 늘리며 애향심과 애국심을 기른다?[34]

아서 영[35]은 "재산권이라는 마술이 황량한 모래땅을 황금으로 바꾸었다"라고 했지만 이는 앞에서도 지적했듯이 소유권과 사용권을 혼동해서

33 마태 18,2-6.

34 회칙 33.

35 Arthur Young(1741-1820): 영국의 농학자.

한 말입니다. 즉 노동 생산물을 보장하는 데서 생기는 효과를 토지사유제의 효과로 오인했다는 것입니다. 다시 지적할 필요도 없지만 저희가 제안하는 대로 토지가치, 즉 경제지대를 조세로 징수하여 정부 예산에 충당하고 다른 조세를 철폐하면 토지사용자에게 현 제도보다 훨씬 더 확실하게 노동의 결실을 보장하고 사용권도 훨씬 강하게 보장하게 됩니다. 새삼 입증할 필요도 없지만, 이 제안이 집 없는 사람에게 집을 주고 애향심을 더 높입니다. 저희가 제안하는 제도를 실시하면 주거용 또는 생산용 토지를 원하는 사람은 매입비용을 들이지 않고 땅을 구할 수 있습니다. 또 토지를 보유해도 세금이 없는 경우도 있습니다. 저희가 제안하는 세금은 모든 땅에 부과되는 것이 아니라 사용되는 토지 중 가장 열등한 토지보다 품질이 더 우등한 토지에만 부과되기 때문입니다. 따라서 이런 세금은 사실상 세금이 아니라 귀중한 특권을 누리는 대가를 국가에 환원하는 것에 불과합니다. 또한 사정상 또는 직업상 토지를 계속해서 사용할 생각이 없는 사람도 조국의 토지와 번영에 대해 다른 사람과 마찬가지로 애착을 갖게 됩니다.

교황님은 이 점을 고려해 주십시오. 가장 부유하고 선진적인 그리스도교 국가에서도 대중의 상태는 극히 부자연스럽습니다. 부잣집에서라면 개도 살지 않을 곳에서 수많은 국민이 기거하고 있습니다. 대다수는 사소한 불운만 닥쳐도 쫓겨날 수밖에 없는 집에 살고 있습니다. 상당수의 무주택자는 우연과 자선을 기대하며 거처를 구해야 합니다. 또 교황님은 다음과 같은 점에 대해서도 고려해 주십시오. 이런 국가의 대다수 국민이 조국이라는 곳에 대해 무슨 애착이 있겠으며 조국의 부름을 받아도 무엇을 위해 싸우고 목숨을 바치겠습니까? 예를 들어 교황님의 조국인 이탈리아만 해도 국민의 대다수가 모국의 토지에 무슨 권리를 가지고 있습니까? 토지 소유자로부터 특권을 매입하지 않는 다음에는 감옥이나 빈민구제소밖에 갈 곳이 없습니다. 영국인도 미국인도 아랍인도 일본인도 마찬가지 아닙니까? 오래전 티베리우스 그라쿠스[36]가 한 말이 오늘에는 들어맞지 않기를 바랍니다. **"로마인들이여, 그대들은 세계의 주인이라고 불리지만 한 평의 땅에 대한 권리도 없다. 짐승도 자기 보금자리가 있는데, 이탈리아의 군인에게는 물과 공기밖에 없다."**

이탈리아의 실상은 곧 문명 세계의 실상이고, 지금도 점점 더 그렇게 되고 있습니다. 이것은 토지사유제로 인한 불가피한 결과입니다. 문명이 발전하는 지금도 이런 상황은 점점 더 악화되고 있습니다.

> 사유재산권은 인간의 법이 아니라 자연법에서 나온 것이므로 국가가 폐지할 수 없으며, 토지소유권의 가치를 세금으로 징수하는 것은 부당하고 비인간적인 처사다?[37]

교황님은 다른 여러 곳에서처럼 여기에서도 사유재산권 또는 사적 소유와 같은 용어를 불확실하게 사용하고 계십니다. 용어 사용이 정확하지 않은 것은 교황님의 사고에 혼란이 있기 때문이기도 할 것입니다. 그러나 문맥으로 볼 때 교황님이 말씀하신 사유재산권은 토지소유권을, 사적 소유는 토지의 사적 소유를 의미한다는 점에는 의문이 없습니다.

사유재산권이 인간의 법이 아닌 자연의 법으로부터 나온다고 말씀하신 이유는, 소유와 사용을 구분하지 않고 노동의 산물에 대한 재산권과 토지에 대한 재산권을 분별하지 않는 데 있습니다. 이에 대해 교황님도 다른 이유를 제시하지 않으셨고 지금까지 그 누구도 다른 이유를 대지 못했습니다. 노동 생산물에 대한 사유재산권이 자연으로부터 나온다는 사실은 명백합니다. 자연이 이런 권리를 노동자에게 주었고 또 노동자에게만 주

36 Tiberius Gracchus(기원전 162-133): 토지개혁을 시도한 로마 정치가.

37 회칙 33. "토지소유권의 가치"라는 표현은 「회칙」에 나오지 않으며 헨리 조지가 「회칙」의 의도를 해석한 것으로 보임.

었기 때문입니다. 생산물은 사람의 노력에 대해 자연이 반응한 결과라는 사실을 우리는 잘 압니다. 자연은 노력을 투입한 사람에게만 직접 그리고 배타적으로 이런 물자를 줍니다. 그래서 이런 물자에 대한 사유재산권이 발생하여 생산자에게 귀속되는 것입니다. 생산은 소유의 원천이므로 사유재산권은 생산자로부터 나와서 생산자에게 돌아갑니다. 이러한 권리는 국가에 앞서고 법 위에 있기 때문에, 저희 주장처럼 국가가 노동의 과정과 생산물에 과세하는 것은 자연권을 침해하는 행위이자 소유자에 대한 부당행위가 됩니다. 노동 생산물은 시저(Caesar)의 것이 아닙니다. 자연을 통해 하느님의 뜻이 드러나므로, 노동 생산물은 하느님께서 정하신 방식에 따라 노동을 투입한 자에게 주어지는 것입니다.

그러나 토지를 소유하는 개인과 토지 창조자 사이의 연결을 밝혀낼 사람이 있겠습니까? 자연이 소유자 개인에게 무엇을 줍니까? 자연이 어떤 근거에서 개인의 토지 소유를 인정하는 것입니까? 누구는 토지를 소유하고 누구는 그 땅에 세 들어 살도록 하는 것이 자연의 의도였다면, 그런 구분을 입증할 수 있는 사람이 있겠습니까? 외모나 신장이나 표정으로 구분합니까? 아니면 신체검사를 하거나 그 사람의 힘과 욕구를 분석해서 구분합니까? 생산물은 사람이 만들고 또 시간이 지나면 사람처럼 사라집니다. 생산물은 그야말로 일시적으로만 존재하는 노동의 표현이며 인간이 배타적 재산으로 소유하고 양도할 수 있습니다. 그러나 이런 소유권이 어떻게 토지에 대해 발생할 수 있습니까? 토지는 인간 이전에 존재하였고, 수많은 세대가 왔다가 사라진 후에도 존재하며, "인간이 계속해서 물자를 조달할"[38] 수 있도록 창조주께서 주신 원천이 아닙니까?

토지 소유는 자연이 아니라 국가로부터 나온 것이 분명합니다. 그렇다면 국가가 이를 완전히 철폐하라는 제안을 도덕적인 이유로 반대할 수는

38 회칙 5. 인용문의 번역에 대해서는 46쪽의 각주 13 참조.

없습니다. 뿐만 아니라 토지 소유는 자연권에 대한 침해이고 국가에 의해 자행되는 심각한 부당행위이며 창조주의 자비로운 의도를 거스르는 불경이므로, 이를 철폐하는 것은 국가의 도덕적 의무입니다.

토지에서 발생하는 가치를 모두 징수하여 공동체가 사용하자는 제안에는 정의롭지 않은 부분이 전혀 없으며 오히려 토지가치를 개인의 수중에 두는 것이야말로 진정한 불의입니다. 이것은 강도짓이나 살인과 다름없습니다.

반면 하느님의 의도에 맞춰 토지가치를 사회가 징수하고, 자연권을 물려받지 못한 사람에게 자연권을 돌려주려면 그에 앞서 현재의 토지소유자에게 보상을 해야 한다는 주장도 있습니다. 그러나 교황님이 저희 제안을 이해하신다면 이런 뻔뻔스러운 요구에 단 한순간도 귀를 기울이지 않으실 것으로 믿습니다.

교황님은 이해하실 것입니다. 토지단일세는 소토지 소유자들에게 직접적이고 보편적인 이익을 가져다줍니다. 이들에게는 노동자 겸 자본가로서의 이해관계가 토지소유자로서의 이해관계보다 훨씬 더 크기 때문입니다. 토지 담보나 임대 등을 통해 이익을 취하는 대토지 소유자 내지 거대 재산가들도 상대적으로는 손실이 있겠지만, 사회가 번영하고 도덕이 개선되므로 절대적으로는 이익입니다. 그러나 교황님은 손익 계산에 앞서 더 강하고 단호하게 판단하실 것입니다. 교황님은 인간으로서의 의무와 그리스도인으로서의 믿음으로 인해, 옳고 그름을 모호하게 만드는 말에는 한순간도 귀를 기울이지 않으실 것입니다.

국가가 일부 토지를 수용하여 공공 목적으로 사용하는 경우에는 피수용자에게 보상하는 것이 옳습니다. 보상하지 않으면 토지소유자를 차별하는 셈이 되기 때문입니다. 그러나 모든 토지소유자에게 동일한 영향을 주는 방식으로 지대를 징수하고 모든 사람을 위해 사용한다면 보상 요구는 있을 수 없습니다. 보상을 한다면 오히려 불의가 다른 모습으로 지속될 것입니다. 토지소유자는 종전에 취하던 지대 대신 이자를 얻게 되기 때문입니다. 교황님은 정의와 불의가 이렇게 뒤섞여서는 안 된다는 점을 잘 알고 계십니다. 하느님 아버지께서 그 자녀들에게 계속해서 물자를 조달할 수 있도록 마련해 주신 원천이 토지임을 완전히 이해하신다면 교황님은 토지를 하느님의 자녀에게 되돌리는 일에 대한 보상 요구에 귀를 기울이지 않으실 것입니다. 이집트에서 이스라엘 백성을 데리고 나가려는 모세에게 파라오가 보상을 요구한다고 해도 귀 기울일 이유가 없는 것과 같습니다.

무엇에 대한 보상이란 말입니까? 부당한 수용에 대한 보상입니까? 토지소유자들이 요구하는 보상은 그게 아닙니다. 저희는 이집트인을 해롭게 하려는 것이 아닙니다. 노동자가 부당하게 빼앗긴 것을 원상회복시키라고 하지도 않습니다. 지나간 일은 지나간 일로 두고 잘못된 제도만 시정하자는 것입니다. 노동의 결실인 토지가치를 가져간 사람도 과거의 것은 그대로 가지라고 하면서 앞으로는 노동에 대한 착취를 끝내자는 것입니다. 과거는 덮어 두되 앞으로는 공동체에 당연히 귀속되어야 할 지대를 토지소유자가 지불하라는 것입니다.

Ⅲ. 사회주의는 해결책이 아닙니다

회칙의 오해

교황님이 저희를 사회주의자로 잘못 분류하셨다는 사실은 지금까지의 설명으로 충분히 입증되었다고 생각합니다. 저희는 토지사유제를 사실상 철폐하고 진정한 재산권을 완전히 보장하려고 하는 반면, 교황님이 사회주의자라고 하신 사람들은 모든 재산을 공동의 것으로 하자고 합니다. 그러나 교황님은 사회주의자도 잘못 이해하셨습니다.

현재와 같은 부의 분배는 극도로 잘못된 것임을 뼈저리게 느끼면서 오직 부자에 대한 맹목적인 증오와 기존 사회 질서의 파괴에만 열을 내는 사람이 많음은 사실입니다. 이런 사람은 사회 개선이 필요하지도, 가능하지도 않다고 하는 사람과 별반 다를 게 없습니다. 그러나 자기 나름의 신념에 따른 분명한 개혁안을 제시하는 사람들과 이런 부류를 뒤섞는 것은 공정하지 않습니다.

제가 이해하는 사회주의자, 사회 개선을 지향하는 모든 사람을 막연하게 지칭하는 것이 아니라 정식 이론에 적용할 수 있는 용어로서의 사회주의자는 교황님이 생각하시듯 모든 사유재산제를 철폐하자고 하지 않습니다. 이런 사람은 공산주의자라고 부르는 것이 옳습니다. 사회주의자가 추구하는 바는 자본을, 좀 더 정확하게 하자면 대자본을 국가가 소유하고 최소한 거대 산업은 국가가 운영하는 것입니다. (사회주의자가 말하는 '자본'은 개념이 모호하며 자본 속에 토지까지 포함시키는 오류를 범하고 있습니다.) 이런 방식에 의해 사회주의자가 달성하려는 내용은 다음과 같습니다. 이자는 악이라고 보아 철폐하려고 합니다. 상인, 투기자, 도급업자, 중계상은 낭비라고 보아 배제하려고 합니다. 임금노동을 없애고 사회 전체를 협동조합으로 만들려고 합니다. 경쟁은 노동자 빈곤의 근본 원인이라고 보아 막으려고 합니다. 이보다 온건한 사회주의자는 정부 규제를 통해 최악의 빈곤을 완화하려고 합니다. 사회주의자의 핵심적 특징은 사회악을 치유하기 위해 국가 기능을 확대하자는 것입니다. 경쟁 대신 규제와 지시를 활용하고, 개인의 욕구와 노력이 자유롭게 작용하도록 두지 말고 사회를 조직화하여 인위적인 통제를 가하자는 것입니다.

보통은 사회주의자로 분류되지 않지만, 노동조합주의자나 보호무역주의자도 핵심적 특징은 같습니다. 노동조합주의자는 노동자단체를 결성하여 임금 인상, 노동 시간 단축, 노동 조건의 전반적 향상을 추구합니다. 임금을 희망하는 만큼 올리고, 분규가 생길 때 단결하여 고용주와 교섭하며 때로는 파업이라는 무기를 사용하려고 합니다. 이런 활동을 하거나, 파업 중이거나 해고당하는 조합원을 지원하기 위해 기금을 조성하기도 합니다. 보호무역주의자는 정부의 수입 금지 조치와 관세를 활용하여 경제를 규제하고 국가 간 무역을 통제하려고 합니다. 이들은 이런 수단을 통해 국내 산업을 다양화하고 다른 나라 국민과의 경쟁을 방지할 수 있다고 생각합니다.

이들의 반대편에는 무정부주의자가 있습니다. 흔히 단순한 파괴주의자를 이렇게 부르기도 합니다. 그러나 무정부주의자란 지나친 정부 간섭의 부작용을 보고는 정부 자체를 악으로 간주하면서, 상호 이익이 되는 온갖 협동을 강제력 없이 자발적으로 이룩할 수 있다고 믿는 사람을 의미합니다.

이런 사람들과 구별되는 또 하나의 집단이 있습니다. 저는 이들과 같은 편입니다. 저희는 진정한 재산권은 신성하다고 믿기 때문에 강제적 공산주의는 파괴적인 강탈행위로 간주합니다. 물론 자발적 공산주의가 인간이 상상할 수 있는 최상의 상태라는 점을 부정하지 않습니다. 또 공산주의 실현이 불가능하다고 보지도 않습니다. 초기 그리스도교와 가톨릭교회 내에는 소규모이기는 하지만 공산 사회의 사례가 있었습니다. 베드로, 바오로, 토마스 데 아퀴노, 프라 안젤리코, 유명한 가르멜 수도회와 프란치스코 수도회, 예수회 등이 공산주의자였습니다. 이들은 아메리카 대륙의 숲속에 사는 야만족에게 십자가를 전하는 용기를 보여 주었고, 선교를 위해서는 어떤 험한 일도 마다하지 않은 공동체였습니다. 이런 사례를 알고 있는 이상, 완전한 사랑이 다른 모든 동기를 대체하는 사회가 불가능하다고 말할 자신은 없습니다. 그렇지만 공산주의는 강렬한 종교적 믿음이 사회 전체에 스며들어 있는 경우에만 가능하며, 이것은 오로지 정의를 통해서만 가능하다고 생각합니다. 성인이 되기 위해서는 먼저 정직한 사람이 되어야 하기 때문입니다.

저희는, 다른 적당한 명칭이 없어서 자신을 단일세주의자로 부릅니다만, 무정부주의자나 사회주의자와는 근본적으로 다릅니다. 저희가 보기에 이들은 방향이 서로 반대이기는 하지만 똑같은 오류에 빠져 있습니다. 무정부주의자는 인간의 사회적 본성을 무시하며, 사회주의자는 인간의 개인적 본성을 무시합니다. 저희는 인간은 기본적으로 개인이며 개인에 맡겨 두어야 할 일에 국가가 개입하면 좋은 결과가 나올 수 없다고 봅니다. 그러나 인간은 사회적 존재이며 아리스토텔레스의 표현으로는 정치적 동물이기도 합니다. 따라서 저희는 사회 발전을 위해 국가는 꼭 필요하며 국가 역시 자연 질서의 불가피한 한 부분이라고 봅니다. 사회 조직을 인간의 신체 조직에서 유추해 보면, 국가의 고유 기능은 신체에서 의식적 지능이 담당하는 기능과 유사한 반면, 개별 국민의 충동과 관심의 작용은 신체의 무의식적인 본능과 운동이 담당하는 기능과 유사합니다. 무정부주의자는 두뇌 없이 살아가려는 사람이고, 사회주의자는 고도로 복잡 미묘한 신체의 내부 관계를 의식적인 의지로 관리하려는 사람이라고 생각합니다.

사회주의의 피상성

제가 정의한 철학적 무정부주의자는 그리 많지 않고 현실적으로도 비중이 매우 작습니다. 따라서 저희가 주로 싸워야 할 상대는 각종 사회주의입니다.

사회주의와 저희는 약간의 공통점이 있습니다. 저희도 인간에게 사회적 본성이 있음을 전적으로 인정합니다. 모든 독점은 국가가 통제하고 관리해야 한다고 믿고, 이런 분야에서는 사회 전체의 건강, 지식, 안락, 편의를 증진시키는 방향으로 국가의 기능을 확대하려고 합니다.

그러나 저희가 보기에 모든 사회주의에는 근본적인 고찰이 결여되어 있습니다. 사회주의는 대중의 빈곤을 당연하게 보는 이론에 근거를 둡니다. 사회주의 지지자들은 노동의 본질적 상태가 노예제라는 터무니없고 모멸적인 원리를 가르칩니다. 임금 최소화 경향이 자연법이라고 생각하여 임금을 철폐하려고 합니다. 경쟁은 자연스럽게 노동자의 수난으로 이어진다고 보아 각종 제한, 금지, 정부 권한 강화를 통해 경쟁을 철폐하려고 합니다. 어린이가 넘어져 돌에 부딪힌 것이 아니라 돌이 자기를 때렸다고 하듯이, 결과를 원인으로 착각하여 부질없는 해결책을 위해 힘을 낭비합니다. 물론 사회주의가 여러 지역에서 민주화의 열망과 연결되어 있기는 합니다. 그러나 사회주의의 핵심에는, 이스라엘 백성이 선지자의 경고를 무시하고 왕을 요구했을 때[39] 빠진 그 망상, 도처에서 민주주의를 부패시키고 독재자를 세운 그 망상이 존재합니다. 이는 국민 위에 군림하는 권력이 국민의 이익을 위할 수 있다는 망상이며, 인간이 만드는 정부라는 장치가 각 국민의 지혜와 덕성보다 개인의 일을 더 잘 처리해 낼 수 있다는 망상입니다.

이러한 피상성과 경향성은 모든 사회주의에서 나타납니다.

보호무역주의를 예로 들겠습니다. 보호무역 옹호에는 상품의 가치보다 더 높은 가격을 받으려는 국내 생산자의 이기적 욕심도 작용하겠지만, 무엇보다도 피상적인 인식이 원인입니다. 즉 소비가 아니라 생산이 경제활동의 마지막 단계라고 생각하고, 구매한 상품보다 대가로 지불한 화폐가 더 가치 있다고 오해하며, 판매가 구매보다 더 이익이라고 오해합니다. 또 보호무역은 무엇보다도 경쟁을 제한하려는 욕구에서 비롯됩니다. 모든 노동에 필수적인 천연 요소가 독점되어 있어 노동하려는 사람이 이를 사용할 수 없을 때 필연적으로 나타나는 현상을 보고는, 이에 대한 합당한 원인 분석도 없이 경쟁을 제한하려고 합니다. 보호무역을 위한 각종 조치는 정부가 노동자나 자본가보다 더 현명하게 노동 투입과 자본 투자를 결정할 수 있을 것이라는 생각, 또 정부를 장악하는 사람들이 그 권한을 자신의 이해관계보다는 국민의 이익을 위해 행사할 것이라는 생각에서 나옵니

39 1사무 8.

다. 보호무역은 공무원을 증원시키고 자유를 제약하고 범죄를 만들어 내는 경향이 있습니다. 위증과 거짓말과 부패를 조장합니다. 보호무역의 논리적 결론은 문명의 파괴와 인류의 퇴행입니다.

노동조합주의를 예로 들겠습니다. 노동조합은 부분적으로 노사의 상호 이익을 촉진하고 용기를 북돋우고 정치 교육을 강화합니다. 또 일부 노동자의 상태와 소득을 향상시켜 숨 쉴 여유를 마련해 줍니다. 그러나 노동조합주의는 노동자의 상태에 영향을 미치는 근본 원인을 간과하고 있으며, 일부 노동자의 상태를 개선하기 위해 노동자 대부분에게는 도움이 되지 않는 수단 즉 경쟁을 제약하는 수단을 씁니다. (그 결과 노동자의 권리도 제한됩니다.) 이런 수단은 군대처럼, 설령 의로운 동기를 가진 경우라고 하더라도, 자유를 파괴하고 남용되기 쉽습니다. 투쟁의 무기인 파업 역시 그 본질은 파괴이며 전투원과 비전투원 모두 손해를 입게 됩니다. 이는 소극적이기는 하지만 전쟁과 다름없습니다. 일부 운동가들의 꿈처럼 노동조합 원리를 모든 산업에 적용한다면 카스트 제도와 다름없게 될 것입니다.

여성이나 아동의 노동시간 제한과 같은 온건한 수단을 예로 들겠습니다. 이런 수단도 피상적이기는 마찬가지입니다. 여성과 아동을 포함한 노동자가 일을 지나치게 많이 하고 있다는 사실만을 볼 뿐, 그 원인 즉 인간을 빈곤으로 몰아넣은 독침을 전적으로 간과하기 때문입니다. 노동시간 제한 조치를 실시하기 위해서는 공무원 수가 늘어나야 하며 개인의 자유를 침해할 수밖에 없고 부패와 권한 남용의 소지도 생기게 됩니다.

철저한 사회주의의 용기 있는 신념은 높이 평가받을 만하지만 단점도 매우 큽니다. 사회주의는 원인을 찾으려고 하지 않고 결론으로 비약합니다. 그래서 노동자의 고통이 자본의 본성에서 생기는 것이 아니라, 노동과 토지를 단절시켜서 노동으로부터 자본을 박탈하는 잘못에서 생긴다는 사실을 이해하지 못합니다. 자본화한 독점을 자본 자체라고 오인하고 있습니다. 노동이 천연 생산원료에 자유롭게 접근한다면 자본이 노동을 압박할 수 없다는 사실을 이해하지 못합니다. 임금제도 자체는 상호 편의를 위한 것으로서 당사자가 불확실한 상황에서 확정된 임금을 원하기 때문에 생긴다는 사실을 이해하지 못합니다. 그들이 "임금철칙"이라고 부르는 현상은 임금의 자연법칙이 아니며 인간이 삶과 일에 필요한 원료를 박탈당하는 부자연스러운 상황에서 나타나는 임금법칙일 뿐이라는 사실을 이해하지 못합니다. 그들이 경쟁의 폐해라고 하는 것이 실은 제약된 상황에서 이루어지는 경쟁, 즉 토지를 박탈당한 사람들이 처한 일방적 경쟁의 폐해라는 사실을 이해하지 못합니다. 그들이 내놓는 방법, 즉 노동자를 산업군으로 편성하고 모든 생산과 교환을 정부 또는 준정부 기구가 지시·통제하는 방법을 철저하게 실시한다면 이집트 전제국가와 다름없게 될 것입니다.

사회주의자와 저희의 차이점

저희는 현실 진단에서나 해결책에서나 사회주의자와는 다릅니다. 저희는 자본을 무서워하지 않으며 자본은 노동의 자연스러운 결과라고 생각합니다. 이자도 본질적으로 자연스럽고 정당한 것으로 봅니다. 부의 축적에도 상한을 두지 않으며, 부자라고 해서 빈자에게는 부과하지 않는 특별한 부담을 지우지도 않을 것입니다. 경쟁도 나쁠 것이 없다고 봅니다. 혈액이 자유롭게 순환하여 신체의 건강을 지키듯이 자유로운 경쟁이 있어야 경제와 사회의 건강 그리고 완전한 협동을 확보할 수 있다고 봅니다. 저희는 공동체에 속하는 것, 즉 공동체의 발전에 의해 토지에서 발생하는 가치는 공동체를 위해 환수하는 동시에 개인에게 속하는 것은 모두 개인에게 줄 것입니다. 그리고 불가피한 독점은 국가의 기능에 맡기고, 사회 전체의 건강, 안전, 도덕, 편의성을 위해 꼭 필요한 경우가 아니라면 모든 제한과 금지를 철폐할 것입니다.

그러나 더 근본적인 차이는 다음과 같습니다. 교황님이 이 차이에 주목해 주시기를 간청합니다. 모든 사회주의는, 자연 발생적인 질서는 적절하지 않거나 조화되지 않은 질서이기 때문에 우리 문명의 불행을 야기한다고 보고, 인위적으로 새로운 질서를 만들거나 기존 질서를 개선하려고 합니다. 그래서 국가가 인간의 지능을 활용하여 경제 관계를 적절하게 조직화해야 한다고 합니다. 말하자면 인간 지능의 지시에 따라 복잡한 부품이 적절하게 작동하는 거대한 기계를 제작하려는 것입니다. 사회주의가 대체로 무신론인 이유가 여기에 있습니다. 자연법에 내재한 질서와 조화를 이해하지 못하기 때문에 하느님을 인정하지 않습니다.

반면 자칭 토지단일세론자라고 하는 저희들은 (이 명칭은 단지 저희의 실천적 제안을 나타낼 뿐입니다.) 인간의 사회·경제 관계는 의도적으로 제작할 수 있는 기계가 아니라 저절로 성장하는 유기체라고 봅니다. 각종 자연·사회·경제 법칙에서 인체에서와 같은 조화가 존재한다고 보며, 이런 현상에 대해 명령하고 지시하는 일은 신체의 생명활동에 명령하고 지시하는 것처럼 인간의 지능을 초월한다고 생각합니다. 사회·경제 법칙은 도덕법칙과 밀접하게 연관되어 있어 분명히 하나의 근원에서 나온다고 생각합니다. 인간의 지능이 확실한 답을 찾지 못할 경우에 도덕법칙이 인간에 대한 확실한 안내자가 되어야 한다고 봅니다. 그리하여 우리 시대의 참상을 해소하기 위해서는 정의를 행하고 자유를 부여하면 충분하다고 생각합니다. 이런 이유에서 저희 해결책은 하느님에 대한 확고하고 신실한 신앙과 일치하는 유일한 해결책입니다. 저희는 인간이 번영을 달성하고 파멸을 피하려면 반드시 따라야 하는 최상위의 법이 하느님의 법이라는 것을 믿습니다. 또 같은 이유에서 정치경제학의 임무는 단순한 진리에 스며 있는 하느님의 깊은 지혜를 단지 드러내는 것일 뿐이라고 생각합니다. 평범한 사람들은 이를 하느님의 말씀으로 알고 기쁘게 받아들이지만, "이 사람은 나사렛의 목수가 아닌가?"[40] 하면서 의심하는 사람도 있습니다.

40 마르 6,3.

인간의 법과 도덕법칙

저희가 제시하는 개혁안은 자연에 대한 평등한 기회를 모든 사람에게 보장하고 정당한 노동 투입에 대한 모든 법적 제약을 제거하자는 것입니다. 이렇게 하면 인간의 법과 도덕법칙이 일치하게 됩니다. 또 이 개혁안은 교황님이 생생하게 묘사하신 모든 불행한 현실에 대한 충분한 해결책인 동시에 유일한 해결책이라고 저희들은 확신합니다.

다른 해결책은 없습니다. 인간의 본성 그리고 세상과 인간과의 관계는 변함없는 하느님의 법입니다. 그러므로 인간의 생래적 권리를 박탈하는 불의에서 비롯되는 악은 정의를 행함으로써, 즉 모든 인간을 위해 하느님께서 베푸신 자연을 모든 인간에게 개방함으로써 제거할 수 있습니다. 그 외의 방법은 사람의 능력을 초월합니다.

인간은 토지 위에서, 그리고 토지에 의존하여 살아갑니다. 토지는 물질과 힘의 원천입니다. 인간의 신체 자체가 토지에서 나오며 생산 원료도 토지에서 나옵니다. 그렇다면 토지소유권이 소수에게만 부여되고 다른 사람은 이 권리에서 배척을 받는다면 인류는 필연적으로 부자 대 빈자, 특권층 대 바닥층으로 양분되지 않겠습니까? 토지사용권을 갖지 못한 사람들은 토지소유자에게 자신의 노동을 팔아야만 살 수 있지 않겠습니까? 사회주의자들이 '임금 철칙'이라고 하고 정치경제학에서는 '임금 최소화의 경향'이라고 하는 현상이 땅 없는 대중, 즉 자신의 노동을 활용할 권력을 갖지 못한 단순 노동자 사이에서 나타나지 않을 수 있겠습니까? 부당한 토지 분배를 변화시키지 않는 그 어떤 발전과 개선의 혜택도 그들에게는 돌아가지 않습니다. 자신의 노동을 활용할 땅이 없는 사람들은 노동을 팔거나 토지를 임차해야 하므로 결국 노동할 허가를 놓고 경쟁을 벌이게 됩니다. 하느님의 풍성한 창고에서 소외된 이런 사람들의 경쟁은 그 끝에 굶주림이 기다리고 있으므로 결국 임금이 최저 수준으로, 즉 겨우 생존과 출산을 이어나갈 수 있는 수준으로 밀려 내려가게 됩니다.

그렇다고 모든 임금이 이런 수준으로 내려간다는 것은 아닙니다. 평범한 지식과 기술과 적성을 가진 대다수 노동자의 임금이 내려간다는 뜻입니다. 특수한 지식과 기술 등 여러 장점을 갖추어 경쟁의 압력을 막아 낼 수 있는 특수 계층의 임금은 보통 이상으로 유지될 수 있습니다. 그리하여 문맹률이 높은 사회에서는 읽고 쓰는 능력을 가진 사람이 보통 노동자보다 높은 임금을 받을 수 있지만, 교육 확산으로 그런 능력이 보편화되면 그 유리함은 사라지고 맙니다. 마찬가지로 특별한 훈련이나 기술이 필요하거나 인위적인 제약으로 인해 아무나 취업할 수 없는 직종이라면 경쟁이 제약되어 임금이 높을 것입니다. 그러나 발명의 혜택으로 특별한 기술이 소용없어지거나 인위적인 제약이 철폐된다면 임금이 다시 보통의 수준으로 내려갈 것입니다. 근면과 절제와 절약과 같은 자질을 갖춘 일반 노동자 역시 그런 자질이 특별하게 여겨질 수 있는 상황에서는 생존 수준 이상의 임금을 받을 수 있습니다. 그러나 이런 자질이 보편화된다면, 경쟁의 법칙은 이런 자질에 의한 소득과 저축을 줄여 임금을 보통 수준으로 즉 토지가 독점되고 노동이 무력한 경우의 수준, 겨우 생존을 유지할 수 있는 수준으로 하락시킵니다.

양극화의 원인은 토지사유제

같은 내용이지만 이렇게 말씀드릴 수도 있습니다. 토지는 삶과 일에 필수적이므로 토지소유자는 토지 사용을 허락하는 대가로 단순 노동자의 생명 유지에 필요한 정도를 제외한 모든 생산을 자기네 마음대로 받아 낼 수 있습니다.

토지사유제로 인해 사회가 땅을 가진 계층과 못 가진 계층으로 분할되는 곳에서는, 토지사유제 자체를 건드리지 않는 한 경제·사회·도덕 등 각종 분야의 어떠한 발명과 개선도 빈곤을 예방하거나 단순 노동자의 전반적인 상태를 향상시킬 수 없습니다. 발명과 개선이 노동 생산을 증가시키거나 노동에 필요한 요소를 줄이는 효과를 발휘한다고 해도 그것이 보편화되는 순간 토지소유자의 소득만 증가할 뿐 단순 노동자에게는 아무 도움이 되지 않습니다. 다른 사람보다 더 뛰어난 노동 능력을 갖고 있지 않다면 그리고 노동에 필요한 수단을 소유하고 있지 않다면 어떤 능력도 무용지물이며 그저 겨우 생존할 수 있는 소득을 얻을 수 있을 뿐입니다.

이것은 오늘날 여러 사실에서 입증되는 진리입니다. 우리 시대의 발명과 발견은 노동의 생산력을 엄청나게 증가시켰고 노동하는 데 필요한 각종 요소의 비용을 크게 줄였습니다. 그러나 이러한 개선이 단순 노동자의 소득 증가로 연결된 곳이 있습니까? 결국 토지가치를 엄청나게 올려 혜택이 주로 토지소유자에게 돌아가지 않았습니까?

제가 "주로"라고 말씀드린 이유는 혜택의 일부가 가공할 상비군을 유지하면서 전쟁에 대비하는 비용과 거대한 정부 부채의 이자를 지불하는 데 쓰이기도 하고, 허구적 자본의 이자로 위장되어 토지 이외의 다른 대상을 독점하는 자에게도 돌아갔기 때문입니다. 그러나 이러한 낭비를 피할 수 있는 개선이 이루어지더라도 노동자에게 이익이 되는 것은 아니며, 토지소유자의 이익만 증가할 뿐입니다. 상비군과 각종 군사 제도가 철폐된다고 하더라도, 토지 이외의 독점이 사라지더라도, 정부가 절약의 모범이 되더라도, 투기자나 중계상이나 일반 상인의 이윤이 없어지더라도, 모든 사람이 완전히 정직해서 경찰도 법원도 감옥도 감시도 필요 없게 되더라도, 그 결과는 생산력 증가의 경우와 다르지 않게 될 것입니다.

아니, 이런 축복받을 일이 정말로 일어난다면 겨우겨우 삶을 이어가고 있는 많은 사람이 오히려 굶주리게 되지는 않을까요? 모든 그리스도교인이 기도로써 추구해야 할 일, 즉 유럽의 모든 군대 해체가 당장 이루어진다면 노동 시장에 수많은 실업자가 닥쳐들 것이라는 우려가 제기되지는 않을까요?

우리 시대의 모든 사람을 난감하게 하는 이런 우려 내지 패러독스는 쉽게 설명할 수 있습니다. 생산력을 높이고 낭비를 줄이고 노력을 절감하는 모든 발명과 개선은 동일한 산출을 위해 투입되는 노동을 줄여 주는 효과가 있으므로 이를 노동절약적 발명과 개선이라고 부릅니다. 모든 사람에게 토지사용권이 인정되는 자연스러운 상태의 사회에서는 노동절약적 개선이 최고조에 달합니다. 그러나 그렇다고 해서 노동에 대한 수요가 줄어들지는 않습니다. 자연스러운 상태에서는 노동을 할수록 하느님께서 인간의 마음에 심어 주신 강한 본성에 따라 자신의 삶을 더 많이 향유할 수 있기 때문입니다. 그러나 다수 대중이 노동력을 제외한 모든 것을 박탈당하고 노동을 투입할 기회가 다른 사람에 의해 주어지는 부자연스러운 상태에서 노동 수요란, 기회를 부여하는 자가 원하는 서비스에 대한 수요에 불과하며 인간 자체의 상품화를 초래할 뿐입니다. 따라서 노동절약적 개선의 자연스러운 효과는 임금을 상승시키지만, 토지사유제가 조성하는 부자연스러운 상태에서는 상업적 수요를 줄여서 임금을 낮추고 단순 노동자를 기아와 극빈의 상태에 빠뜨립니다. 군대 해체와 같은 도덕적 개선이 이루어져도, 악한 제도에서 생기는 노동 낭비를 막아도, 결과는 마찬가지입니다. 노동절약적 발명과 개선이 극도로 이루어져서 노동 자체가 필요 없어진다고 하면 어떤 결과가 나타나겠습니까? 토지에서 생산할 수 있는 모든 부를 토지소유자가 차지하지 않겠습니까? 노동자가 아예 필요 없는 상태가 될 경우에 굶주리거나 토지소유자에게 빌붙을 수밖에 없는 사람은 누구이겠습니까?

그러므로 토지사유제가 계속되는 한, 즉 어떤 사람은 지구의 주인 행세를 하는 반면 다른 사람은 허락을 받고서야 살 수 있는 한, 인간의 지혜로는 현재와 같은 참상을 피할 수단을 마련할 수 없습니다.

실은 하느님의 지혜로도 어찌 할 수 없습니다!

성 토마스 데 아퀴노가 말한 올바른 이성이라는 관점에서 본다면, 하느님의 법이 달라지지 않고 토지사유제가 계속되는 한 전능자이신 그분마저도 가난과 굶주림을 막기 위해 하실 수 있는 일이 없습니다.

하느님인들 무슨 수가 있겠습니까? 태양에 새로운 활력을 불어넣으시고 공기에 새로운 힘을 주입하시고 토양에 새로운 힘을 주신다고 하더라도 이 모든 은혜는 토지소유자에게 귀속될 뿐, 단순 노동자에게는 이익이 아니라 오히려 피해를 줄 것입니다. 하느님께서 창의성을 열어 주시어 인간이 새로운 물질, 새로운 제도, 새로운 힘을 발견한다고 해도 증기기관과 전기 등 우리 시대의 수없는 발견과 발명이 하지 못했던 것처럼 인간의 빈곤을 덜어 줄 수는 없지 않겠습니까? 또 하느님께서 음식과 의복 등 인간의 물질적 욕구를 충족시켜 주는 물자를 하늘에서 내려 주시거나 땅속에서 솟아나게 하시더라도, 우리의 법제도에서는 이것이 누구에게 돌아가겠습니까? 하느님의 은혜가 증가하고 확대되더라도 인간에게 혜택을 주기는커녕 오히려 저주가 되지 않겠습니까? 특권층은 신나게 부를 끌어모으는 반면 토지를 박탈당한 계층은 더 심한 굶주림과 가난에 시달리지 않겠습니까?

Ⅳ. 회칙의 해결책도 정답이 아닙니다

잘못된 전제

사회문제는 본질적으로 종교문제라고 저희는 믿습니다. 그래서 모든 종교의 스승 가운데 가장 영향력이 크신 교황님이 회칙으로 노동자의 상태에 관심을 보이신 것은 세상을 위해 기쁜 징조라고 보고 있습니다.

교황님이 언급하신 많은 건전한 진리에 공감합니다. 고통받고 억압받는 자들을 도우려 하시고, 교회가 자유와 진보를 향한 열망을 외면한다는 오해를 불식하시려는 교황님의 소망을 모든 사람과 함께 느끼고 있습니다. 그러나 한 가지 잘못된 전제로 인해 교황님의 눈앞에 펼쳐지는 불행한 사태의 원인을 보지 못하시어 적절한 해결책을 내놓지 못하신 데 대해서는 안타깝게 생각합니다. 토지사유제는 노동 생산물에 대한 사유제와 본질적으로 같으며 똑같이 정당하다는 것이 바로 그 잘못된 전제입니다. 교황님의 회칙은 부인할 수 없는 진실과 자비로운 정신을 담고 있으면서도 이 전제 때문에 어려움에 빠져 있습니다. 이 전제를 두는 것은, 마치 위장병 환자를 치료하려는 의사가 환자의 위장 진찰을 거부하면서 진료를 시작하는 것과 같습니다.

이 전제로 인해 진정한 원인을 파악하지 못하셨기 때문에, 빈궁과 불행이 심해지는 원인으로 교황님이 지목하신 것은 고작 지난 세기 노동자 길드의 붕괴, 정부 법제의 탈종교화, 탐욕스런 고리대금업, 계약에 의한 고용 관습, 산업의 집중뿐입니다.

이런 진단은 가톨릭 국가든 개신교 국가든, 그리스 정교 국가든 종교가 특정되지 않은 국가든, 오래된 국가든 신생국가든, 경제가 단순한 국가든 정교한 국가든, 기타 어떤 경제 관습과 관계를 가지는 국가든 가리지 않고 공통적으로 나타나는 참상을 설명하기에는 역부족입니다.

그러나 노동은 토지에서 일터와 원료를 구할 수밖에 없기 때문에 노동문제는 곧 토지문제의 다른 이름이라는 사실을 고려하시고 또한 토지사유제는 필요하고 정당한 제도라는 전제를 재고하신다면 진정한 원인이 분명해질 것입니다.

제가 앞에서 지적한 원인은 전적으로 옳습니다. 인간의 물질적 관계 중 가장 중요한 것은 삶의 터전인 지구와의 관계입니다. 따라서 널티 주교의 표현대로 "창조주의 자비로운 의도를 거스르는 불경한 저항"인 토지사유제가 실시되는 곳에서는 반드시 악이 발생합니다. "많이 받은 사람은 많은 것을 돌려주어야"[41] 한다는 법칙에 따라 문명이 발전할수록 토지사유제가

41 루카 12,48.

낳는 악은 더 확대되고 심각해집니다.

교황님이 정확하게 묘사하신 불행한 현실이 문명세계 도처에 존재하는 것은 이런저런 국지적 오류나 사소한 실수 때문이 아닙니다. 토지사유제에 기반을 둔 사회에서는 문명 발전 그 자체가 원인이며, 금세기의 뚜렷한 특징이라고 할 수 있는 지적 발전과 물질적 성장 그 자체가 원인입니다. 우리 시대에 하느님께서 인간에게 풍족하게 내려 주신 새로운 선물 그 자체가 원인입니다. "창조주의 자비로운 의도를 거스르는 불경한 저항" 때문에 선물이 저주로 변하고 있습니다.

금세기에 이루어진 놀라운 과학적 발견과 발명은 과거에 볼 수 없었던 혜택을 우리에게 주었고 지금도 등비수열의 속도로 진행되면서 새로운 물질적 힘을 만들어 내고 있습니다. 그러나 혜택에는 의무가 따릅니다. 증기와 전기에 의해 고동치기 시작한 문명, 광선을 이용하여 사진을 찍고 축음기로 연설을 저장하는 문명에서는 우리가 조상과 같은 방식으로 살아서는 안 되며, 지적·물질적 발전에 상응하는 도덕의 발전이 필요합니다. 지식과 힘은 선도 악도 아니며 목적이 아니라 수단일 뿐입니다. 적절하게 관리하지 않으면 질서를 교란하고 사회를 파괴하는 능력을 갖고 있습니다. 교황님도 말씀하셨듯이, 깊어 가는 고통과 커지는 당혹감과 높아 가는 불만을 해소하기 위한 **대책을 반드시 그리고 신속하게 마련해야 합니다.** 과거 어떤 문명의 멸망에 비하더라도 더 신속하고 가공스러운 파괴력이 이미 우리를 위협하고 있기 때문입니다. 문명의 도덕 수준이 더 높이 상승하지 않는다면, 진정한 그리스도교 문명이 되지 않는다면, 찬란한 문명의 벽에는 바빌론의 운명을 예고한 그 말이 새겨질 것입니다. "저울에 달아 보시니 무게가 모자랐다!"[42]

42 다니 5,27. 바빌론의 무도한 왕 벨사살의 주연에 갑자기 사람의 손가락 하나가 나타나서 등잔대 맞은편 왕궁 벽에 붙어 있는 판에 이런 글자를 썼다고 한다. 왕은 그날 밤 살해되고 나라는 망하였다.

세 가지 해결책

교황님은 잘못된 전제 하나 때문에 회칙이 다루는 사태의 진정한 원인과 중요성을 못 보셨습니다. 그래서 해결책 마련에서도 결정적으로 실패하셨습니다.

교황님은 확신을 가지고 이 문제에 접근한다고 하셨고 회칙의 대부분을 해결책에 할애하셨습니다.[43] 거기에는 많은 도덕적 성찰과 뛰어난 교훈이 들어 있지만 구체적인 대안은 무기력하고 무의미합니다. 노동자의 상태를 개선하기 위해 제시하신 구체적인 대안은 다음 세 가지입니다.

① 국가가 개입하여 과다한 노동을 방지하고 여성과 아동의 고용을 제한하고 도덕과 건강에 해로운 작업장 조건을 개선해야 하며, 적어도 파업을 할 정도로 임금이 너무 낮은 경우에는 임금을 규제해야 한다.[44]
② 정부는 노동자의 (토지) 재산권 취득을 권장해야 한다.[45]
③ 노동자단체를 결성해야 한다.[46]

이러한 해결책은 사실 사회주의와 다름이 없습니다. 회칙이 인간의 개인적 본성을 인정하고 개인과 가족이 국가에 앞선다는 점을 인정하면서도 제시된 해결책의 전반적인 경향과 정신은 분명히 사회주의에 기울어 있습니다. 물론 매우 온건한 사회주의이고 또 사유재산제를 최고의 가치로 삼았기 때문에 매우 약한 사회주의이기는 하지만 그래도 역시 사회주의입니다. 교황님은 문맥상 토지사유제를 의도하고 있음이 분명한 곳에서도 "사

43 회칙 12-41.
44 회칙 26-27.
45 회칙 33.
46 회칙 34-41.

유재산제"라는 모호한 용어를 자주 사용하십니다. 하지만 한눈에도 명백해 보이고 또 자세히 검토할수록 더 명백해지는 사실은, 교황님은 어떤 경우에도 토지사유제를 건드려서는 안 된다고 생각하신다는 사실입니다!

저는 노동의 참상에 대한 모든 사회주의적 해결책이 가지는 결점에 대해 이미 말씀드렸습니다만, 교황님을 향한 존경심에서 교황님의 해결책에 대해 구체적으로 그러나 간략하게 말씀드리겠습니다.

국가의 역할

제시하신 해결책 중에서 가장 광범위하고 강력한 것은 국가가 노동 시간, 여성 및 아동의 고용, 작업장의 조건에 제약을 가해야 한다는 것입니다. 그런데 이런 조치가 과연 얼마나 효과가 있겠습니까?

강력하고 절대적인 지배자라면 이런 규제를 통해 노예 상태를 어느 정도 완화할 수 있을 것입니다. 그러나 우리 시대는 민주주의를 지향하고 있고, 민주국가는 가부장적 기능이 약할 수밖에 없습니다. 현대 그리스도교 세계에는 토지사유제가 빚어내는 산업 노예제가 만연해 있는데, 산업 노예제에서는 주인이 노예에게 노동을 강요할 필요가 없습니다. 오히려 노예가 주인에게 노동을 간청합니다. 이처럼 규제의 가장 큰 어려움은 규제의 수혜자가 되어야 할 사람으로부터 나옵니다. 예를 들어 아동의 공장 노동 제한에 대한 장애 요인은 고용주가 아닙니다. 가난에 쪼들린 엄마가 자기 자식의 나이를 속이거나, 자식에게 그렇게 하라고 가르칩니다.

물론 탈법도 있을 것이고 뇌물과 부패의 가능성도 있겠지만, 대규모 공장이나 광산에서는 노동 시간이나 연령 등의 제한이 어느 정도 지켜질 수 있습니다. 그러나 자영업자나 소규모 사업장에서 이런 규제가 얼마나 효과가 있겠습니까?

이런 모든 해결책은 주거의 과밀에 대해 흔히 실시하는 대책과 성질이 비슷합니다. 방 한 칸에 거주할 수 있는 인원수를 제한해 놓고 이를 위반한 사람들을 처벌하는 대책이나 불량주택을 철거하는 대책 등으로는 주택의 수용능력이나 국민들의 주거비 부담능력을 근본적으로 개선할 수 없기 때문에, 한 지역에서 이런 조치를 실시하면 다른 지역에 더 심한 과밀을 초래할 뿐입니다. 이런 해결책은 첫 단추부터 잘못 끼운 것입니다. 이것은 채찍질로 말을 놀라게 하면서 소리는 지르지 못하도록 재갈을 물리는 것과 같습니다. 기차의 증기기관을 끄지 않고서 바퀴를 붙잡아 정지시키려는 것과 같습니다. 천연두를 고치기 위해 발진을 도로 밀어 넣으려는 것과 같습니다. 과도한 노동을 좋아서 하는 사람은 없습니다. 어느 엄마도 뛰놀아야 할 자식을 일터로 보내고 싶어 하지 않습니다. 노동자가 위험하고 비위생적인 작업 환경을 자발적으로 선택하는 것은 아닙니다. 주택 과밀처럼 모두 빈곤이라는 독침 때문입니다. 원인이 되는 빈곤을 건드리지 않는 한 교황님이 권장하시는 규제는 그저 부분적·일시적 결과를 낼 수 있을 뿐입니다. 원인이 그대로 남아 있는 한 여기를 억제하면 저기에서 문제가 불거집니다. 교황님이 국가에 기대하시는 임무에는 희망이 없습니다. 마치 바다의 수면을 낮추려고 바닷물을 퍼내는 것과 같습니다.

국가가 임금을 규제해도 빈곤을 치유하지 못합니다. 이자율이나 임금에 대한 규제는 국가 능력 밖의 일입니다. 고리대금규제법이 여러 차례 제정되었지만 오히려 영세민이 지불하는 이자만 높아졌을 뿐입니다. 상품가격 규제가 언제나 가격을 인상하는 결과를 빚은 것과 같습니다. 일반 임금률은 노동이 토지에 접근하는 난이도에 따라 달라집니다. 토지가 개방되어 있으면 완전한 임금을 벌고, 토지가 전적으로 독점되어 있으면 생존과 출산을 겨우 이어갈 수 있을 정도의 임금을 벌게 됩니다. 이 때문에 미국이나 호주처럼 노동자가 토지를 비교적 쉽게 구할 수 있었던 지역에서는 유럽보다 임금이 높았으며, 유럽에서라면 충분했을 금액을 임금으로 준다고 해도 미국이나 호주에서는 유럽 출신 노동자를 구할 수 없었습니다. 그러나 토지사유제의 영향을 받아 토지 독점이 진행되면서 임금이 점차 하락하였고 유럽과 비슷한 사회 상황이 되어 갔습니다. 앞서 말씀드렸듯이, 기본적으로 토지에 대한 공동의 권리가 부분적으로나마 인정되었던 시대에는 영국 의회가 임금을 줄이는 규제를 하였지만 완전히 실패했습니다. 반면 토지사유제가 도입된 후의 영국에서는 오히려 의회가 임금을 올리는 규제를 하였지만 모두 효과를 내지 못했습니다. 금세기 초에는 보조금을 지급하여 노동자의 소득을 올리는 방법도 사용해 보았지만 고용주가 부담하는 임금을 대폭 줄였을 뿐입니다.

국가가 시장보다 (앞서도 지적하였듯이 토지를 박탈당한 노동은 상품이 됩니다.) 임금을 더 높게 유지하려면 원하는 사람을 모두 국가가 고용하거나 아니면 파업을 허락하고 파업한 노동자를 국고로 먹여 살리는 길뿐입니다. 따라서 국가가 민간 기업을 부분적으로(!) 규제해야 한다고 하는 사람보다는 모든 산업의 국유화를 주장하는 철저한 사회주의자가 오히려 논리적입니다.

노동자의 토지 취득

노동자가 토지를 취득하도록 국가가 권장해야 한다는 교황님의 대책 역시 희망이 없습니다. 교황님의 의도는 현재 아일랜드에서 추진되고 있듯이 대지주의 토지를 정부가 사들여 소지주에게 분배하여 소자작농 체제를 조성하자는 것이 분명합니다. 이 대책이 상당한 정도로 실시된다고 하더라도, 큰 특권층을 작은 특권층으로 대체하는 것 말고는 무엇을 이룰 수 있겠습니까? 그 경우에도 지주보다는 농촌 노동자, 도시 노동자, 도시 빈민의 수가 더 많을 텐데 이들을 위해 무엇을 할 수 있습니까? 드 라블레이[47] 교수도 지적하였듯이 소자작농 체제를 가진 벨기에 같은 나라에도 소작인은 존재하며, 이들은 아일랜드에서보다 더 무자비하게 소작료를 착취

47 Emil L. V. de Laveleye(1822-1892): 벨기에 경제학자. 토지분배를 통한 개혁을 주장.

당하고 있지 않습니까? 대지주가 존재하는 영국보다 벨기에 같은 나라의 노동자가 더 열악한 상태에 놓여 있지 않습니까? 국가가 토지를 모두 매입하여 소자작농 체제를 이룩한다고 하더라도, 오늘날 아일랜드에서 보듯이 토지의 시장가격을 올려서 서민층이나 후손은 토지를 취득하기가 더 어려워지지 않겠습니까? 더구나 교황님이 선언하셨듯이 "국가는 낮은 계층과 높은 계층의 사람들을 조화 속에서 똑같이 포용하는 단일체"[48]라고 한다면, 그래서 국가가 어떤 국민의 토지 매입을 지원한다면, 다른 국민이 나귀, 가게, 연장, 원료 또는 자신이 잘 사용할 수 있거나 그렇다고 생각하는 물품을 구입할 때도 국가가 똑같이 지원해야 하지 않겠습니까? 이렇게 본다면 교황님은 공산주의로 귀결되신 것 아닙니까? 초기 그리스도교 또는 종교 교단의 공산주의가 아니라, 국가가 가진 자의 정당한 재산을 징수하여 못 가진 자에게 나눠 주기 위해 강제력을 사용하는 공산주의 말입니다. 국가의 재원은 저절로 생기지 않습니다. 국가는 떡과 물고기의 기적[49]을 재현할 수 없습니다. 국가의 수입은 모두 과세권에서 나옵니다. 현금이든 신용이든, 국가가 가진 자에게서 거두지 않으면 못 가진 자에게 나누어 줄 수 없습니다.

그러나 그 무엇보다도, 토지사유제를 유지하면서 토지를 분할 소유하는 것은 무의미합니다. 물질문명이 발전하고 부가 증가하는 상황에서는 소규모 토지소유와 토지사유제가 양립할 수 없습니다. 고대에 세계를 정복했던 이탈리아에서 소규모 농업이 거대한 장원 농업으로 전환된 경제의 추세가 이 사실을 보여 줍니다. 두 세기 전 영국 농민의 과반수는 자경 토지를 소유하였고 소작제가 보편화된 것도 한참 후의 일입니다. 그런데 지금은 증기와 전기의 막강한 힘이 토지 집중을 초래하고 있습니다. 토지소

48 회칙 24.

49 요한 6,5-14. 예수가 보리빵 다섯 개와 작은 물고기 두 마리로 큰 군중을 다 먹이고도 남았다는 기적.

유자의 나라를 소작인의 나라로 변화시키는 데 이런 힘이 작용하였음을 대규모로 보여 주는 곳이 바로 미국입니다. 이 원리는 분명하고 돌이킬 수 없습니다. 물질적 진보로 인해 상승하는 토지가치를 토지소유자가 차지하는 경우에 토지는, 가난한 사람이 발견한 다이아몬드도 그렇듯이, 반드시 가난한 소유자로부터 부유한 소유자에게로 이전될 것입니다. 영국 정부가 아일랜드에서 시행한 조치는 더운 아라비아 사막에서 눈으로 집을 짓는 것과 같고 추운 라브라도(Labrador)에 바나나를 심는 것과 같습니다!

지금과 같은 문명사회에서 노동자가 조국의 토지에 대한 지분을 확보하는 방법은 단 하나뿐입니다. 토지소유자의 이익을 징수하여 공동체를 위해 사용하는 것입니다. 이것이 바로 저희가 내놓은 제안입니다.

노동자단체

노동자단체라고 하실 때, 교황님은 가톨릭 신도회 또는 영어권 국가에서 광범위하게 결성되었던 상조회(Odd Fellows) 같은 단체를 염두에 두신 듯합니다. 이런 단체는 인류애를 촉진하고 상부상조 정신을 두텁게 하며 질병이나 사망 시에 서로 힘을 보태는 장점이 있습니다. 그러나 그뿐이며, 임금에 관해서는 회원에게조차도 영향을 주지 못합니다. 노동조합에 대한 교황님의 입장은, 분명하지는 않지만 극단으로 치닫지 않는다는 조건하에 우호적인 태도를 취하신다고 표현하면 되겠습니다. 교황님은 파업에 반대하시고, 노동단체를 "자기 단체에 가입하기를 거부하는 사람들을 위협하여 거절하면 큰 대가를 치르게 되리라고 협박"[50]하는 단체라고 꾸짖으시며, 고용주에 대한 강제를 찬성하지 않으시고, 파업 대신 조정을 통해 문제를 해결할 수 있다고 보시는 듯합니다. 그럼에도 불구하고 교황님이 쓰신 표현과 제시하신 원칙은 노동조합주의자들이 원하는 바와 일치합니

50 회칙 37.

다. 즉 파업과 보이콧만이 아니라 폭력 외에는 방법이 없는 경우에는 폭력마저도 정당화하시는 것으로 보입니다. 교황님은 노동자의 임금이 충분하지 못한 원인이 고용주의 탐욕에 있다고 말씀하십니다. 그리고 고용주가 자발적으로 지불하려는 금액보다 더 높은 임금을 받을 도덕적 권리가 노동자에게 있다고 전제하십니다. 또 자신이 원할 경우 더 낮은 임금이라도 받으면서 일할 권리는 부인하십니다. 이 점에 대해 스테드[51]는 많은 독자를 가진 잡지『평론 중의 평론』에서 교황님은 쟁의 불참 행위, 즉 노동조합이 정하는 임금 이하로 일하는 행위를 범죄로 간주하신다고 지적한 바 있습니다.

교황님의 현실 인식에 대한 스테드의 지적은, 현실의 부당함을 절실히 느끼거나 가난에 찌든 채 부자의 조롱거리가 되는 사람에게는 제가 생각하는 것 이상으로 깊은 공감을 불러일으킬 것입니다!

교황님이 생각하시는 노동단체는 불이 차갑고 얼음이 더울 때 또는 군대가 무기 대신 장미 잎으로 전쟁할 때나 가능할지 모르겠습니다. 그러나 그 전에는 안 됩니다. 노동단체는 힘에 의하지 않고는 임금을 인상할 수 없기 때문입니다. 힘을 소극적으로 쓸 수도 있고, 적극적으로 쓸 수도 있고, 비축해 둘 수도 있습니다. 그러나 힘임에는 분명합니다. 노동단체는 고용주를 직접 압박하거나 압박할 권한을 가지지 않으면 안 됩니다. 단체원 중에 단결하지 않는 사람에 대해서도 압박해야 합니다. 노동단체는 최대한 노력해서 해당 노동 영역 전체를 장악해야 하고, 다른 노동자에게도 단체에 가입하든지 굶든지 양자택일할 것을 강요해야 합니다. 노동조합이 도덕적 설득을 통해 임금 인상을 추구한다고 말하는 것은 호랑이가 오렌지를 먹고 산다고 말하는 것과 다를 바 없습니다.

51 William Thomas Stead(1849-1912): 영국 언론인. 1890년에『평론 중의 평론*Review of Reviews*』창간.

입구는 열려 있어 계속 사람이 들어오는데 출구는 닫혀 있는 방에 갇힌 모습, 이것이 오늘날 대중이 처해 있는 상황입니다. 토지사유제라는 빗장으로 굳게 잠긴 출구를 열어젖혀 전체의 압력을 줄이지 못하는 상황에서, 방 안에 갇힌 사람이 자신에게 가해지는 압박을 줄이려면 다른 사람을 밀칠 수밖에 없습니다. 그러면 가장 약한 사람이 벽 쪽으로 밀려날 것입니다. 노동조합이나 상업길드가 택하는 방식이 바로 이것입니다. 교황님이 권장하시는 평화적인 단체라 하더라도 자기 단체원에게 일자리를 마련해 주려면 다른 사람을 밀어낼 수밖에 없습니다.

자선에는 한계가 있음을 인식하고 노동자가 스스로를 돕도록 일자리를 마련해 주려는 박애단체조차 토지사유제가 빚어내는 맹목적이고 무자비한 경쟁상황 속에서는 공격성을 보일 수밖에 없습니다. 어떤 이를 도우려면 다른 이의 이익을 침해해야 하기 때문입니다. 다른 사람의 일자리를 빼앗고 다른 사람의 임금을 깎아서 자기네 수혜자를 지원한다는 따가운 비판을 줄이려면 땅을 팠다가 도로 메우는 식의 일자리를 창출할 수밖에 없습니다. 미국의 단체 역시 이런 애로를 느끼고 있습니다. 부스 대장[52]도 영국에서 같은 애로에 봉착했습니다. 교황님이 권장하신 가톨릭 단체를 결성하더라도 그 결과는 분명히 같을 것입니다.

허쉬 남작[53]이 고통받는 동족에게 베푼 한없는 관대함에 대해서는 교황님도 잘 아실 것입니다. 그러나 제가 이 서한을 쓰고 있는 지금, 뉴욕의 신문들은 대규모 반대 집회 하나를 보도하고 있습니다. 9월 4일 금요일 저녁에 뉴욕 시 쿠퍼 유니언에서 열린 이 집회에서 여러 유태인 노동조합이 허쉬 남작을 강하게 비판하였습니다. 허쉬 남작이 유럽의 유태인들을 미국

52 William Booth(1829–1912): 영국 감리교 전도사로서 1865년에 구세군을 창설하고 1878~1912년까지 구세군 대장(최고 지도자)으로 재임하였다.

53 Mauritz von Hirsch(1831–1896): 독일 유태계 사업가, 박애주의자.

으로 데려와 직업 교육을 시키기 때문에 자기네 일자리가 줄고 임금도 삭감된다는 것입니다. 이 집회에서는 만장일치로 허쉬 남작을 비판하는 결의안을 채택하였습니다.

> 우리는 허쉬 남작에게 요구한다. 남작의 "자선"에서 우리를 풀어 주고 남작이 데려온 수많은 사람들을 도로 데려가기 바란다. 이들은 축복이 아니라 저주이며 궁핍의 근원이다.

유태인 노동조합원들이 다른 사람들보다 더 야박해서 그런 것은 아닙니다. 그들 자신도 허쉬 남작이 도우려는 사람들과 같은 계층 출신의 이민자이지만 다음 세대가 되면 우리처럼 자신만의 독자성이 없어지기 때문입니다.

상업길드나 노동조합과 같은 성격의 노동단체는 이기적일 수밖에 없습니다. 그들은 자신의 존재법칙에 따라 힘으로 싸우게 되므로 누군가는 다칩니다. 남에게 바라는 대로 남에게 해 주라는 그리스도의 가르침[54]을—진정한 정치경제학은 이 가르침이야말로 대중의 완전한 해방을 이룩할 수 있는 유일한 방법임을 입증해 줍니다—무시합니다. 아니, 무시할 수밖에 없습니다. 노동단체는 자신들의 단체에 가입하지 않은 노동자를 굶주리게 하기 위해 최선을 다합니다. 즉 가능한 모든 수단을 동원해 쟁의 불참자를 제재할 수밖에 없습니다. 전쟁 중에는 적군이라면 친동생에게도 총을 쏠 수밖에 없습니다. 그런데 쟁의 불참자란 어떤 사람입니까? 그들 역시 일자리를 구하는 같은 편입니다. 비난하는 사람보다 형편이 더 어렵고 더 굶주리는 같은 편입니다. 배고파 애원하는 아내와 자식을 둔 사람인 경우도 많습니다.

그래서 성공적인 상업길드나 노동조합일수록 자연권에 더 많은 제약을

54 마태 7,12; 루카 6,31. 황금률(Golden Rule)로 알려진 문구.

가하게 됩니다. 노동의 독점 체제를 구축하게 됩니다. 기존의 기득권층보다는 약하지만 새로운 기득권층이 추가되어 바닥층을 벽으로 밀어붙입니다.

저는 노동조합에 대한 편견이 없습니다. 저 자신이 수년간 적극적인 조합원이었습니다. 노동조합은 원리상 이기적이며 근본적·지속적인 혜택을 창출하지 못합니다. 노동조합이 사용하는 방법은 자연권을 훼손하며 고통과 불의를 낳습니다. 이런 제 생각은 이미 책으로 또는 말로 그들에게 수없이 되풀이했던 내용입니다. 제 말은 이제 논쟁의 대상이 되지도 않습니다. 똑똑한 조합원은 이미 잘 알고 있으며, 조금 덜 똑똑한 조합원조차 막연하게라도 느끼고 있는 사실입니다. 심지어 부유한 유한계급에 속하는 사람 중에도—자연권에 대한 요구를 봉쇄하기 위해서인지는 몰라도—노동조합의 필요성을 역설하는 사람이 있는데, 이들도 이 사실을 틀림없이 인정할 것입니다.

교황님은 2년 전에 일어났던 런던 부두 대파업[55]을 기억하실 것입니다. 이 파업은 영향력 있는 여러 인사의 지지를 받았으며, 특히 고위 성직자 중에서 베켓[56]의 피가 캔터베리 성당의 제단을 적신 이래 영어 사용권에서 가장 존귀하게 받드는 추기경[57]의 도덕적 지지도 받았습니다.

스미스와 내쉬[58]가 저술하고 벅스턴 의원[59]이 서문을 붙인 『부두 노동자의 파업 이야기』는 노동조합주의를 노동문제의 해결책으로 옹호한 책이

55 런던 부두 노동자가 1889년에 벌였던 대파업 사태. 노동자 측의 승리로 끝나면서 강력한 부두 노동조합이 등장하였다.

56 Thomas Becket(1118-1170): 영국 캔터베리 대주교. 캔터베리 성당에서 왕당파에게 살해되었으며 교황청은 사망 후 바로 성인으로 추앙하였다.

57 매닝(Henry Edward Manning) 추기경을 지칭한다. 매닝 추기경은 사회정의에 깊은 관심을 보였으며 런던 부두 노동자 파업에도 큰 영향을 미쳤다. 사회 문제에 소극적이었던 가톨릭 풍토에서 레오 13세의 회칙이 나온 것도 매닝 추기경의 노력이 작용한 덕분이라는 평가가 있다.

58 H. Llewellyn Smith and Vaughan Nash, *The Story of the Dockers' Strike*의 공저자.

59 Sydney Charles Buxton(1853-1934): 영국의 자유주의 정치인, 하원의원.

며, 후한 지원을 받은 데 대해 공식적으로 감사하는 의미에서 파업 노동자들이 호주에 대량으로 보냈던 책이기도 합니다. 이 책의 164-165쪽에 다음과 같은 요약이 나옵니다.

> 이번 협약이 지속된다면 부두 노동자 중 정규직이 늘어나고 임금도 높아지며 작업 환경도 향상될 것이다. 이것은 협약이 적용되는 노동자에게는 무조건 이익이 된다. 그러나 다른 측면도 있다. 분명히 **고용이 축소되고 일자리 수도 줄어들 것이다.** 정규직이 늘어나는 만큼 하층 임시 노동자는 전보다 불안한 상황에 처하게 되고 노동자 중 "적자"(適者)만이 생존하게 된다. 다른 경우도 그렇듯이 부두 노동자단체도 **다른 사람을 밀어내는 결과**를 낳는다. 산업 경쟁에서 뒤처진 실업자 계층, 즉 부스[60]의 사회계층 분류에서 "B계층"에 속하는 사람들은 이번 변화에서 얻는 게 없을 것이다. 오히려 **다른 문 하나가** 닫혀 버린 것이다. 이 문은 대부분의 경우 **일자리로 가는 마지막 문이다.**

사람들 중에는 타인의 평등한 권리를 거부하는 노동조합의 부당성에 대해서는 재빨리 지적하면서도 더 근원적인 부당함, 즉 생존의 터전과 노동에 필요한 천연물에 대한 평등한 권리를 거부하는 부당한 제도에는 지지를 보내는 사람이 적지 않습니다. 저는 교황님이 이런 위선적인 노동조합 비판에 동조하시기를 바라지는 않습니다. 제가 지적하고 싶은 것은 노동조합주의가 부분적인 완화책이 될 수는 있을지언정 진정한 해결책은 아니라는 점입니다. 또한 교황님의 입장에서 그 자체가 선이라고 권장하

60 Charles Booth(1840-1916): 영국 박애주의자. 19세기 말 런던의 노동자 생활을 조사하여 영국 정부의 구빈정책에 큰 영향을 주었다.

실 만한 도덕성을 노동조합주의가 갖고 있지 않다는 점입니다. 하지만 교황님이 토지사유제를 지지하시는 한 그 이상 무엇을 제시하실 수 있겠습니까?

Ⅴ. 그리스도교는 토지사유제 철폐를 명합니다

일꾼이 품삯을 받는 것은 당연

교황님은 회칙의 도입부에서 "사도적 직무에 대한 자각으로 말미암아 정의와 평등의 기준에 따라 문제를 해결하기 위한 원칙들을 부각시키려는 목적으로 다시금 이 문제를 광범위하게 취급하고자 한다"[61]라고 선언하십니다. 그러나 교황님은 하나의 잘못된 전제에 가려 근본을 보지 못하고 계십니다.

교황님은 노동문제가 임금노동자와 고용주 사이의 문제라고 전제하십니다. 그러나 임금노동은 기본적인 노동도, 유일한 노동도 아닙니다. 기본적으로 인간은 고용주가 따로 없는 자가노동을 합니다. 그리고 임금은 기본적으로 노동이 만들어 낸 것에서 나오므로 자가노동을 하여 자신의 생산물을 소비하는 사람은 자기 노동의 결실이 임금입니다. 어부, 뱃사공, 마부, 행상, 농부는 모두 고용주 없이 자신의 서비스나 생산물을 직접 팔아 임금을 벌지 않습니까? 교황님의 해결책에서는 이런 사람들이 아예 고려되지 않고 있습니다. 하지만 실제로는 자가노동자를 우선 고려해야 합니다. 사람이 고용되어 받을 임금은 자가노동으로 벌 수 있는 임금에 의해

61 회칙 1.

정해지기 때문입니다.

교황님은, 모든 고용주는 부자이고 이들이 욕심을 부리지 않는다면 임금을 상당히 올릴 수 있다고 전제하십니다. 그러나 현실에서 대다수 고용주는 노동자처럼 경쟁에 시달리면서 끊임없이 도산의 위기에 처해 있지 않습니까? 이런 고용주는, 다른 고용주가 보조를 맞추어 준다면 모를까, 임금을 올려 주고 싶어도 올릴 수 없습니다.

교황님은, 자연의 질서에는 부자와 빈자의 두 계층이 존재하고 노동자는 빈자에 속하는 것이 자연스럽다고 전제하십니다.

교황님의 말씀처럼 재능, 성실, 건강, 체력에는 자연적인 차이가 있고 여기에서 사회적 조건들의 차별이 생겨난다고 볼 수도 있을 것입니다.[62] 그러나 자연적인 차이로 인해 부자와 빈자가 나뉘는 것은 아닙니다. 힘이나 적성의 자연적 차이는 분명히 신장의 자연적 차이보다 크지 않습니다. 그러나 키가 두 배 차이 나는 경우를 찾으려면 거인과 난장이를 골라야만 하는데도, 오늘날 부자와 빈자의 차이는 수천 배, 수백만 배에 달하는 경우도 있습니다.

빈부격차가 힘과 적성의 개인적 차이와 일치하는 곳은 어디에도 없습니다. 진짜 빈부격차는 자릿세를 뜯는 사람과 뜯기는 사람의 차이에서 생깁니다.

자연은 이런 격차를 무슨 근거로 정당화합니까? 수많은 생물 중에는 다른 종을 희생시켜 살아가도록 되어 있는 종이 분명히 있습니다. 그러나 이들 종의 관계를 보면 크기나 형태나 기관의 차이가 분명히 존재합니다. 인간에게는 지구 상의 모든 생물에 대한 지배권이 부여되어 있습니다. 이런 지배권은 외모에서도 드러나지 않습니까? 겉으로 인간과 하등동물을 구분하지 못할 수는 없습니다. 미국에서 노예제도를 옹호한 사람 중에는 흑인

62 회칙 13.

의 검은 피부와 꼬불꼬불한 머리카락은 흑인이 백인에게 복종해야 한다는 자연의 의도를 나타내는 것이라고 하는 사람도 있기는 했습니다. 그러나 교황님이 자연스럽다고 하시는 사람 간의 차이는 같은 인종끼리의 차이입니다. 어떤 사람은 일하지 않고도 부유하게 살고 어떤 사람은 힘들여 일하면서도 가난하게 사는 경우에, 두 사람 사이에는 무슨 자연적 차이가 있습니까? 2억 달러의 재산가와 한 주에 단돈 몇 달러에도 기꺼이 일하려고 하는 사람을 제가 미국에서 교황님의 접견실로 데려간다면, 교황님은 숙련된 해부전문가를 부르신다고 해도 누가 누군지 구분하실 수 있겠습니까? 하느님께서 오늘날과 같은 빈부격차를 결코 지지하시지도 묵인하시지도 않으셨고, 허락하신 적은 더더욱 없다는 사실은 명백하지 않습니까? 하느님께서 인간에게 자유의지를 주시고는 스스로 선악을 선택하여 지옥을 원하면 천국을 비켜갈 수 있도록 하셨을 뿐 아닙니까? 인간이 부자와 빈자의 두 계층으로 분리된 것은 전적으로 폭력과 사기 그리고 도덕법칙의 위반에서 비롯되었다는 사실은 명백하지 않습니까? 빈부 계층의 분리는 착취로 이익을 취하는 계층과 착취당하는 계층의 분리, 하느님께서 모두를 위해 베푸신 것을 배타적으로 차지하는 계층과 하느님의 하사물을 박탈당한 계층의 분리 아닙니까? 그리스도께서는 모든 말씀과 비유를 통해 엄청난 빈부격차는 하느님의 법에 어긋난다고 하시지 않았습니까? 만일 부자와 빈자라는 계층 구분이 부당하지도, 하느님의 의도에 어긋나지도 않는다면 하느님께서 부자를 그토록 준엄하게 꾸짖으셨겠습니까?

그리스도께서 목수의 아들이 되시고 또 스스로 목수 일을 하심으로써 "노동으로 생계를 유지해야 하는 처지와 가난이 하느님 앞에 결코 수치스러운 일이 아니라는 것"[63]을 보여 주었다고 교황님은 말씀하고 계시지만, 그 진정한 의미는 놓치신 것으로 보입니다. 이 말씀은 그리스도께서 남의

63 회칙 17.

것을 빼앗아 생계를 유지하지 않고 정직하게 사는 것이 결코 수치스러운 일이 아님을 보여 주셨다는 말씀과 거의 같습니다. 인간은 크게 보아 노동자, 거지, 도둑의 세 계층으로 분류된다는 진리를 교황님이 생각하신다면, 그리스도께서 지상에 계실 때 노동자 이외의 다른 계층으로 사는 것은 도덕적으로 불가능하였음을 이해하실 것입니다. 율법을 완성하기 위해 오신 그분은 하느님의 노동법칙을 말씀으로만이 아니라 행동으로 순종하지 않을 수 없었기 때문입니다.

지상에서 그리스도의 일생이 이 법칙을 얼마나 완전하고 아름답게 보여 주었는지 생각해 보십시오. 그리스도께서는 보통 사람과 다름없이 연약한 아기로 지상의 생활을 시작하였고 자연의 질서에 따라 부모가 자식에게 베푸는 사랑의 보살핌을 받으셨습니다. 성년기에 접어들어서는 대다수 사람들처럼 평범한 노동으로 자신의 생계를 유지하셨습니다. 그리고는 더 높은 수준—노동 중의 최상의 수준—으로 이행하여 생계를 유지하셨습니다. 도덕적·영적 진리를 가르치시면서 이에 감사하는 자의 사랑의 헌금을 받으셨고 마리아가 발에 부어 드린 값비싼 향유를 거절하지 않으셨습니다.[64] 제자를 선택하실 때에도 토지소유자처럼 다른 사람의 노동에 기대어 사는 독점자에게 가시지 않고 평범한 노동자에게 가셨습니다. 그리스도께서 제자들을 높은 수준의 노동으로 부르시어 도덕적·영적 진리를 가르치도록 내보내셨을 때, 노동에 대한 사랑의 대가가 있으면 사양하지도, 부끄러워하지도 말고 그 대가를 받도록 가르치셨습니다. 그리스도께서는 "일꾼이 품삯을 받는 것은 당연한 일이다"[65]라고 하시면서 노동에는 육체노동만 있는 것이 아니며 인생을 물질적·지적·도덕적·영적으로 채우

64 요한 12,3. "그때 마리아가 매우 값진 순 나르드 향유 한 근을 가지고 와서 예수의 발에 붓고 자기 머리털로 그 발을 닦아 드렸다. 그러자 온 집 안에 향유 냄새가 가득 찼다."

65 루카 10,7; 1티모 5,18.

는 사람은 누구나 노동자임을 보여 주셨습니다.[66]

보통의 육체노동자는 당연히 가난하다고 전제하시는 바람에 교황님은 노동이 부의 생산자라는 사실을 망각하셨고, 나아가 창조주의 자비로운 의도를 거스르는 불경한 저항이 빚어내는 불의를 창조주의 자연법이라고 하셨습니다. 정의가 실현된다면 기술 수준이 매우 낮은 사회에서도 모든 건강한 인간은 자신의 생계를 꾸려갈 수 있습니다. 노동절약적 수단이 있는 우리 시대에는 누구나 그보다 훨씬 더 쉽게 생계를 유지할 수 있습니다. 사회정의가 실현된 사회라면, 특별한 종교적 동기나 불가피한 불운이 없는 한, 가난은 불명예이며 무기력과 나태의 결과일 뿐입니다.

부자도 역시 희생자

교황님은 가난한 자와 노동자에게만 동정심을 보여 주시는 것 같습니다. 그러나 그렇게 하시는 게 맞습니까? 부자와 비노동자도 긍휼히 여겨야 하지 않겠습니까? 복음에 의하면 부자는 다이브의 운명[67]을 갖기 때문에 오히려 빈자보다 더 긍휼히 여겨야 합니다. 사후의 세상을 믿는 사람이면, 아끼고 아끼던 엄청난 재산을 이승에 두고 떠난 후 저승에서 깨어나는 부자에게 어찌 동정이 가지 않겠습니까? 그러나 이승에서조차 부자는 정말 불쌍합니다. 부 자체, 물질의 소유 자체는 나쁘다고 할 수 없

66 [원문의 주] 연구원, 철학자, 교사, 예술가, 시인, 성직자는 부를 생산하지는 않지만 부를 생산하는 목적이 되는 효용과 만족을 생산할 뿐 아니라 지식을 획득, 전파하며 정신력을 자극하고 도덕심을 높임으로써 부의 생산능력을 크게 향상시킬 수 있다. 인간은 빵만으로 살 수 없기 때문이다. … 심신의 노력을 통하여 부의 총량을 증가시키거나 인간의 지식을 늘이거나 인간의 삶을 더 높이 더 충실하게 만드는 사람은 누구나 넓은 의미의 생산자요, 일하는 자요, 노동자이며, 임금을 정직하게 버는 사람이다. 그러나 인류를 부유하게, 현명하게, 선량하게, 행복하게 하는 데 아무런 기여도 하지 않고 다른 사람의 노력에 기생하는 자는, 어떤 훌륭한 호칭으로 불리든 또 금전숭배자들이 이런 자를 아무리 귀하게 여기든 간에, 궁극적으로 거지이고 도둑일 뿐이다. —『보호무역이냐 자유무역이냐』

67 Dives는 부자의 이름. 루카 16,19-31에는 이승의 부자가 저승에서 고통받는 장면이 나온다.

습니다. 다른 사람은 빈곤에 빠져 있는데 자기만 부를 소유한다는 것이 나쁠 뿐입니다. 인간적인 삶으로부터 초연하게 지내면서 일과 노력, 희망과 걱정, 그리고 무엇보다도 인생을 감미롭게 하는 사랑을 멀리하고, 인간에 대한 믿음과 하느님에 대한 신앙에 보탬이 되는 친절과 관용을 멀리한다는 것이 나쁩니다. 부자가 인간 본성의 비열한 측면에 얼마나 많이 노출되는가를 생각해 보십시오. 부자는 아첨꾼에 둘러싸여 있습니다. 부자는 사악한 충동을 쉽게 만족시킬 수 있을 뿐 아니라 그런 충동을 자극하는 각종 수단에 더 많이 노출되어 있습니다. 부자는 사기를 당하지 않으려고 늘 조심해야 하고, 친절한 행위와 다정한 말 뒤에 숨어 있는 저의를 자주 의심해야 합니다. 부자에게는 조금이라도 관대하게 대하면 염치없이 구걸하는 거지와 계략으로 재산을 긁어내려는 사기꾼이 달려듭니다. 가족도 부자를 사랑하지 않고, 재산 상속의 기대에 부풀어 그가 죽기를 바랍니다. 빈곤의 가장 심각한 문제점은 물질의 부족이 아니라 인간의 높은 품격을 억누르고 왜곡한다는 점입니다. 그런데 정당하지 않은 부를 소유하는 것 역시 인간의 고귀한 품성을 억누르고 왜곡합니다.

하느님의 명령에는 면책이 없습니다. 노동으로 자신의 빵을 벌어들이는 것이 하느님의 명령이라면, 일하지 않고 부유하게 사는 자는 벌을 받아야 마땅합니다. 또 실제로도 벌을 받고 있습니다. 쾌락을 위해 사는 인생의 공허함을 보십시오. 사방이 빈곤한 가운데 자신만 부유함에 젖어 역겨운 부도덕 속을 헤매는 모습을 보십시오. 빈곤층은 이해조차 할 수 없는 권태라는 벌을 받고 있는 모습을 보십시오. 부유층 속에 자라는 비관론을 보십시오. 하느님을 외면하고 인간을 경멸하며, 존재 그 자체를 악으로 규정하고, 죽음을 두려워하면서도 자신의 파멸을 소원하고 있습니다.

그리스도께서 자신을 찾아온 부유한 젊은이에게 가진 것을 다 팔아 가난한 사람들에게 나누어 주라고 말씀하신 것은[68] 가난한 사람을 위해서가 아니라 그 젊은이를 위해서였습니다. 부유층 특히 자수성가형 부유층 중에는, 부의 부작용을 가끔씩이라도 예민하게 느끼면서 자신의 부로 인해 자식들이 위험과 유혹에 빠질까봐 걱정하는 사람이 많습니다. 그러나 오랜 관습이나 자만심 때문에, 혹은 부를 축적하는 것이 카드게임의 점수가 올라가듯이 짜릿하기 때문에, 혹은 가족이 재산에 대한 기대를 권리처럼 여기고 있기 때문에, 혹은 부를 적절한 용도로 사용하기가 정말 어렵기 때문에 부자들은 인생을 마감하는 벼랑에 이를 때까지 무거운 짐을 진 당나귀처럼 재산에 얽매이게 됩니다.

필요할 때 언제라도 음식을 구할 수 있는 사람은 자신의 양만큼만 먹습니다. 그러나 생활 여건이 불리한 지역에서는 굶거나 폭식하거나 합니다. 여러 날 배고픔을 참고 지내다 보면 굶주림에 대한 두려움이 생겨서, 먹을 것을 구했을 때는 아나콘다처럼 통째로 먹어 치우게 됩니다. 이처럼 부를 추구하는 동기이자 부를 부러워하고 찬탄하는 동기, 즉 결핍에 대한 두려움이 부에 저주를 내립니다. 부당한 부가 부당한 빈곤을 동반하듯이, 인간을 짐승처럼 타락시키는 빈곤의 반작용으로 부가 영혼을 파괴합니다. 진정한 악은, 자연스럽지 못한 소유와 자연스럽지 못한 박탈을 낳는 불의에서 생겨납니다.

그러나 이러한 불의의 책임이 특정 개인과 계층에 있는 것은 아닙니다. 토지사유제라는 엄청난 사회악 때문에 사회 전체가 고통을 받으며, 극단의 빈자와 부자가 생겨 방향은 서로 달라도 다 같이 희생자가 됩니다. 그러므로 빈민층의 고통에 대해 부자들이 개인적으로 책임이 있는 듯이 말하는 것은 그리스도교 정신에 위배된다고 생각합니다. 그러나 교황님은 개인적 책임을 말씀하실 뿐 끔직한 부와 지독한 빈곤을 낳는 원인에는 손

68 마태 19,16-26; 마르 10,17-27; 루카 18,18-27.

대지 말라고 하십니다. 보기 흉한 혹이 난 사람이 있다고 할 때, 한 의사는 친절하고 부드럽게 그러나 단호하게 혹을 제거하자고 하는 반면, 다른 의사는 제거해서는 안 된다고 하면서 이 가련한 자를 미움과 놀림의 대상으로 내세운다고 하면, 어느 쪽이 옳겠습니까?

저희가 모든 사람의 평등한 자연권을 회복시키려는 것은 특정 계층이 아니라 모든 계층에게 혜택을 주기 위해서입니다. 불의는 누구에게도 이익이 안 되며 정의는 모든 이에게 이익이 된다는 것을 신앙을 통해 이해하고 사실을 통해 인지하기 때문입니다.

저희는 "평등을 빌미로 하여 다른 사람의 재산을 침해"[69]하려고 하지 않습니다. 저희도 교황님처럼 차이와 불평등은 항상 존재할 수밖에 없음을 인정합니다. 차이와 불평등이 도덕법칙과 부합하는 한, 그리고 "도둑질하지 못한다"[70]는 계명을 범하지 않는 한 저희는 만족합니다. 저희는 하느님의 역사보다 더 나은 일을 하려는 것이 아니라 하느님의 뜻대로 행하려 할 뿐입니다. 저희가 실현하려는 평등은 재산의 평등이 아니라 자연의 기회에 대한 평등이며, 이성과 신앙이 다 같이 인정하는 평등입니다. 저희는 하느님의 모든 자녀가 "하늘에 계신 우리 아버지"께서 베푸신 하사물을 평등하게 사용할 수 있도록 해 주려고 합니다.

그리고 거룩한 질서 속에 하느님께서 사회를 위해 마련하신 거대한 기금이 분명히 있다고 생각하면서, 이를 징수하여 사회를 위해 사용하자고 합니다. 아무리 큰 부자라고 해도 부를 소유한다는 이유로 과세해서는 안 된다고 봅니다. 이런 세금은 재산권 침해라고 생각하기 때문입니다. 또 창조주의 경제법칙이 지닌 아름다운 효과로 인해, 개인이 정직하게 부를 취득하면 세상의 부도 동시에 증가한다고 생각합니다.

69 회칙 28.

70 탈출 20,15. 모세의 십계명 중 하나.

정당한 임금

하나의 잘못을 고치지 않고 고집하면 언제나 다른 잘못이 뒤따르게 됩니다. 토지사유제를 옹호함으로써 가장 우선적이고 중요한 인권, 즉 인생의 물질적 토대에 대한 평등한 권리를 부정하면 반드시 다음의 둘 중 하나로 귀결됩니다. 하나는 "악마야 꼴찌를 잡아가라"[71]는 식으로 평등한 생명권을 부정하는 것입니다. 영국의 맬서스 목사처럼 자연이 (맬서스도 감히 '하느님이'라고는 못 했습니다.) 생존물자에 비해 사람을 너무 많이 내보냈다는 이론을 동원하기도 합니다. 다른 하나는 현재 각국에서 하고 있듯이 그 자체로 잘못인 것을 권리로 인정하는 것입니다.

교황님의 회칙도 하나의 사례가 됩니다. 교황님은 인생의 물질적 토대에 대한 평등권은 부정하시지만 인간의 생존권은 인정하시기 때문에, 노동자는 취업권만이 아니라 고용주로부터 일정 수준의 임금을 받을 권리가 있다고 하셨습니다. 그러나 이런 권리는 존재하지 않습니다. 어느 누구도 다른 사람에게 자신을 고용하라고 요구할 권리가 없으며 고용주가 동의하지 않는 높은 임금을 요구하거나 압박할 권리 역시 없습니다. 고용주가 노동자의 의사와 무관하게 억지로 일을 시키거나 노동자가 동의하지 않는 임금을 주면서 일하라고 강요할 도덕적 근거가 없는 것처럼, 노동자도 고용주에 대해서 이렇게 요구할 도덕적 근거가 없습니다. 노동자의 자연권을 부정하는 원천적인 잘못 때문에 이런저런 억지 정당화가 등장합니다. 그러다가 결국에는 생존권이라는 지상 명령에서 근거를 찾습니다. 그 자체로는 절도나 신성모독이나 심지어 살인에 해당하는 행위도 극히 예외적인 상황에서는 허용된다는 것입니다.

도망 노예가 추적대와 추적견에 바짝 쫓기는 경우에는, 말 주인을 폭행하고 남의 말을 훔쳐 타더라도 진정한 그리스도교 도덕에서는 죄가 되지

71 Devil take the hindermost. 제약 없는 무한경쟁을 벌인다는 뜻.

않습니다. 그렇다고 해서 비상시가 아닌 때에 말을 훔치는 것까지 정당화되는 것은 아닙니다.

배고픈 제자들이 안식일에 밀 이삭을 잘라 먹는 것을 그리스도께서는 허용하셨습니다.[72] 그렇다고 해서 정상적인 상황에서 안식일에 이삭을 잘라 먹어도 된다고 하신 것은 아닙니다. 그리스도께서는 안식일의 신성함을 결코 부정하시지 않으셨습니다.

다윗이 굶주렸을 때 성전의 제사떡을 얻어먹은 것이[73] 보통 같으면 신성모독에 해당할 행위이지만 그리스도께서는 이를 정당하다 하셨습니다. 그렇다고 해서 성전의 떡을 먹는 것이 적절한 생계 수단이라고 하신 것은 결코 아닙니다.

그런데 교황님은 회칙에서 극히 예외적인 상황에서만 윤리적으로 허용될 수 있는 원리를 정상적인 상황에서도 적용하도록 권고하고 계십니다. 진정한 권리를 부정하셨기 때문에 이런 거짓 권리를 내세울 수밖에 없게 되신 것입니다. 사람이 가진 자연권은 다른 사람에게 고용이나 임금을 요구할 권리가 아니라 자가노동을 할 권리입니다. 즉 창조주께서 모든 인간을 위해 마련하신 토지라는 풍성한 원천에 자신의 노동을 투입할 권리입니다. 토지단일세의 효과처럼 이 원천이 개방되면 정상적인 노동 수요는 노동 공급과 보조를 맞추게 됩니다. 노동을 파는 사람과 사는 사람은 자유로운 거래를 통해 서로 이익을 얻게 되며, 노사 분쟁을 일으키는 모든 원인이 사라지게 됩니다. 토지라는 원천이 개방되면 모두가 자유로이 자가노동을 할 수 있어 노동 기회는 더 이상 선심의 대상이 되지 않기 때문입니다. 자가노동으로 벌 수 있는 것보다 적게 받고 남을 위해 일할 사람은

72 마태 12,1-4; 마르 2,23-28; 루카 6,1-5.

73 1사무 21,4-7. 제자들이 안식일에 밀 이삭을 먹어 비판을 받자 예수가 다윗의 예를 들어 제자들을 옹호하였다.

없을 것이므로 임금은 필연적으로 완전한 수준으로 상승하게 되며, 노동자와 고용주의 관계는 상호 이익과 편의를 위해서만 존재할 것이기 때문입니다.

그 외에는 노사 모두를 만족시킬 수 있는 상황이 존재하지 않습니다.

교황님은 고용주가 마땅히 지불해야 하는 동시에 노동자도 마땅히 만족해야 하는 적정한 수준의 임금률이 있다고 전제하시는 듯합니다. 또 이런 임금률이 보장되면 분쟁도 사라질 것이라고 생각하시는 듯합니다. 노동자는 이런 임금으로 검소한 생활을 할 수 있으며, 더 열심히 일하고 절약하면 다소간의 저축도 할 수 있을 것으로 생각하시는 게 분명합니다.

그러나 시장을 통하지 않고 어떻게 정당한 임금률이 정해질 수 있습니까? 곡물, 돼지, 선박, 그림의 가격도 마찬가지입니다. 만일 어느 가격 하나를 인위적으로 규제한다면, 생산력의 경제적 조정을 효과적으로 촉진하는 시장의 상호작용이 제약되지 않겠습니까? 노동을 구매하는 자가, 다른 상품과는 달리, 자유시장에서 형성될 가격보다 더 많이 지불해야 할 이유가 무엇입니까? 노동을 판매하는 자도 자유시장에서 형성될 임금보다 더 적게 받고 만족해야 할 이유가 무엇입니까? 이 풍요로운 세상에서 노동자가 그저 검소한 생활을 할 수 있을 정도의 임금에 만족해야 할 이유가 무엇입니까? 이 아름다운 세상에서 노동자가 고되게 일하면서도 아끼고 또 아껴야 할 이유가 무엇입니까? 노동자라고 해서 인간의 고차원적 본능과 세련된 취향의 충족을 기대해서 안 될 이유가 있습니까? 다른 사람은 고급 객실에서 여행하는데 노동자만이 언제까지나 하급 객실에 만족해야 할 이유가 있습니까?

그럴 이유는 없습니다. 이 시대가 소란스러운 것은 노동자가 종전의 생활수준으로 살아가기가 더 어려워졌기 때문만은 아닙니다. 더 큰 이유는 생활수준에 대한 기대가 더 커졌다는 데 있을 것입니다. 이런 기대는 계속해서 상승해야 합니다. 노동자도 인간이며 인간은 만족을 모르는 동물이기 때문입니다.

인간은 소가 아닙니다. 소는 풀과 여물과 물, 그리고 약간의 소금만 있으면 만족합니다. 반면에 인간은 많이 가질수록 더 바랍니다. 먹을 것이 충분하면 더 나은 음식을 원합니다. 집을 가지면 더 넓고 멋진 집을 원합니다. 동물적 욕구가 충족되면 정신적·영적 욕구가 싹틉니다.

끝 모를 불만족은 인간의 본성입니다. 이 사실로 인해 인간은 동물과 비교할 수 없는 높은 존재가 되고 또 하느님의 모습대로 창조되었다고[74] 하는 것입니다. 인간이 만족을 모른다고 탓해서는 안 됩니다. 불만족이야말로 모든 발전의 동력이기 때문입니다. 성 베드로 성당에 돔을 올린 것도, 칙칙한 캔버스 위에 마돈나의 천사 같은 얼굴이 빛나게 한 것도 불만족 덕입니다. 천체의 무게를 측정하고 그 성분을 분석한 것도, 창조적 지성이 발휘되어 경이로운 걸작이 줄을 이어 등장한 것도 불만족 덕입니다. 대양 여객선으로 대서양을 좁힌 것도, 전기를 이용하여 머나먼 곳에 소식을 전한 것도 불만족 덕입니다. 현대 문명의 업적이 초라해 보일 정도로 미래의 가능성이 열려 있는 것도 불만족 덕입니다. 인간의 수준을 낮춰 동물로 만들지 않는 한 불만족을 억누를 수 없습니다.

그러므로 노동에 대한 일체의 제약이 없고 자연 이용 기회가 평등하게 보장되었을 때 노동자가 얻을 수 있는 수준보다 낮은 임금이라면, 이는 적정 임금이 아니므로 노동자는 더 높은 소득을 얻으려 애쓸 것입니다. 노동자의 생활이 약간 개선되더라도 만족하기는커녕 오히려 불만족이 늘어날 것입니다.

교황님은 필연적인 임금 수준, 즉 다른 노동자를 고용할 경우에 지불하게 될 금액보다 더 높은 수준의 임금을 고용주가 주어야 한다고 하시지만 이것도 정의가 아닙니다. 교황님이 말씀하시는 것은 자선입니다. 부유한

---

74 창세 1,25-26.

고용주가 이 말씀에 따라 임금을 높인다면 그 차액의 본질은 임금이 아니라 기부금입니다.

자선의 한계

노동자의 상태를 개선하기 위해 제시하신 구체적인 조치 중에서 교황님이 특별히 강조하신 한 가지, 자선에 대해서는 아직 말씀드리지 않았습니다.[75] 자선은 빈곤을 치유하는 현실적인 방법이 못 되며 다른 사람들도 그렇게 생각할 것입니다. 혹시라도 기부금을 통해 빈곤을 철폐할 수 있다면 그리스도교 국가에서는 빈곤이 존재하지 않을 것입니다.

자선은 정말 고상하고 아름답고 감사한 것이며 하느님께서도 기뻐하실 일입니다. 그러나 자선은 정의의 기초 위에서 행해져야 합니다. 자선이 정의를 대신할 수는 없습니다.

모든 그리스도교 세계에서 노동자의 상태가 악화되는 것은 노동이 착취당하고 있기 때문입니다. 이러한 착취를 정당화하면서 자선을 권장하는 것은 너무나도 태평스러운 대책입니다. 자선이 정의를 대신하도록 권장하시는 것은 전임 교황님들이 이단으로 단죄하신 것, 즉 복음보다 법이 앞선다든지 하느님의 사랑이 인간의 도덕적 의무를 면제한다든지 하는 주장과 본질적으로 유사합니다.

불의가 존재하는 곳에서 자선이 할 수 있는 일이란 그다지 많지 않습니다. 자선은 불의로 인한 영향을 부분적으로 완화시켜 줄 뿐입니다. 자선만으로는 치유할 수 없습니다. 또 자선이 할 수 있는 것조차도 부작용이 있습니다. 근본적이고 일차적인 덕성이 결여된 차선책 내지 부차적인 덕성은 부작용을 낳기 마련입니다. 침착도 덕성이고 근면도 덕성입니다. 그러

75 '자선'은 'charity'를 번역한 것이다. 가톨릭 문헌에서는 'charity'를 '애덕'이라고 번역하지만 여기에서는 앞뒤 문맥을 감안하여 '자선'으로 번역하였다.

나 침착하고 근면한 도둑은 더 위험합니다. 인내도 덕성입니다. 그러나 잘못된 것을 참으면 잘못을 용인하는 결과가 됩니다. 지식을 추구하고 지력을 높이는 노력은 덕행입니다. 그러나 악한 자가 지적 능력을 더 갖추게 되면 악을 행하는 능력도 커집니다. 우리가 생각하는 악마는 늘 영리합니다.

정의를 저버리고 부인하는 사이비 자선은 부작용도 낳습니다. 한편으로는 기부금 수령자의 기를 꺾고 인간의 존엄성을 모독합니다. 교황님은 인간의 존엄성은 "하느님 자신이 대단한 존경심으로 다루신다"[76]고 하셨습니다. 그런데 사이비 자선은 사람을 거지와 가난뱅이로 전락시킵니다. 하느님께서 모든 인간에게 주신 것을 제대로 찾아 주기만 하면 자립심과 자긍심을 가지게 될 바로 그 사람을 말입니다. 다른 한편으로는 타인을 착취하면서 살아가는 사람들의 양심에 진통제로 작용하며 도덕적 망상과 영적 자만심을 키웁니다. 그리스도께서 부자가 하느님 나라에 들어가는 것보다는 낙타가 바늘귀로 빠져 나가는 것이 더 쉬울 것이라고 말씀하셨을 때[77] 분명히 이런 점을 염두에 두셨을 것입니다. 자선은 사람을 불의에서 건져 내지 못하며 오히려 돈과 영향력으로 불의를 떠받칩니다. 부자는 기부금을 내면서 인간에 대한 의무를 자기 몫 이상으로 이행한다고 생각합니다. 자신이 하느님의 칭찬을 받을 일을 한다고 생각합니다. 실제로는 하느님의 선행인 것을 마치 자신의 선행인 듯 착각합니다. 하느님께서는 어떤 분이십니까? 교황님은 "안정적이고 인간과 항상 함께하는 원천, 인간이 계속해서 물자를 조달할 것으로 기대할 수 있는 원천을 마련해 주었음이 분명하다. 풍성한 결실로써 인간에게 갖가지 재화들을 제공할 수 있는 것은 토지뿐이다."[78]라고 하셨는데, 그 원천을 마련해 주신 분이 누구

76 회칙 30.

77 마태 19,16-26; 마르 10,17-27; 루카 18,18-27.

78 회칙 5.

입니까? 하느님 아닙니까? 그러므로 하느님의 하사물을 박탈당한 사람이 타인이 제공하는 물자에 기대어 살아야 한다면, 제공자가 하느님의 자리를 차지하는 것 아닙니까? 하느님께서 마련해 두신 것을 제공하면서 이를 자기의 공적으로 여기지 않겠습니까?

그러나 분명한 정의의 요청을 무시하고 자선으로 대체하려는 제안에는 더 나쁜 측면이 있습니다. 종파와 종단을 막론하고 그리스도교의 스승으로 자부하는 자들이 맘몬과 타협하면서 이를 하느님을 섬기는 행위라고 변명한다는 점입니다. 이런 사례는 콘스탄티누스 대제 시대 때부터 지금까지 무수히 존재해 왔습니다. 영국의 성직자가 정의의 가르침을 자선의 가르침에 종속시키지 않았다면 튜더 왕조의 전제정치는 발생하지 않았을 것이고, 교회가 분리되지도 않았을 것입니다. 프랑스의 성직자가 정의를 자선으로 대체하지 않았다면, 앙샹레짐의 끔찍한 불평등으로 인한 대혁명의 공포가 발생하지 않았을 것입니다. 미국에서도 정의를 설교해야 하는 자들이 친절을 설교하는 데 그치지 않았다면, 노예제로 인한 남북전쟁의 학살극이 벌어지지 않았을 것입니다.

교황님, 실천이 없는 믿음은 죽은 것입니다. 하느님께서 인간에게 주신 권리를 부정하면서 하느님을 섬길 수는 없습니다. 마찬가지로 정의가 뒷받침되지 않는 자선은 현재 노동이 처해 있는 문제를 전혀 해결할 수 없습니다. 부자가 "모든 재산을 남에게 나누어 준다 하더라도, 남을 위하여 불 속에 뛰어든다 하더라도"[79] 토지사유제가 있는 한 빈곤은 계속될 것입니다.

현대 노동자의 상태를 개선하기 위해 진정으로 자신의 재산을 희사하려는 부자가 있다고 해 보겠습니다. 이 사람이 무엇을 할 수 있겠습니까?

필요한 사람에게 자기 재산을 줍니까? 처지가 어려운 몇 사람을 도울

79 1코린 13,3.

수는 있겠지만 노동자 전체의 상황을 개선하지는 못할 것입니다. 좋은 일을 하면서 오히려 해를 끼칠 수도 있습니다.

교회를 짓습니까? 교회의 그림자에 빈곤이 만연하고 그로 인한 범죄가 기승을 부릴 것입니다.

학교를 짓습니까? 토지사유제의 불평등을 직시하게 하는 교육이 아니라면, 단순 노동자에게 교육은 아무런 도움도 되지 못합니다. 교육이 확산되면 임금에 미치는 교육의 효과가 줄어들기 때문입니다.

병원을 짓습니까? 지금도 일자리를 찾는 사람이 너무 많은데, 생명을 구하고 수명을 늘리면 압박이 가중될 뿐이라고 노동자들이 생각하지 않겠습니까?

모범 임대주택을 짓습니까? 집세를 싸게 하지 않는 한 그가 도우려는 대상 계층을 더 몰아붙일 뿐입니다. 집세를 낮추면 사람이 몰리고 일자리 경쟁이 심해져 결국 임금을 더 떨어뜨리게 될 것입니다.

실험실과 과학학교와 물리실험용 작업실을 설치합니까? 토지사유제에 기반을 둔 사회에서 발명과 발견을 자극하면 노동을 맷돌에 넣고 돌리는 결과를 낳을 것입니다.

임금이 낮은 지역에서 높은 지역으로 노동자를 이주시킵니까? 처음에는 이주를 돕는 사람도 있을 것입니다. 하지만 곧 등을 돌려 이주 중단을 요구할 것입니다. 이주자들이 자신의 임금을 낮춘다는 이유를 들며 말입니다.

자신이 소유하는 토지를 내놓거나 지대를 받지 않거나 지대를 시장가격보다 깎아 줍니까? 새로운 토지소유자 또는 토지소유자에 준하는 계층을 만들 뿐입니다. 몇몇 사람은 부유해지겠지만 노동자의 전반적인 상태를 개선하는 데는 아무 효과가 없습니다.

고전시대에는 공공정신이 충만하여 거액의 사재로 도시를 개선한 시민들이 있었는데 이런 사람이 되기로 결심합니까? 그런다고 정말로 도시가 아름다워지겠습니까? 좁고 굽은 길을 넓고 똑바른 길로 바꾸고, 공원을 짓고 분수를 세우고 케이블카를 설치하고 철도를 부설하는 등 여러 방법으로 도시를 아름답고 매력적으로 단장한다면, 어떤 결과가 나겠습니까? 분명히 하느님의 하사물을 가로챈 자들이 그 이익을 차지하지 않겠습니까? 토지가치가 상승할 것이고 개발의 영향으로 집세도 올라 토지소유자의 배를 불릴 것입니다. 이런 계획을 발표하기만 해도 투기가 일어나 토지가치는 엄청나게 올라갈 것입니다.

사정이 이러한데 부자가 어떻게 노동자의 상태를 개선할 수 있겠습니까?

부자가 인간의 생래적 권리를 박탈하는 근본적인 잘못을 철폐하는 데 힘을 쓰지 않는 한 아무 소용이 없습니다. 정의를 다른 무엇으로 대체하려는 어떤 시도도 하느님의 정의는 비웃을 것입니다.

회칙의 도덕 명령

교황님이 제시하신 현실적인 조치를 검토해 오면서 회칙에 담겨 있는 도덕 명령을 따로 언급하지 않았지만, 도덕의 현실성이 없다고 보아 그런 것은 아닙니다. 저희는 오히려 도덕의 가르침에는 가장 높은 현실성이 있으며 "무엇이 효율적인가?"의 문제는 언제나 "무엇이 옳은가?"의 문제에 종속된다고 보고 있습니다. 그러나 교황님이 회칙에서 말씀하신 도덕적 진리에는 노동자의 상태에 관한 진정한 의미가 사라지고 없습니다. 미국의 근본을 표현하는 문서로 간주되어 모든 국가 기념일에 엄숙하게 낭독되는 것이 독립선언서이지만, 노예제도의 합법화로 그 실질적 의미가 사라져 버린 것과 마찬가지입니다. 독립선언서에는 이렇게 쓰여 있습니다. "우리들은 다음과 같은 것을 자명한 진리라고 생각한다. 즉 모든 사람은 평등하게 태어났으며, 조물주로부터 몇 개의 양도할 수 없는 권리를 부여받았다. 그 권리 중에는 생명과 자유와 행복의 추구가 있다." 그러나 사람을 매입해서 정당한 재산으로 소유할 수 있다고 하는 사람에게 이 선언이 무슨 의미가 있습니까? 노예의 도망을 주인 재산의 강탈과 동일시하는 사람에게, 도망을 돕거나 심지어 도망 노예에게 그리스도의 이름으로 냉수 한 잔을 건네준 사람까지 절도죄의 종범으로 처벌할 것을 주장하는 사람에게 이 선언은 무슨 의미가 있습니까?

회칙 속의 도덕적 가르침에 대해 살펴보겠습니다.

교황님은 하느님께서 인간이 계속해서 물자를 조달할 것으로 기대할 수 있는 원천인 토지를 마련해 주셨다고 말씀하십니다.[80] 그러나 이 원천을 이용할 수 있는 권리를 절대다수에게 허용하지 않는 제도를 지지하십니다.

교황님은 인간은 원죄 때문에 노동이 불가피하다고 말씀하십니다.[81] 그러나 특권층이 노동의 불가피성을 면제받고 자신의 부담을 다른 사람에게 더 무겁게 떠넘길 수 있는 제도를 지지하십니다.

교황님은 하느님께서 지구 위의 일시적인 재화를 향유하도록 하시기 위하여 우리를 창조하신 것이 아니며, 또한 이 세상을 고향으로서가 아니라 유배지로서 우리에게 주셨다고 하십니다.[82] 그러나 교황님은 유배된 자 중 일부가 공동의 유배지에 대해 배타적 소유권을 갖는다고 하십니다. 그래서 다른 유배자들이 유배지에 머무는 것에 대한 대가를 징수할 수 있고, 이 배타적 소유권을 자기 자손에게 물려주어 다시 다른 유배자들에게서 대가를 징수할 수 있다고 하십니다.

교황님은, 덕은 모든 사람이 공평하게 쌓을 수 있는 공동 유산이라고 하십니다.[83] 모든 사람이 만인의 아버지이신 하느님께로부터 태어났으며

80 회칙 5.

81 회칙 13.

82 회칙 15.

83 회칙 17.

궁극적인 목적이 되시는 하느님께로 향해 나아가고 있고, 모든 사람이 똑같이 예수 그리스도에 의해 구원받는다고 하십니다. 또 자연의 재화와 은총의 보화가 인류의 공동 유산이고 자신의 결함이 없다면 천상의 보화들을 상속받는 데에 제외되는 사람이 아무도 없다고 하십니다.[84] 그러나 이런 말씀을 하시면서도 하느님의 물질적 은총의 원천을 소수가 배타적으로 소유할 수 있는 제도를 지키는 것이 도덕적 의무라고 하십니다. 교황님은 인간에게 하늘에서의 평등권은 주시지만 지상에서의 평등권은 주지 않으십니다.

노예 도망 사건에 대해 미국 연방대법원이 남북전쟁 직전에 내린 유명한 판례에 대한 평가 중에 다음과 같은 것이 있습니다. "연방대법원은 북부에는 법을, 남부에는 노예를 주었다." 이 평가처럼 교황님의 회칙도 노동자에게는 복음을, 지주에게는 땅을 주십니다. 그래서 비꼬는 소리가 나오는 것입니다. "성직자들은 가난한 자에게는 눈에 보이지 않는 것을 골고루 나누어 주지만 부자에게는 눈에 보이는 것을 확실하게 간직하도록 특별히 배려한다."

종교의 임무

세계의 근로 대중이 제도권 종교에 등을 돌리는 이유가 바로 여기에 있습니다.

왜 그러지 않겠습니까? 종교가 인간 상호 간의 행동에서 반드시 지켜야 할 원리를 가르치지 않는다면 종교의 임무는 무엇이란 말입니까? 인간이 모든 생활 관계 속에서—교회에서만이 아니라 직장에서, 시장에서, 토론장에서, 의회에서—지켜야 할 분명하고 확실한 정의의 규칙을 제시하지 않는다면, 또 격렬한 흥분과 엄청난 탐욕과 근시안적 편의주의를 버리

84 회칙 18.

지 못하는 인간에게 안전하게 항해할 수 있는 나침반을 제공하지 않는다면 종교의 임무는 도대체 무엇이란 말입니까? 가장 중대한 문제 앞에서 꼼짝도 못 하고 얼버무린다면 종교는 무슨 소용이 있습니까? 내세에 대해 어떤 약속을 하건 간에 현세의 불의를 방지하기 위해 아무것도 할 수 없다면 종교는 무슨 소용이 있습니까? 초기의 그리스도교는 이런 종교가 아니었습니다. 그 당시에도 이랬다면 로마의 박해는 절대 받지 않았을 것이고, 후에 로마 전역으로 전파되지도 못했을 것입니다. 회의주의자였던 로마 지도자들은 온갖 신에 대해 너그러웠고 저급한 미신에 대해서조차 무관심했었으나 평등권에 기반을 둔 이 종교에 대해서만은 예민하게 대처했습니다. 노예와 빈자에게 새로운 희망을 불러일으킨 이 종교, 십자가에 못 박힌 목수를 중심에 둔 이 종교, 하느님께서는 모든 이의 평등한 아버지이시고 모든 인간은 평등한 형제임을 가르치는 이 종교, 정의의 지배가 빨리 도래하기를 소원하면서 "**아버지의 나라가 오게 하시며**"[85]라고 기도하는 이 종교를 로마 지도자들은 본능적으로 두려워하였습니다.

이런 인식, 이런 열망은 오늘날에도 대중 사이에 번져 있습니다. 인간은 본성이 종교적인 동물입니다. 세상은 도덕 원리가 지배하며 옳고 그름 사이에는 영원한 구분이 있다는 느낌에서 벗어날 수 없습니다. 정의의 승리를 갈망하지 않을 수 없습니다. 오늘날 대중은 종교에 대한 믿음을 포기해 버렸다고 스스로 생각하고 있으며, 확실히는 몰라도 노동자의 상태는 **무언가 잘못되어 있다**고 인식합니다. 성 토마스 데 아퀴노처럼 신학이 모든 학문의 총합이요 초점이라고 한다면, 무엇이 잘못되어 있는지 분명하고 담대하게 밝히는 것이 종교의 임무가 아닙니까? 고대에 총체적 재난이 닥치면 사람들은 신탁을 구하며 "저희가 어찌 하였기에 신이 노여워합니까?"라고 질문하였는데, 이는 인간의 심층적 본성에서 나온 것입니다. 악

85 마태 6,10; 루카 11,2.

이 점점 더 커지면서 사회의 존재 자체를 위협하는 오늘날의 현실에서, **무언가 잘못되어 있다**고 느끼는 사람들은 성직자에게 동일한 질문을 던집니다. 그런데 이들이 얻는 답은 무엇입니까? 오호, 극히 예외적인 경우가 아니면 그 답은 이교도의 신탁처럼 모호하고 부적절합니다.

대중이 신앙심을 상실하는 게 무엇이 이상합니까?

회칙에서 다루신 문제로 되돌아가겠습니다.

교황님이 노동자의 상태를 급박한 문제로 지목하시고 "사람들의 마음을 우울하고 불안하게 만들 정도"[86]라고 하셨습니다. 이 문제를 단순하게 표현한다면 일하려고 하는 사람의 빈곤 문제라고 할 수 있습니다. 더 단순하게 표현하면 양식(糧食)이 없다는 것입니다. 양식, 이 한 단어는 인간의 온갖 물질적 요구를 가장 간략하면서도 강렬하게 표현합니다. 양식이 없으면 곧 가난한 것입니다.

그리스도의 이름을 받드는 곳에서는 매일 매시 드리는 보편적인 기도, 성 베드로 성당의 높은 제단에서 교황님도 드리는 기도, 가난한 그리스도교도인 엄마가 어린 자식에게 되풀이해서 올리도록 가르치는 기도가 무엇입니까? 그것은 "오늘 우리에게 필요한 양식을 주시고"[87]입니다!

그러나 매일 매시 이 기도를 드리는 곳에 양식이 부족합니다. 그렇다면 그 이유를 밝히는 것이 종교의 임무가 아닙니까? 종교가 그 이유를 대지 못한다면, 사람들은 엘리야가 바알의 예언자를 조롱했듯이 "[그는] 신이니까 더 크게 불러 보아라. 깊은 사색에 빠져 계신지도 모르지. 외출 중인지 아니면 여행 중인지 혹은 잠이 드셨는지도 모르니 어서 깨워 보아라."[88] 하며 조롱하지 않겠습니까? 성직자가 내놓을 수 있는 대답은 어떤 것입니

86 회칙 1.

87 마태 6,11; 루카 11,3.

88 1열왕 18,27.

까? 하느님께서는 존재하지 않거나 잠드셨다는 대답도 있을 것이고, 아니면 하느님께서는 필요한 양식을 주시지만 누군가 가로채고 있다는 대답도 있을 것입니다.

유일한 정답은 이것입니다. 양식이 부족한 것은 하느님께서 임무를 다하지 않으시기 때문이 아닙니다. 노동 의욕을 가진 인간이 가난이라는 저주에 빠지는 것은 하느님께서 마련하신 물자의 원천에 잘못이 있어서도 아니고, 약속하신 양식이 지상에 풍부하게 존재하지 않기 때문도 아닙니다. 인간이 불경스럽게도 창조주의 자비로운 의도를 거스르면서 토지를 사유재산으로 만들고 관대한 아버지께서 모든 인간을 위해 마련하신 토지에 배타적 소유권을 설정한 후, 이를 극소수에게 부여하였기 때문입니다.

이 외의 어떤 답도, 혹 그것이 종교의 형식을 갖춘다고 해도 실제로는 무신론적인 답일 뿐입니다.

교황님에게 서한을 보내면서

이 서한은 교황님만이 아니라 제가 말씀을 전하고 싶은 모든 분을 위해 쓴 것입니다. 그러나 서한을 발간하기 전에 교황님에게 직접 보내는 것은 친히 읽고 생각해 주실 것으로 믿기 때문입니다. 서한에서 저는 솔직하게 저희 신념의 기초를 제시하고, 불행히도 교황님이 간과하신 것으로 생각되는 부분을 지적하였습니다. 솔직함은 이런 중대한 문제에 임하는 저의 의무이기도 하지만, 교황님도 그렇게 원하실 것으로 생각하였습니다. 그러나 교황님에게 결례를 범하지는 않았다고 믿습니다. 저는 교황님의 직분에 깊은 경의를 표하며 개인적으로도 최고의 존경을 바칩니다. 교황님의 말씀 중 오류와 위험성이 있다고 생각하는 부분에는 반대하지만, 그런 말씀을 하시게 된 교황님의 진실성과 지성에 대해서는 추호의 의문도 없습니다. 교황님의 말씀은 교파를 막론하고 그리스도교계의 종교 지도자로 자처하는 대다수의 공통된 견해이며, 지혜롭고 학식이 높다고 인정받는 사람들이 지지하는 견해이기 때문입니다. 교황님의 주변 상황 그리고 높은 직분과 책임이 주는 압력을 고려할 때, 교황님이 「회칙」에 담긴 내용에 의문을 품으실 것으로 기대하기는 어렵습니다. 그러나 제 서한을 보시면 의문을 가지실 것으로 믿습니다. 책임 있는 직분을 맡으신 교황님이 어떤 의견을 피력하시려면 그에 앞서 당연히 상세한 검토를 하실 것입니다. 그러나 각종 업무로 인해 직접 그렇게 하시기가 어려워서 다른 사람에게 시키실 때라도 이 서한이 도움이 될 것으로 믿습니다.

이미 말씀드렸듯이 저희는 회칙에 대해 깊이 감사하고 있습니다. 노동자의 상태에 대해 세인의 관심을 분명하게 불러일으켜 많은 사람이 잊고 지내 온 사실, 즉 우리 시대 사회의 악과 문제는 교회와 직접적이고 긴밀한 관련이 있다는 사실을 분명히 하셨습니다. 지금껏 그리스도교의 이름으로 가르쳐 왔던 불경한 생각, 즉 가난한 자의 고통은 이해할 수 없는 하느님의 섭리에 따른 것으로 사람은 이를 슬퍼할 뿐 고칠 수는 없다는 생각이 옳지 않다는 점을 확실히 하셨습니다. 회칙을 세밀하게 검토해 보면 교황님은 사회주의에 반대하신 것이 아닙니다. 회칙에서 완화된 모습의 사회주의를 권장하시기 때문입니다. 교황님은 미국에서 토지단일세제라고 불리는 개혁에 반대하신 것입니다. 그러나 저희는 저희의 주장을 무조건 수용하라고 요구하는 것이 아닙니다. 토론을 제안합니다. 교황님의 회칙에는 활발한 토론에 가장 적합한 내용이 담겨 있습니다. 회칙이 저희가 가장 중요하게 생각하는 기준인 도덕과 종교를 다루고 있기 때문입니다. 이런 점에서 진리를 따르려는 저희들은 모두 교황님에게 감사드립니다. 진리는 언제나 토론을 통해 오류를 극복하고 드러나는 본성이 있기 때문입니다.

저희가 추진하는 진리는 이미 사람들의 마음속을 상당히 파고들어 이제 못 들은 체 할 수도 없고 억누를 수도 없으며, 앞으로 영역을 넓히고 또 넓혀 갈 것입니다. 저 멀리 호주가 선두에 서서 이미 토지단일세로 가는 첫걸음을 디뎠습니다. 영국, 미국, 캐나다에서도 이 문제가 현실 정치에 반영될 단계에 임박해 있으며 머지않아 이 시대의 타오르는 쟁점이 될 것입니다. 유럽 대륙도 오래 지체하지 않을 것입니다. 세계는 그 어느 때보다 빨리 움직이고 있습니다.

40년 전 미국의 노예제도는 그전보다 강고해 보였고, 노예의 시장가격도 작업노예건 출산노예건 과거보다 높았습니다. 이는 소유자의 권리가 더 확고해지고 있었기 때문입니다. 인간의 평등권을 엄숙히 선포한 독립기념관의 그늘에는 도망치다가 잡힌 노예가 수갑을 찬 채 끌려오고 있었으며, 자유정신을 면면히 이어 온 미국의 전통 속에서 노예주는 자기네 노예가 많다고 뽐내고 있었습니다.

40년 전에는 아브라함 링컨을 배출한 정당이 아직 형성되지도 않았고 그보다 거의 10년이나 지나서야 노예제 철폐의 신호탄이 터졌지만[89], 오늘날 우리가 보듯이 노예제는 철폐되었습니다.

오늘날 넓고 깊고 은혜로운 혁명이 싹트고 있습니다. 한 나라에서만이 아니라 전 세계에서 싹트고 있습니다. 하느님의 진리가 혁명을 받쳐 주고 있으며 지금까지 인간이 하느님으로부터 받은 어떤 힘보다 더 큰 힘이 혁명을 추진하고 있습니다. 사람이 태양을 멈출 수 없듯이 기존의 사회악의 힘으로는 혁명을 멈출 수 없습니다. 하늘의 별들도 궤도를 돌며 시스라를 치고,[90] 옳은 귀를 가진 사람이라면 오늘날 사회의 동요 속에서 산업시대

89 「공개서한」이 나온 때가 1891년이므로 40년 전이라면 1850년대 초반이 된다. 링컨 대통령을 배출한 공화당은 1856년에 제1회 전국 전당대회를 열었으며, 남북전쟁은 링컨이 대통령에 취임한 이듬해인 1861년에 발발하였다.

90 판관 5,20.

의 노예제도가 운명을 마감하는 소리를 들을 것입니다.

다가오는 투쟁, 아니 이미 여기에 와 있는 투쟁 속에서 교회의 지도자들은 어느 편에 설 것입니까? 정의와 자유의 편에 설 것입니까? 아니면 불의와 노예제의 편에 설 것입니까? 손북이 다시 울릴 때 구원을 받은 자와 함께 할 것입니까? 아니면 이집트의 병거와 기병들처럼 바다에 가라앉을 것입니까?[91]

대중은 어느 편에 설지 걱정하지 않습니다. 현재 토지단일세를 종교적 열정으로 지지하는 사람들 가운데에는 가톨릭 신자가 매우 많습니다. 사제도 많고 주교도 있습니다. 또 영어 사용권 그리스도교의 여러 교파 중에도 토지단일세 지지자가 없는 교파가 없습니다.

지난 일요일에는 세계 교회 중에서 가장 규모가 큰 뉴욕 교회의 성가대원 백 명 정도가 십자가를 운반하는 모습을 보았습니다. 그리고 삼백여 년 전 가톨릭에서 분리된 영국 성공회의 한 신부가 수많은 신도들에게 선포하는 말씀을 들었습니다. 노동 문제는 종교 문제의 근저에 있으며, 오로지 도덕적 권리의 바탕 위에서만 해결될 수 있고, 가장 근원적이고 분명한 권리는 모든 생명의 물리적 기초를 평등하게 사용할 권리이며, 인간이 만든 권리로는 하느님께서 베푸신 토지의 사용을 거부할 수 없다는 말씀이었습니다.

그리고 십자가를 운반하는 성가대가 이렇게 노래했습니다.

> 그리스도인의 함성을 드높여라.
> 우리 주 그리스도의 십자가!

91 탈출 15,19-20. 모세가 이끄는 이스라엘 백성이 이집트를 탈출할 때 뒤를 쫓던 파라오의 군대가 홍해 바닷물 속에 잠겨 버리자 여인들이 이를 보고 손북을 치면서 야훼를 찬양했다.

그러자 이런 장면을 난생 처음 보게 된 사람들이 머리를 숙여 절을 하였습니다. 그리스도교는 권력의 시녀라는, 오랫동안 마음속에 품어 왔던 생각으로 냉담했던 사람들이 이 숭고하고 힘찬 십자군은 "하느님께서 바라시는 일이다!"라고 하였습니다.

하느님의 종 중의 종이시여! 교황님을 가장 존귀하고 자애로운 호칭으로 불러 봅니다. 교황님은 그 어느 사람보다 더 큰 권세를 가지고 계십니다. 순수하고 드높은 사회적 열망과 종교 간의 부자연스러운 별거를 그만 끝내고 이 둘을 다시 결합시킬 말씀을 하시고 신호를 보내실 권세를 가지고 계십니다.

교황님에게 최고의 축복이 내리기를, 그리고 진리를 아시고 그로 인해 자유롭게 되시기를[92] 기원합니다. 인류에게 위대한 봉사를 행하실 수 있는 시간과 건강이 함께하기를 기원합니다. 그리하여 교황님이 다가올 모든 시대에 걸쳐 최고의 영광을 누리시기를 기원합니다. 교황님의 인품과 드높은 직분에 깊은 존경심을 표합니다.

헨리 조지 올림

뉴욕, 1891년 9월 11일

92 요한 8,32.

부록

부록 1

헨리 조지의 해결책에 대한 의문과 해명

「공개서한」을 읽고 헨리 조지의 생각에 상당 부분 동의하는 독자라고 하더라도 토지의 임대가치, 즉 지대를 매년 조세로 징수하는 지대세 또는 '토지단일세'(single tax)에 대해서는 여러 의문을 가질 수 있다.

우선 불필요한 오해를 막기 위한 토지단일세라는 용어에 대해 언급해 둔다. 헨리 조지가 살았던 19세기 후반에는 지대세만 징수하고 다른 세금을 없애도 정부 세입을 충당할 수 있었기 때문에 지대세를 토지단일세라고 부르기도 했다. 특히 운동 차원에서는 간결하고 호소력 있는 용어가 필요하였기에 토지단일세라는 이름이 널리 사용되었다. 그러나 당시에 비해 국방, 복지, 공공투자 등 정부 지출이 많이 늘어난 오늘날에는 지대세만으로 정부 재정을 모두 충족시킬 수 있을지 불확실하다. 그러므로 현대에는 지대세를 '단일세'가 아니라 다른 조세에 우선하여 징수하여 할 '우선세'로 인식한다.

독자가 가질 수 있는 가장 중요한 의문은 물론, '헨리 조지가 주장하듯이 지대를 환수하면 노동 빈곤이 다 해결되는가?'일 것이다. 사회주의와 「회칙」이 노동 빈곤의 해결을 목적으로 하고 있으나, 「공개서한」은 둘 다 진정한 해결책이 아니라고 하면서 대안을 제시하고 있기 때문이다. 이에 대한 역자의 의견을 요약하면 이렇다. 헨리 조지의 주장대로 토지사유제는 부당한 빈부격차의 중요 원인이며 지대세는 이 문제를 해결하는 가장

세련된 방법이다. 다만, 당시와 사회 상황이 달라진 오늘날에는 그 외에도 자영업자가 되고 싶은 노동자가 자금과 노하우를 쉽게 조달할 수 있는 장치와 인생의 불운에 대비하는 사회보장제도를 마련할 필요가 있다. 더 자세한 것은 헨리 조지와 사회주의와의 관계를 소개하는 역자의 글 [부록 2]에서 다룬다.

그 밖에도 지대세에 대해서는 단순한 호기심이나 염려 또는 거부감에서 여러 의문이 제기되어 왔다. 대표적인 의문을 예시하면 다음과 같다. 우선 제도 자체에 대한 의문을 여섯 개만 예시해 보자.

- 지대세로 토지가치를 모두 환수하는 것은 사유재산제와 시장경제를 핵심으로 삼는 자본주의에 위배되지 않나?
- 토지의 임대가치인 지대를 모두 징수하면 이론상 토지의 매매가격이 0으로 고정되는데, 이처럼 가격이 변하지 않으면 시장에 의한 토지 배분을 할 수 없지 않나?
- 지대 상승분이 토지소유자에게 돌아가지 않으면 누가 토지를 소유하고 개발하려 하겠는가?
- 부동산은 토지 외에 건물도 포함하는데 왜 토지만을 문제 삼나?
- 토지투기도 기여하는 점이 있지 않나?
- 지대세를 토지소유자에게 부과하더라도 토지소유자가 세금을 다른 사람에게 전가하면 효과가 없지 않나?

또 제도 도입 및 실무에 대한 의문도 여섯 개만 예시해 보자.

- 토지사유제를 부정하는 것은 헌법에 위배되지 않나?
- 지대세로 인해 토지 매매가격이 0으로 하락한다면 기존 토지소유자에게 보상해야 하지 않나?

- 지금처럼 토지사유제가 뿌리 깊게 자리 잡고 있는 상황에서 지대세를 도입하려면 어려움이 크지 않을까?
- 지대세를 징수하려면 지대를 평가해야 하는데 필지수도 많고 위치마다 지대가 다른데 그 평가가 어렵지 않나?
- 지대를 모두 징수한다고 하더라도 금액이 미미하지 않을까?
- 현실에서나 학계에서 어느 정도 수용되고 있나?

이런 여러 의문은 모두 고정관념과 착시에서 생기는 것일 뿐 근거가 없지만, 세부적인 검토는 지면 관계상 생략한다. 역자의 저서에서 자세히 다루고 있으므로 관심 있는 독자는 참고하면 좋겠다.[1] 여기에서는 매우 상식적인 의문 세 가지에 대해서만 간략히 해명하기로 한다.

첫째 의문: 최근 우리나라 부동산 문제는 아파트에서 주로 생기는데 헨리 조지처럼 '토지'에 대한 대책으로 충분한가?

해명: 아파트는 '건물' 면적당 가격으로 거래되기 때문에 토지보다 건물이 문제인 것처럼 보인다. 그러나 이렇게 생각해 보자. 설계와 자재 등 모든 면에서 동일한 아파트 건물을 한 채는 서울의 강남에 짓고 다른 한 채는 역자가 재직하는 경북대학교 부근에 지었다고 할 때 당연히 두 아파트의 가격은 크게 차이가 난다. 이 차이는 건물 가격의 차이인가, 토지 가격의 차이인가? 건물은 모든 면에서 동일하다고 하였으므로 당연히 토지 가격의 차이다. 두 아파트가 화재를 당해 사라진다고 해도 대지만의 가격에 엄청난 격차가 있다. 또 아파트 가격 상승으로 발생하는 불로소득의 원천은 건물인가, 토지인가? 건물은 시간이 지나면서 낡고 가치가 떨어지는 것

1 참고문헌의 예를 들어 둔다. 『지공주의: 새로운 토지 패러다임』, 경북대학교출판부, 2009; 『알기 쉬운 토지공개념: 지공주의 해설』, 경북대학교출판부, 2006.

이 보통이므로 불로소득은 토지에서 발생한다. 두 예에서 보듯이 아파트의 경우에도 문제는 토지다. 건물에 대한 과세는 노동 빈곤 해결이나 부동산 투기 억제에 아무런 도움이 되지 않으며 오히려 건물 공급을 위축시키는 부작용을 야기할 뿐이다.

둘째 의문: 전국에 다양한 특성을 가진 수많은 필지가 있는데 이것을 어떻게 정확하게 평가할 수 있나?
해명: 우리나라의 경우 3천만 필지 정도가 된다. 상당수의 필지는 서로 비슷한 가격대로 묶을 수 있기는 하지만 그래도 개별적으로 평가해야 하는 필지수도 만만치 않다. 그러나 토지는 다른 과세 대상보다 평가가 쉽다. 예를 들어 모든 나라의 주요 과세 대상인 소득과 비교해 보자. 소득세를 부과하려면 개인별로 소득을 파악해야 한다. 대상자 수도 물론 많지만 한 사람의 연간 소득은 여러 차례 발생하는 소득을 합산한 금액이므로 파악해야 할 소득 발생 건수는 대상자 수의 여러 배가 된다. 단순한 봉급생활자만 해도 기본적으로 연간 12회 소득이 생기고 그 외에 이런저런 소득이 생기기도 한다. 자영업자의 경우는 물론 이보다 훨씬 복잡하다. 더구나 누구의 눈도 피해 갈 수 없는 토지와 달리 소득은 눈에 보이지 않는다. 그런 사정을 감안하면 소득보다 토지의 평가가 쉬움을 알 수 있다.

셋째 의문: 지대세로 토지가치를 모두 환수하는 것은 사유재산제와 시장경제를 핵심으로 삼는 자본주의에 위배되지 않나?
해명: 지대세는 오히려 진정한 자본주의에 더 충실한 제도이다. 사유재산제는 개인의 노력과 기여의 대가를 노력한 자가 소유할 수 있도록 보장하는 제도다. 사유재산제에 충실한 세제라면 불로소득부터 우선 징수하고, 그것만으로는 정부 수입이 부족할 경우에 한하여 노력과 기여의 결과에 과세하여야 한다. 더구나 여러 형태의 불로소득 중에서 토지 불로소득은

사회적 기여가 전혀 없고 오로지 폐해만 낳는 가장 악성의 불로소득이므로 최우선적인 환수 대상이 되어야 한다. 이렇게 본다면 현행 세제가 오히려 사유재산제에 어긋난다. 소득세는 각 개인의 노력과 기여에 의해 발생한 소득인지, 아니면 그와 무관한 불로소득인지를 따지지 않고 모두 과세 대상으로 삼는다. 부가가치세도 생산적 노력에 의해 증가한 가치에 매기는 세금이다. 반면 지대세는 소유자의 노력과 무관하게 발생하는 토지가치에 과세하므로 진정으로 사유재산제에 충실한 세제다.

뿐만 아니라 지대세는 모든 세금 중에서 시장과 가장 잘 어울리는 세금이다. 지대세와 같은 토지 보유세는 이론상 시장 작용을 저해하지 않는 세금이며 현실에서도 불완전한 시장을 보완하는 바람직한 세금이라는 사실은 모든 교과서가 인정하고 있으므로 새삼 설명하지 않겠다.

그럼에도 불구하고 지대세가 자본주의와 맞지 않을 것으로 생각하게 되는 이유는, 지대세를 부과하면 토지 매매가격이 거의 0으로 떨어진다는 놀라운(?) 사실 때문이다. 이 문제에 관한 검토에 대해서는 위에서 소개한 문헌을 참고해 주기 바란다.

부록 2

헨리 조지와 사회주의*

서구의 산업혁명 과정에서 빚어진 극심한 빈곤문제를 해결하기 위해 19세기에 많은 이론과 주장과 운동이 있었는데 그중 가장 유명한 것이 마르크스 사회주의라고 할 수 있다. 그러나 19세기 후반 마르크스주의보다 더 큰 사회적 관심을 끌었던 사람이 있었으니 그가 바로 헨리 조지이다. 이 글은 우선 사회주의에 대한 헨리 조지의 비판을 살펴본 후, 이러한 견해차가 생긴 배경을 추정해 본다. 또 자본을 사회화하자는 사회주의의 제안과는 달리 헨리 조지의 주장대로 지대를 완전히 환수하면 빈곤 퇴치라는 목적을 어느 정도 달성할 수 있는지, 그리고 어떤 보완이 필요한지를 검토한다.

본격적인 논의를 시작하기에 앞서 헨리 조지와 사회주의와의 관계를 알 수 있는 당시의 중요 문헌을 정리해 보자.

첫째로, 헨리 조지의 저서가 있다. 예를 들면 『진보와 빈곤*Progress and Poverty*』(1879), 『사회문제*Social Problems*』(1883), 『보호무역이냐 자유무역이냐*Protection or Free Trade*』(1885), 『노동자의 상태*The Condition of Labor*』(1891), 『정치경제학*The Science of Political Economy*』(1898) 등에서 헨리 조지는 꾸준히 사회주의의 한계점을 지적하고 있다.

둘째로, 헨리 조지가 뉴욕 시장 선거 직후인 1887년 1월 8일에 창간한

* 이 글은 졸저 『지공주의: 새로운 토지 패러다임』(경북대학교출판부, 2009)의 제5장을 개고한 것임.

주간지 『스탠다드*Standard*』에 실린 기사가 있다. 헨리 조지는 사회주의에 관한 자신의 입장을 이 잡지에 몇 차례 발표하였다. 특히 사회주의자와 공식적으로 완전히 갈라서는 계기가 되었던 시라큐즈 전당대회 직전인 7월 30일과 8월 6일에 발표한 두 편의 글을 보면 차별성을 분명히 하면서도 사회주의자의 동참을 호소했던 당시의 분위기를 생생하게 느낄 수 있다. 또 같은 해 12월 31일 자에는 당시 경제학계의 떠오르는 신예학자였던 32세의 일라이(Richard T. Ely)가 사회주의적 입장에서 헨리 조지를 비판한 데 대해 응대한 글도 있다.

셋째로, 헨리 조지와 사회주의자 사이에 벌어진 공개토론이 있다. 헨리 조지는 영국의 대표적 사회주의 이론가인 하인드먼(Henry M. Hyndman)과 1885년 2월에는 잡지를 통해, 1889년 7월에는 런던의 공개집회에서 토론을 하였다. 또 미국의 사회주의자였던 쉐비치(Sergius E. Shevitch)와도 1887년 10월 뉴욕의 공개집회에서 토론을 하였다. 이런 토론 기록에는 서로의 견해차가 분명하게 부각되어 있다.

그 밖에 당시 미국의 대표적 사회주의 이론가였던 그론런드(Laurence Gronlund)의 헨리 조지 비판서도 있다(Gronlund, 1887a; 1887b).

Ⅰ. 협력과 갈등

1. 헨리 조지와 칼 마르크스

우선 헨리 조지(Henry George, 1839~1897)와 사회주의의 비조 칼 마르크스(Karl Marx, 1818~1883)를 간략히 소개한다. 헨리 조지보다 21세 연상인 마르크스는 헨리 조지가 어렸을 때 이미 세계적 명성을 획득하였고 또 유럽 대륙에 커다란 사회적 영향을 미쳤다. 때문에 헨리 조지는 마르크스와 사회주의에 대해 익히 잘 알고 있었다. 마르크스 역시 말년에 헨리 조지의 명성이 갑자기 높아지는 것을 목격하였기 때문에 헨리 조지에 대해 얼마간 알고 있었던 것으로 보인다.

토지개혁가 헨리 조지와 사회주의의 비조 마르크스는 둘 다 빈곤의 원인을 찾고 이를 해결하기 위해 일생을 바친 사람이라는 점, 그리고 빈곤을 퇴치하기 위해서는 사회제도를 근본적으로 개혁해야 한다고 본 점에서는 공통된다. 바로 이런 공통점으로 인해 그들은 서로에게 힘이 되기도 했다. 그러나 빈곤의 원인과 그 해결책에 대해서는 견해가 서로 달랐기 때문에 양자는 본질적으로 융합할 수가 없었다. 헨리 조지는 사회가 진보하는데도 불구하고 빈곤이 사라지지 않거나 더 심해지는 근본원인이 토지의 사유에 있다고 진단하고 그 해결책으로서 토지 지대의 환수를 주장하였다. 그러나 마르크스는 빈곤의 근본원인이 자본의 사유에 있다고 규정하면서 자본의 사회화를 주장하였다.

서로에 대한 평가도 부정적이었다. 헨리 조지는 영국의 대표적 사회주의자 하인드먼에게 보낸 한 편지에서 마르크스에 대해 이렇게 평했다. "마르크스는 분석력과 논리적 사고력이 결여되어 있습니다. 마르크스는 귀하가 생각하시는 것과 같은 과학적 인물이 아님이 확실합니다. … 마르크스는 매우 피상적인 사상가이며 부정확하고 악의에 찬 용어에 빠져 있습니다."(Wenzer, 1997: 175-176)

한편 마르크스는 헨리 조지의 명저 『진보와 빈곤』이 대서양 양쪽에서 선풍적인 인기를 모으던 시기인 1881년, 한 편지에서 헨리 조지를 이렇게 평가하였다. "헨리 조지는 잉여가치의 본질에 대해 전혀 이해하지 못합니다. … [헨리 조지가 주장하는] 국가에 의한 지대의 환수는 우리도 과도기적 조치의 하나로 포함시키고 있습니다."(Marx, 1881)

2. 협력의 시기

헨리 조지는 자신이 의도한 것은 아니지만 사회주의 운동을 활성화하는 데 상당히 기여하였다. 또 사회주의 진영에서도 한때 헨리 조지를 도운 밀월의 시기가 있었다.

헨리 조지는 영국의 사회주의 운동, 특히 1884년에 결성된 온건사회주의 단체인 페비언 협회의 출범에 상당한 영향을 미쳤다. 협회의 핵심 구성원이었던 쇼(George B. Shaw)의 표현에 따르면 당시 영국에서 부활한 사회주의 운동에 가담한 사람 가운데 6분의 5는 헨리 조지의 영향을 받았다(Barker, 1991: 376). 또 페비언 협회의 대표적 지성이었던 웹(Sidney Webb)도 1890년 출간한 『영국의 사회주의*Socialism in England*』에서 『진보와 빈곤』의 대량 보급이 대중적 사회주의 운동을 촉발하는 데 엄청난 영향력을 미쳤다고 지적하였다. 특히 그는 1889년 헨리 조지에게 보낸 편지에서 사회주의자들이 심하게 공격하더라도 공통의 목표를 위해 사회주의와의 차별성을 강조하지 말도록 부탁하기도 하였다(Silagi, 2000: 43).

또 1886년 가을 헨리 조지가 중앙노동조합(Central Labor Union)의 추대로 뉴욕 시장에 출마했을 때 사회주의 진영은 헨리 조지를 적극 지지한 바 있다. 중앙노동조합은 1881년 말에 수많은 노동단체가 단결하여 결성한 단체로 뉴욕의 노동자를 대변하고 아일랜드의 토지개혁운동을 지지하였다.[2]

당시 헨리 조지를 지지한 인사 중에서 이 글과 관련하여 주목할 만한 사람으로는 마르크스의 막내딸 엘레아노 마르크스(Eleanor Marx)와 엘레

2 노동조합의 정치화는 요즘 우리나라의 관심사이기도 하여, 그 경과를 조금 자세히 살펴보기로 한다. 중앙노동조합은 노동대중의 이익을 위해서 정치참여가 필요하다고 보고 1882년 가을 연방·주·지방 선거에 후보를 내었으나 노동단체의 정치참여에 대한 노동계 내부의 이견도 있고 해서 별다른 성과를 올리지 못하였다. 그 후 1886년이 되자 중앙노동조합은 8월 5일 대회를 열고 정치참여 문제를 다시 논의하였다. 이 대회에 참가한 단체는 165개, 참석한 대의원 수는 402명이었고, 전체 회원 수는 5만 명에 달하는 규모였다(Post and Leubuscher, 1961: 6). 열띤 토론 끝에 선거에 참여하기로 결정하고 8월 19일 다시 모여 7인 위원회를 구성하였다.

이런 과정에서 헨리 조지가 유력한 뉴욕 시장 후보로 거론되었다. 헨리 조지는 빈곤의 근본 원인이 토지사유제라는 내용의 명저 『진보와 빈곤』을 1879년에 출판하여 1880년대 초에 세계적 명성을 얻게 되었

아노의 연인이었던 아벨링(Edward Aveling)을 들 수 있겠다. 엘레아노는 마르크스가 '친구이자 동지'라고 부를 정도로 신뢰했던 자신의 딸이었고, 1883년 마르크스가 런던에서 타계하기 직전 병간호를 하기도 하였다. 엘레아노와 아벨링은 마르크스의 가족이기도 하지만 당시 사회주의 이론과 운동 양면에서 활약이 많았던 인물이기도 하였다. 두 사람은 하인드먼이 이끈 사회민주연합(Social Democratic Federation)에 참여했고, 1884년부터는 사회주의자연맹(Socialist League)을 결성하여 활동하기도 하였다.

이처럼 헨리 조지는 1886년 시장 선거 당시에는 마르크스의 가족과 사회주의자를 포함하는 범노동계의 지지를 얻었다. 이런 여러 사실로 볼 때 헨리 조지와 사회주의 진영 사이에는 한때나마 동지적인 관계가 있었음을 알 수 있다.

3. 갈등의 시기

그러나 뉴욕시장 선거가 끝나자마자 양자는 갈라서게 된다. 선거가 끝난 지 1년도 채 안 된 1887년 8월 17일, 뉴욕 주 시라큐즈(Syracuse) 시에서 열린 연합노동당(United Labor Party)의 전당대회가 결별의 시발점이

는데, 빈곤의 문제는 곧 노동자의 문제였기 때문에 노동계에서는 헨리 조지에 대해 상당한 호감을 가졌고 또 당시의 부패한 정치에 맞설 수 있는 개혁성향의 인물로서 그만 한 사람이 없었기 때문이다.

노동계에서 출마 의사를 타진하자 헨리 조지는 상당히 망설였다. 그전의 선거에서 노동단체 후보의 득표율이 좋지 않았다는 점도 고려하지 않을 수 없었고, 그러나 혹시라도 결과가 좋으면 자신이 추구해 온 이상이 현실에 뿌리내리는 계기가 될 수 있다는 기대도 가졌기 때문이다. 생각 끝에 헨리 조지는 유권자 3만 명의 지지를 확보하면 출마한다는 조건을 내세웠다. 실제 선거에서 당선된 후보의 득표수가 9만 표를 약간 상회하였음을 생각하면 선거 실시 전의 지지자 3만 명은 상당한 규모였고 어느 정도의 당선 가능성까지 기대할 수 있는 숫자라고 볼 수 있다.

한 달가량이 지난 후 중앙노동조합이 3만 4천여 명의 서명을 받아오자 헨리 조지는 약속대로 출마를 수락하였다. 민주당과 공화당의 구도 속에서 무소속 출마는 어려움이 많았고 뉴욕의 주요 언론도 그를 지지하지 않았다. 반면 노동계를 비롯하여 개혁을 열망하는 인사의 지지는 상당했으나 11월 3일 실시된 선거에서 헨리 조지는 약 6만 8천 표를 얻어 아깝게도 2위로 낙선하였다. 당시 3위는 후일 대통령이 된 테오도어 루즈벨트였다.

되었다. 연합노동당이란 중앙노동조합의 새로운 이름이다.

연합노동당의 정강에 자본의 국유화를 명시하자고 주장했던 사회주의자들은 이 주장이 수용되지 않자 당에서 철수하고 말았다. 이 시기를 전후하여 헨리 조지와 사회주의 진영 간에 치열한 이념 논쟁이 벌어졌다. 연합노동당은 그해 뉴욕 주의 각급 선거에서 후보를 내었고, 헨리 조지 역시 뉴욕 주의 외무장관(secretary of state)으로 출마하였으나 별다른 성과를 올리지 못하고 말았다. 사회주의자의 지지표가 사라졌다는 점도 헨리 조지가 선거에서 패배하게 된 요인 중 하나로 작용하였다.[3]

Ⅱ. 사회주의에 대한 헨리 조지의 비판

헨리 조지는 사회주의의 목표와 이상을 높게 평가하였지만, 사회주의 이론에 대해서는 비판적이었다. 사회주의에 대한 헨리 조지의 비판은 용어가 부정확하다, 임금결정이론이 논리의 비약이다, 경쟁을 무조건 나쁘

3 선거결과에 영향을 미친 또 하나의 중요한 요인으로 '빈민 목회자'로 알려진 맥글린(Edward McGlynn) 신부의 파문 사건이 있다. 이 사건은 당시의 상황을 이해하는 데 도움이 되므로 소개해 둔다.
맥글린 신부는 뉴욕 시장 선거 때 헨리 조지를 열렬히 지지하였고, 1887년 5월에는 헨리 조지와 함께 빈곤추방협회(Anti-Poverty Society)를 결성하여 스스로 회장을 맡기도 하였다. 그런데 당시 뉴욕의 코리건(Michael Corrigan) 대주교는 헨리 조지의 토지사상이 "부당하고 위험하며 교회의 가르침에 어긋난다"고 비판하면서 맥글린 신부에게 "정치에 관여하지 말라"고 경고하였다. 맥글린 신부가 이에 불복하자 사제직을 정지시키고 그를 바티칸으로 소환하였다. 맥글린 신부는 소환에 응하지 않았고 결국 그해 7월 파문되고 말았다.
당시 헨리 조지의 사상은 토지문제로 다른 어느 나라보다 심한 고통을 겪고 있던 아일랜드 국민으로부터 큰 지지를 얻었었는데 맥글린 신부 자신도 아일랜드 출신으로서 대부분 가톨릭교도인 아일랜드계 미국인들에게 큰 영향력이 있었다. 그래서 뉴욕 시장 선거에서는 아일랜드계가 헨리 조지를 지지했었으나, 맥글린 신부의 파문 이후에는 헨리 조지에 대한 지지가 상당히 감소하였다. 이 점도 헨리 조지가 1887년 뉴욕 주 외무장관(secretary of state) 선거에서 참패한 원인 중 하나로 꼽힌다. 맥글린 신부는 5년 뒤인 1892년 크리스마스에 복권되었다.

게 본다, 토지만이 아니라 자본까지 문제 삼는다, 정부에 너무 의존한다는 등으로 요약될 수 있다. 지금부터 하나씩 살펴보기로 하자.

1. 용어의 문제

헨리 조지는 사회주의 이론의 핵심 개념조차 제대로 정의되지 않은 채 사용되고 있다고 비판하였다. 헨리 조지는 용어의 정의를 매우 중요하게 생각한 사람이었다.

> 언어를 마음속에서 정확하게 사용하지 않으면 생각도 정확하게 할 수 없다. … 용어를 확실하게 정의하는 것이 모든 학문에서 중요하지만 경제학에서는 특히 중요하다. … 부, 가치, 자본, 토지, 노동, 지대, 이자, 임금, 화폐 등의 용어에 정확한 의미를 부여하는 것이 절대적으로 필요하다. (George, 1898: xliii)

용어 정의의 중요성은 헨리 조지만이 아니라 학문을 하는 사람이라면 누구나 강조하는 것이다. 그런데 마르크스는 핵심용어를 정의하지 않고 사용한 경우가 많다. 예를 들어 마르크스 이론의 핵심은 자본주의에 대한 비판이고, 그의 주 저서의 제목 역시 『자본』인데도 '자본'의 개념부터 확실하게 정의되어 있지 않다. 『자본』 해설서에 이런 말이 나온다.

> 마르크스는 자본을 논의하면서 자본을 정의하지 않고 시작한다. … 일반 경제학에서는 자본을 건물, 기계 등과 같은 특정의 상품, 즉 '생산된 생산수단'이라고 정의하는데 마르크스가 말하는 자본은 이와 전혀 다르다. 마르크스가 일정액의 자본(예를 들면 1백만 파운드의 자본)이라고 할 경우에는 화폐에서 상품으로, 그리고 다시 화폐로 계속해서 변형되는 일정액의 가치를 말한다. 또 단수명사, 즉 'a capital'이

라고도 표시할 때는 특정의 기업 또는 개인 자본가를 의미하는 수가 많다. (Brewer, 1984: 34-35)

또 하나의 예로 마르크스 이론의 핵심용어인 '착취'를 들 수 있다. "마르크스는 착취란 계급분화된 사회에서는 항상 존재하는 일상적이고 고질적인 현상이라고 보았다. 그러나 마르크스가 말하는 착취에 대해서는 학설이 구구할 정도로 그 개념이 그리 명확하지는 못하다."(이정전, 1993: 236) 또 하나의 핵심개념인 '임금'의 결정에 관해서도 역시 "노동력의 가치가 구체적으로 어떻게 결정되는지에 대해서는 한마디로 분명하게 언급하지 않은 채 자본론에서 몇 가지 다른 견해를 표명하고 있다."(이정전, 1993: 239)

이처럼 사회주의 이론에서 핵심용어를 정의하지 않았거나 일관되게 사용하지 않았기 때문에, 용어의 엄격한 정의를 중시하는 헨리 조지는 사회주의 이론에 대해 좋지 않은 인상을 받았던 것으로 보인다.

또 같은 용어를 사회주의 이론과 일반 경제학에서 서로 다른 개념으로 사용하는 경우도 있는데, 이 점이 상호 오해의 한 원인이 되기도 하였다. 예를 들어 '자본'이라는 용어를 사회주의 이론이 명확하게 정의해서 일관되게 사용했다고 하더라도 자본을 '생산된 생산수단'으로만 정의하는 일반 경제학에서는 오해할 수 있다는 것이다. 이런 오해는 물론 마르크스의 잘못이 아니다.

2. 임금결정이론의 논리적 비약

노동자층의 빈곤은 곧 저임금을 의미하므로 빈곤의 원인 설명에서 임금결정이론은 매우 중요하다. 그런데 헨리 조지는 사회주의가 제시하는 임금결정이론이 문제의 궁극적 원인은 캐지 않고 논리적 비약을 통해 결론에 도달한다고 보았다. 헨리 조지의 말을 인용해 보자.

> [사회주의 이론에 의하면] 고용주는 상품을 구매하듯이 노동을 구매하며 임금 역시 일반 상품의 가격 결정과 동일한 법칙의 지배를 받는다. 그래서 고용주는 이렇게 결정되는 임금을 지불해야 하며 노동자도 이런 임금을 요구할 수밖에 없다. 그 법칙이란 현재의 사회 상황에서 자신의 유지와 재생산을 위해 노동자가 동의하게 될 최저액으로 결정된다는 것이다. 사회주의 이론에서는 노동자 간의 취업경쟁으로 인해 임금이 이러한 최저선으로 내려가고 또 그 선에 머문다고 가정하며, 이를 일반법칙화 하여 임금철칙이라고 부른다. 노동자가 창조하는 가치 중 고용주가 노동자에게 임금으로 지급하지 않고 자신이 가지는 부분을 잉여가치라 하는데, 그 크기는 전체의 4분의 3 내지 절반 정도라고 한다. (Wenzer, 1997: 142).

이처럼 사회주의는 잉여가치의 발생과 자본가의 착취를 빈곤의 근본 원인으로 꼽고 있다. 그러나 헨리 조지는 이런 설명에 대해 "더 나아가서 그 이유를 찾아야 하는데도 사회주의는 이런 경향이 임금체계에 내재해 있다고 가정하고 자유경쟁에 따른 불가피한 결과라고 치부해 버린다"고 비판한다(Wenzer, 1997: 143).

사회주의는 임금 역시 노동가치설에 따라 결정된다고 하여, 노동자가 빈곤할 수밖에 없는 궁극적인 이유를 나름대로 제시하였다고 하겠지만, 헨리 조지가 보기에 그것은 이유가 아니라 하나의 가정이거나 또는 당시 비참했던 노동자의 처지를 단순히 묘사한 것에 불과했다. 헨리 조지는 바로 이런 점 때문에 사회주의를 미완성의 성급한 이론이라고 보았다.

3. 경쟁의 역할에 대한 오해

사회주의에서는 노동자 간의 경쟁이 빈곤의 원인이기 때문에 경쟁을 철폐해야 하고, 그렇게 하려면 자본의 사회화가 불가피하다고 하였다. 그러나 헨리 조지의 견해는 다르다. 경쟁에 관한 헨리 조지의 견해를 직접 들어보자.

> 인간이 경쟁에 치여 극도로 비참해지는 모습을 보고 경쟁을 철폐해야 한다고 성급한 결론을 내리는 사람은, 집이 화재로 무너지는 것을 보고 불의 사용을 금지하려는 사람과 같다. 생활과 노동의 필수 요소에 대한 권리를 부정당하는 계층이 있다면 경쟁은 일방적이 되고, 인구가 증가함에 따라 그런 최하계층은 사실상의 노예상태, 심지어는 굶주리는 상태에까지 몰린다. 그러나 모든 인간의 자연권이 보장된다면 경쟁은 모든 당사자에게 작용하여 피고용자 사이에서만이 아니라 고용주 사이에서도 경쟁이 있고, 판매자 사이에서만이 아니라 구매자 사이에서도 경쟁이 있게 되므로 아무도 해를 입지 않는다. 오히려 경쟁으로 인해 가장 단순하고 광범위하고 탄력적이고 세련된 협동 체제가 이룩된다. (George, 1885: 307)

> 그들이 "임금철칙"이라고 부르는 현상은 임금의 자연법칙이 아니며 인간이 삶과 일에 필요한 원료를 박탈당함으로써 생기는 부자연스러운 상황에서 나타나는 임금법칙일 뿐이라는 사실을 이해하지 못합니다. 그들이 경쟁의 폐해라고 하는 것이 실은 제약된 상황에서 이루어지는 경쟁, 즉 토지를 박탈당한 사람들이 처한 일방적 경쟁의 폐해라는 사실을 이해하지 못합니다. (George, 1891: 60-61)

이처럼 헨리 조지는 토지가 개방되지 않은 상태에서 벌어지는 노동자 간의 일방적인 경쟁이 문제이지, 경쟁 그 자체는 사회에 이익이 된다고 반박하였다.

4. 지나친 정부 의존

사회주의는 계획경제를 주장한다. 예를 들어 헨리 조지 비판서를 출간했던 사회주의자 그론런드에 의하면 정부는 통계자, 관리자, 중재자의 세 가지 역할을 한다. 통계자로서 얼마를 생산할 것인가를 결정하고, 관리자로서 작업 분배와 수행과정 감독을 담당하며, 중재자로서 사회 각 부분 간에 정의가 실현되는지를 살핀다는 것이다(Wenzer, 1997: 144).

그러나 이처럼 정부 역할이 커지는 데 대해 헨리 조지는 비판적이었다.

> 사회주의에도 진리가, 아주 중요한 진리가 있다. 문명이 발전하면 정부의 통제가 필요한 영역이 많아진다는 것이 바로 그 진리이다. 철도, 전보, 가스, 수도 등의 공공사업이 그 예가 된다. 그러나 바로 이런 점 때문에, 민간에 맡겨 두어야 할 일에 정부가 나서는 것을 조심스럽게 감시해야 한다. 현재 정부의 간섭이 너무 많은 분야가 있는가 하면 너무 적은 분야도 있다. 정부의 영역과 민간의 영역을 가르는 경계선은 자유경쟁으로는 자유로운 행동과 자유로운 발전을 이룰 수 없는 그 지점에 그어져야 한다. 우리가 추구해야 하는 위대한 목표는 자유의 보장이다. 다른 사람의 동일한 자유를 보장하는 범위 내에서 모든 사람의 자유를 최대한 보장해야 한다. (Wenzer, 1997: 141)

위의 인용문에서 보듯이, 헨리 조지도 정부가 나서야 하는 영역을 인정한다. 공공사업처럼 자연독점이 발생하여 자유경쟁이 불가능한 영역은 정부가 담당해야 한다고 본다. 그러나 그 외의 영역은 민간에 맡겨 자유를 보장해야 한다고 하였다.

5. 자본 사회화의 문제

헨리 조지는 토지를 포함한 자본 모두를 사회화해야 한다는 사회주의의 주장에 대해 비판적이다. 여기서 먼저 분명히 해두어야 할 점은, 사회주의가 사회화해야 한다고 말하는 자본은—위에서도 지적하였듯이—일반 경제학에서 말하는 자본(즉 '생산된 생산수단')이 아니라, 노동의 대상인 토지와 원료 그리고 노동의 수단인 도구 일체를 포함하는 의미에서의 자본이라는 점이다.

경쟁에 관한 위의 인용문에서도 보듯이 "생활과 노동의 필수 요소에 대한 권리를 부정당하는 계층은 사실상의 노예상태, 심지어는 굶주린 상태에까지 몰린다"라고 보는 점에서 양자는 공통된다. 그런데 사회주의는 그 '필수 요소'를 자본으로 보는 반면 헨리 조지는 토지로 본다는 점에서 서로 다르다.

사회주의는 잉여가치 발생과 그 착취를 자본주의 생산체제의 불가피한 결과로 보기 때문에 그러한 생산체제를 통째로 사회화해야 한다고 주장하였다. 반면 헨리 조지는 일반적 의미의 자본은 자연에 노동을 가하여 얼마든지 생산할 수 있기 때문에 토지(즉 자연)의 독점을 막고 노동에 개방하는 것으로 족하며, 또 그것으로 그쳐야 한다고 주장하였다.

이 문제는 빈곤 퇴치의 방법론으로서, 양자의 견해차 가운데 핵심적인 부분이므로 아래의 Ⅳ에서 자세히 논의하기로 한다.

Ⅲ. 견해차를 발생시킨 배경적 이유

지금까지 헨리 조지가 사회주의에 대해 어떤 비판을 가했는지를 살펴보았다. 이런 견해차가 발생하는 데는 기본적으로는 학문상의 이유가 있을 것이다. 그러나 여기에서는 견해차를 야기한 배경적인 이유만을 생각해 보기로 한다. 이를 위해서는 헨리 조지와 마르크스, 이 두 사람이 처했던 사회 상황 및 개인의 특성을 검토해야 한다.

1. 사회 상황의 차이

1) 경제 상황

헨리 조지가 살았던 사회와 마르크스가 살았던 사회의 경제 상황에는 차이가 있었다.

마르크스 등 사회주의자들은 자본가계급이 생산수단을 독점하고 있어 생산수단이 없는 노동자가 일자리를 구걸할 수밖에 없는 처지에 놓인 사회를 상정하고 있다. 이런 사회에서는 임금이 노동력을 겨우 유지할 수 있는 최저액으로 결정될 것이고, 또 노동자가 임금 이상의 가치를 생산한다면 그런 잉여가치는 모두 고용주, 즉 자본가에게 돌아간다고 보아도 무리가 없다.

반면 헨리 조지는 근본적으로 토지와 노동만 있으면 생산이 가능하며 자본가와 노동자의 절대적 구별이 없는 사회를 상정하고 있다. 이런 사회에서는 토지가 개방되어 있으면 노동자는 쉽게 자기 일을 찾을 수 있으며, 사회의 최저임금은 지대가 발생하지 않는 한계토지에서 노동이 생산하는 전부가 된다. 노동자도 부지런히 노력하면 조금씩이나마 자본을 축적할 수 있으므로 자본가를 겸하게 되고 대자본가도 될 수 있다. 이런 사회에서는 경쟁이 노동자 간에만 존재하는 것이 아니라 자본가와 자본가, 자본가와 자가노동자 간에도 존재하기 때문에 자본가가 잉여가치를 일방적으로 착복하는 일은 있을 수 없게 된다.

대다수 주민이 믿을 것이라고는 자기 몸 하나밖에 없는 무력한 노동자로 전락해 버린 암담한 사회라면 사회주의 쪽의 사회관이 그럴듯하게 보인다. 그러나 토지만 개방되면 노동자도 어렵지 않게 자영업을 시작할 수 있어 남에게 일자리를 구걸할 필요가 없는 사회라면 헨리 조지의 말이 더 그럴듯하게 들린다. 따라서 두 사람의 견해차에는 당시 경제 상황의 차이가 작용했을 것이다.

유럽 대륙은 오래전부터 토지가 독과점되어 노동자가 토지를 쉽게 취득할 가능성은 거의 없었다. 그러므로 마르크스는 이런 희박한 가능성을 가지고 사회개혁안을 마련할 생각은 아예 하지 않는 것이 자연스러웠을 것이다. 반면 헨리 조지가 살았던 미국에서는 토지가 상당한 정도로 개방되어 있었다. 대표적인 사회주의 이론가였던 엥겔스(Friedrich Engels)도 『영국 노동계급의 상태』의 서문에서, 1885년까지 미국에는 서부 개척지의 값싼 토지가 있어 유럽식의 무산계급이 존재하지 않았다는 것이 거의 일치된 견해라고 하였다(Harrison, 1979: 213). 이런 사회 환경에서 자란 헨리 조지는 토지만 개방되면 노동자도 충분히 잘살 수 있고 착취도 존재할 수 없다고 생각했을 것이다.

2) 국민의 정부관과 정부의 행정능력

두 사람이 살았던 나라의 국민 일반이 가진 정부관에도 차이가 있었다. 마르크스가 태어난 독일 등 유럽 대륙에서는 단체주의 전통이 강하여 정부가 공동체의 관리기구 내지 지도기구 역할을 하는 것을 국민들이 당연시했다. 반면 헨리 조지가 태어나 살았던 미국은 개인주의 전통이 강해 국민들은 정부가 커지는 데 대해 경계심을 가지고 있었다.

또 정부가 발휘했던 행정능력의 차이도 양자의 견해차에 상당한 영향을 주었을 것으로 보인다. 미국 행정학의 비조로 일컬어지는 윌슨(Woodrow Wilson)이 당시 미국과 유럽의 행정능력에 대해 비교 평가한 부분을 인용해 보자.

> 우리 미국에서는 정부에 큰 어려움이 없었다. 모든 국민에게 여유와 풍족한 직업이 보장된 신흥 국가에서, 자유로운 정부원리가 있고 현실정치의 숙련된 기술이 무제한 발달한 곳에서 우리는 오랫동안 행정에 필요한 계획이나 방법에 관해 주의를 기울일 필요가 없었다. 헌정의 발전이라는 면에서는 미국이 유럽국가에 앞섰지만, 신중한 행정

적 조정 능력이라든지 보다 많은 행정적 지식이 필요한 이 시기에 우리는 유럽에 비해 훨씬 뒤떨어져 있다. …

[반면] 과거에 절대주의 지도자가 지배했다가 그 후 치자는 피치자의 하인이라는 사실이 누구에게나 명백해진 시기에 이르러서는 계몽된 나라로 바뀐 [유럽 각국의] 정부는 현재 행정능력이 앞서 있다. 이들 정부에서의 행정은 잘 조직화되어 마치 한 사람이 일을 처리하듯이 단순하고 효과적으로 국민의 복리를 증진시킨다. (Wilson, 1887)

당시 유럽 각국 정부의 탄압을 받기는 했지만 마르크스 역시 유럽의 정부가 능률적이라는 점에는 동의했을 것이고, 그렇다면 프롤레타리아가 장악하는 정부가 주도하여 사회 전반을 운용하자는 발상을 했을 법도 하다. 반면 마르크스가 헨리 조지처럼 개인주의 전통이 강하고 더구나 정부가 능률적이지 못한 사회에서 살았다면, 정부의 권한을 강화하는 방안을 제시하기는 어렵지 않았을까?

이 점에 관해 헨리 조지도 다음과 같이 언급한 바 있다.

영어권 국민의 사고에는 개인주의 전통이 강하게 배어 있고 또 미국에는 유럽 대륙과는 달리 정부가 지시하고 관리하는 능력이 발달되지 않았다. 독일식 사회주의가 미국에서는 유럽 대륙과 같은 영향을 미치지 못하는 이유가 여기에 있다. 국가사회주의는 정부의 지도와 지시에 익숙해져 있는 사회, 정부를 특별한 시혜자로 보고 기대를 거는 사회의 산물이다. (Wenzer, 1997: 141)[4]

4 연합노동당의 뉴욕 주 전당대회가 있기 직전, 즉 사회주의자와 공식적으로 결별하기 직전에 쓴 글인데, 이런 미묘한 시점에 사회주의 쪽과의 화해 가능성을 열어 두려는 생각에서 "당신의 주장이 틀렸다는 것이 아니라 적어도 미국에는 맞지 않다"라고 완곡하게 표현했을 수도 있겠다. 그러나 그렇다고 해도 국가의 문화에 따라 주장의 타당성이 다를 수 있다는 점은 분명히 인정한 것으로 볼 수 있다.

2. 개인적 특성의 차이

마르크스는 사회를 계급투쟁으로 인식하고 결국 자본가계급을 타도해야 한다고 하였다. 반면 헨리 조지는 모든 계층이 조화롭게 사는 세상을 이상으로 삼았다. 이런 차이는 대인관계와 인생경험 등 개인적 특성에서 비롯되었을 가능성도 있다.

1) 대인관계

마르크스는 대인관계가 원만하지 못했으나 헨리 조지는 그렇지 않았다. 두 사람이 모두 잘 알고 지냈던 하인드먼과의 관계를 예로 들어 차이를 알아보자.

하인드먼은 좋은 인품을 가진 사람으로 알려져 있다. 마르크스의 전기에 의하면 하인드먼은 성실하고 솔직했으며 우호적이고 비공격적이었다고 한다(Berlin, 신복룡 역, 1982: 311). 그는 헨리 조지와 의견이 달랐지만 헨리 조지 가족이 1881년 런던을 방문했을 때 몇 주간 자기 집에 묵도록 해주었다. 이를 보더라도 하인드먼의 인품을 짐작할 수 있다.

하인드먼은 마르크스를 19세기의 아리스토텔레스라고 불렀을 정도로 존경했고, 마르크스가 사망하기 수년 전까지는 두 사람이 서로 아주 좋은 관계를 유지하고 있었다. 그러나 하인드먼이 사회주의를 소개하는 책 『만인을 위한 영국*England for All*』을 출판하면서 마르크스에 대한 감사의 말을 넣지 않은 적이 있었는데, 이 때문에 두 사람의 사이가 틀어지고 말았다. 하인드먼은 마르크스에게 "영국인들은 외국인에게 배운다는 사실을 좋아하지 않고 당신의 이름이 이곳에서 너무 나쁘게 알려져 있기 때문"이라고 해명하였는데, 이런 해명에 기분이 상한 마르크스는 하인드먼이 표절했다고 공격하면서 그와의 교류를 끊어 버렸다(Berlin, 신복룡 역, 1982: 312).

반면 헨리 조지는 이념이 서로 맞지 않는 상대에 대해서는 비판도 하고 행동을 달리하기도 하였지만, 인간적으로 무시하거나 인연을 끊은 일은 없었다. 예를 들면 헨리 조지는 사회개혁에 대해 하인드먼과 견해를 달리하였으나 두 사람은 좋은 관계를 유지하였다(Silagi, 2000: 40). 사회주의자와 공식적으로 결별한 이후인 1889년 두 사람이 런던에서 가진 공개토론 기록에는 각자의 입장을 양보하지 않으면서도 서로 예의를 갖추는 모습이 잘 드러나 있다(Hyndman, 1889).

대인관계나 사회관계가 원만하지 못한 사람은 타인, 사회, 기성제도를 적대시하고 타도의 대상으로 삼을 가능성이 높은 반면, 원만한 사람은 화해를 모색하고 건설적인 관계를 추구할 가능성이 높을 것이다. 사회개혁의 방법을 제시할 때에도 이런 차이점이 영향을 주지 않았을까 생각된다. 마르크스는 폭력혁명의 방법을 써서라도 기존의 자본주의 체제를 전복시켜야 한다고 주장하였다. 반면 헨리 조지는 "커다란 개혁은 과거의 형식을 통해서 가장 잘 이루어질 수 있다"라고 하면서 특정 계층의 타도나 토지사유제의 전면 철폐가 아닌 세제 개편만을 주장하였다(George, 김윤상 역, 1997: 391).

2) 인생 경험

헨리 조지는 맨손으로 자수성가한 사람이다. 미국의 서부개척기에 청소년기를 보낸 그는 토지만 있으면 자립하는 사람들을 많이 보았다. 그러나 부유한 가정에서 태어난 마르크스는 평생 자신의 손으로 가족의 생활비를 벌지 못한 채 엥겔스로부터 경제적 도움을 받으며 살았던 사람이었다. 또 병약했기 때문에 맨손으로 자립하기도 어려웠다.

이런 차이가 사회 현실을 인식하는 데에도 작용하였을 수도 있다. 마르크스는 개인의 생계를 국가가 책임져 주는 사회를 기대하게 되었고, 헨리 조지는 자립을 원칙으로 하는 사회를 기대하게 된 것으로 추측된다.

Ⅳ. 지대환수의 빈곤 퇴치 효과

지금까지 보았듯이 헨리 조지는 여러 면에서 사회주의자들과 견해 차이를 보인다. 양자 모두 빈곤 퇴치를 궁극적인 문제로 인식하고 있었으나 대책에 있어서는 상당한 차이를 보이고 있다는 점이 중요하다. 헨리 조지는 빈곤 퇴치가 지대의 환수만으로도 충분하다고 본 반면, 사회주의는 자본의 사회화가 필요하다고 보았다. 아래에서는 이러한 핵심적인 차이점을 좀 더 자세히 검토하고, 헨리 조지의 임금이론을 현대 상황에 맞게 수정하여 지대환수가 빈곤 퇴치에 어떻게 기여할 수 있는가를 살펴보자. 아울러 추가적으로 필요한 정책은 무엇인가도 생각해 보기로 하자.

1. 지대환수에 대한 사회주의의 입장

사회주의는 지대환수만으로는 빈곤을 퇴치할 수 없다고 보았다. 지대환수에 대한 사회주의 입장을 이해하기 위해 우선 토지문제를 다룬 마르크스의 『자본』 제3권을 읽어 보자.

> 자본의 이윤(기업이득+이자)과 지대는 잉여가치의 특수한 구성부분으로서 이 잉여가치가 자본에 귀속되는가 아니면 토지소유자에게 귀속되는가에 따라 구별되는 범주에 불과하며, 잉여가치의 본질을 변경시키지는 않는다.
>
> 토지 소유는 현실적인 생산과정과는 아무런 관련도 없다. 토지 소유의 역할은 생산된 잉여가치의 일부를 자본의 주머니로부터 자기 자신의 주머니로 이전시키는 일에 한정되어 있다. (Marx, 김수행 역, 1991: 1012)

이처럼 마르크스는 지대를 잉여가치의 일부로 보면서 토지 소유는 생산과정과 무관하다고 하였다. 또 대토지소유는 노동자로부터 노동조건을 수탈하는 전제이고 조건이라고 보았다(Marx, 김수행 역, 1991: 1012). 이런 관점을 가진 마르크스는 지대의 사회화가 필요하다는 점에는 당연히 동의하였다. 그러나 이는 어디까지나 과도기적 조치일 뿐이고, 빈곤의 원흉인 잉여가치의 착취현상을 없애려면 그가 말하는 '자본'의 사회화가 필요하다고 주장한다. 이런 견해에 대해서는 헨리 조지와 논쟁을 벌였던 하인드먼이나 쉐비치도 동조하였고, 헨리 조지 비판서를 낸 그론런드도 마찬가지였다. 그 하나의 예로 1889년 런던에서 열린 헨리 조지와의 공개토론에서 하인드먼이 지적한 핵심적인 비판을 인용해 보자.

> 공장이나 부두에 가서 일자리를 구걸하던 사람은, 지대를 완전히 징수하는 제도가 실시된다고 하더라도 역시 공장 문 앞에 가서 구걸을 할 것입니다. 이 비참한 임금노예는 그런 제도를 실시하고 10년이 지나더라도 지금과 똑같은 상태에 놓여 있을 것입니다. 덕 보는 사람은 현재 노동자 덕분에 거대한 재산을 축적하고 있는 부자들뿐일 것입니다. (Hyndman, 1889)

또 쉐비치는 1887년의 공개토론에서, 토지가 개방되면 노동자의 생활이 나아진다고 하는 헨리 조지의 주장을 이렇게 반박하였다.

> 토지가 있다고 해도 노동자들이 어떻게 집을 짓겠습니까? 맨손으로, 손톱으로, 맨발로? 노동의 수단을 구입할 돈이 어디 있습니까? 생산의 엔진인 자본이 어디 있습니까? 노동자에게는 없습니다. 토지가 자본을 줍니까? 토지 생산에서 생기는 물자로 살아가려면 기계가 필요한데 기계를 어디에서 구합니까? (Wenzer, 1997: 150)

이들의 견해를 종합하면, 노동자에게 필요한 자본이 독점되어 있는 상황에서는 지대를 환수하거나 토지를 국유화한다고 해도 노동자의 삶은 개선되지 않을 것이므로 헨리 조지의 주장은 매우 불충분하다는 것이다.

2. 헨리 조지의 반론

이런 비판에 대해 헨리 조지가 토론 상대방에게 직접적으로 제시했거나 여러 문헌을 통해 간접적으로 제시한 반론을 보자.

헨리 조지는 우선 토지의 독점이 없어지지 않는 한 노동자의 생활이 개선되지 않는다고 하였다.

> 노동을 투입해서 부를 생산하려면 토지가 필요하기 때문에 노동에 필요한 토지를 장악하면 노동의 열매 중에서 노동자의 생존에 필요한 부분을 제외한 나머지를 전부 장악하게 된다.
>
> 토지가 독점되면 물질적 진보가 극도로 이루어지더라도 임금이 오르지 않으며 노동밖에 가진 것이 없는 계층의 생활은 나아지지 않는다. (George, 김윤상 역, 1997: 281, 282)

그러나 이 점은 사회주의 쪽에서도 동의하는 내용이다. 그러므로 양자의 차이점은 토지 독점의 철폐 이외에 필요한 조치가 무엇인가에 있다.

다음으로, 위에서 인용한 쉐비치와의 공개 토론에서 헨리 조지가 직접 응수한 대목을 보자.

> 쉐비치 씨는 "땅이 있다 한들 맨손으로 무엇을 하겠는가?"라고 질문하였습니다. 극빈층이 땅을 가지고 무엇을 할 수 있는지를 보여 주는 여러 사례가 이 도시[뉴욕]에도 있습니다. 스쿼터타운(Squattertown)

에 가 보십시오.[5] 거기에는 사람들이 빈 땅에, 볼품은 없어도, 집을 짓고 살고 있습니다. 다른 곳에서도 땅만 주면 누구나 어떻게든 그 땅을 활용하게 됩니다. (Wenzer, 1997: 155)

이처럼 헨리 조지는 특별한 자본이 없어도 공지에서 집을 짓고 사는 빈민층의 예를 들면서, 자본이 없으면 노동자가 아무것도 할 수 없다는 쉐비치의 주장을 반박하였다. 그러나 이러한 반박이 쉐비치의 극단적 비판론을 잠재울 수는 있겠지만 아직 충분하다고는 할 수 없다. 볼품없는 집을 짓고 산다는 사례만으로는 노동자의 빈곤 철폐라는 목표가 달성되었다고 말할 수 없기 때문이다. 그러므로 지대환수와 노동자 임금 간의 관계에 관한 헨리 조지의 주장을 전반적으로 살펴볼 필요가 있다.

헨리 조지는 지대를 환수하면 다음과 같은 효과를 통해 빈곤이 해소된다고 하였다.

첫째로, 지대환수에 따라 다른 세금이 감면되면서 나타나는 효과이다. 노동자 임금에 대해 직접 부과되는 소득세나 사회보장세를 감면하면 세후 소득이 올라간다는 사실은 가장 직접적이고 가시적인 효과로서 더 이상 설명이 필요 없을 것이다. 또 소득세 외에도 부가가치세나 관세 등을 감면하면 그만큼 물가가 하락하므로 노동자의 실질소득이 올라간다.

둘째로, 지대가 정상화됨으로써 임금을 높이는 효과이다. 분배 국민소득은 지대, 임금, 이자로 구성되는데, 토지투기가 만연하여 지대가 부풀려져 있는 사회에서는 지대가 임금과 이자를 그만큼 잠식한다. 그런데 지대를 환수하면 토지투기가 사라지고 지대가 부풀려지는 일이 없으므로 임금이 잠식되지 않는다.

5 스쿼터타운은 섄티타운(Shantytown)이라고도 하며, 당시 가난한 아일랜드 계통의 이민자들이 많이 살던 맨해튼 북부의 빈민지역이었다. 땅값이 매우 비싼 지역이었지만 거의 방치되어 있어 지역 주민들은 상당 기간 그 땅을 무상으로 사용하고 있었다.

헨리 조지는 이처럼 눈에 쉽게 드러나는 직접적인 효과 외에도 다음과 같은 간접적인 효과 및 근원적인 효과가 있다고 보았다.

첫째로, 헨리 조지의 독특한 임금결정이론에 따른 효과이다. 지대를 환수하면, 투기 목적으로 소유하면서 제대로 사용하지 않던 땅이 개방되므로 한계토지의 위치가 생산성이 더 높은 쪽으로 이동하거나 자가노동의 기회가 늘어나고 그에 따라 임금이 정상 수준으로 회복된다는 이론이다. 이것이 사실이라면 지대환수는 임금 상승에 매우 크게 기여할 것이다. 이 부분은 매우 중요한 의미를 가지므로 아래에서 좀 더 자세히 살펴보기로 한다.

둘째로, 조세 감면으로 인한 경제활성화 효과이다. 대가관계가 없는 강제징수금으로서의 조세는 필연적으로 경제에 부담을 준다. 지대를 환수하는 대신 이런 조세를 감면하면 경제는 그만큼 더 좋아진다는 것이다. 조세가 경제에 초과부담을 야기한다는 사실은 학계의 통설이므로 상론할 필요가 없다. 이 부분도 아래에서 더 자세히 검토한다.

셋째로, 지대환수는 토지투기로 인해 발생하는 경제불황을 방지하므로 빈곤을 예방하는 효과가 있다. 그에 의하면 토지투기는 빈곤의 중요 원인인 주기적인 경제불황을 야기하는데, 지대를 환수하면 토지투기가 사라지므로 경제불황도 예방된다는 주장이다. 헨리 조지의 주장대로 토지투기가 경제불황의 주요 원인이 된다면, 지대환수는 빈곤의 퇴치에 크게 기여할 것으로 보인다. 그런데 지대환수가 토지투기를 근절한다는 점에 대해서는 이설이 없으나, 토지투기가 경제불황의 중요원인이 되는가에 대해서는 논란이 있다. 하지만 지면상 제약이 있으므로 여기에서는 상론하지 않기로 한다.

3. 헨리 조지의 임금결정이론

헨리 조지의 임금결정이론은 "임금은 생산의 한계, 즉 지대를 지불할 필요 없이 개방된 자연의 최고생산점에서 노동이 얻을 수 있는 생산물에 의존한다"라고 요약할 수 있다. "자가노동을 하여 벌 수 있는 것보다 더 적게 받고는 고용주를 위해 일하려고 하지 않을 것"이기 때문에 지대를 지불할 필요가 없는 한계토지의 생산이 사회의 최저임금이 된다는 것이다. 그러나 "자연의 기회가 독점된 경우의 임금은 노동자 간의 경쟁에 의해 노동의 재생산을 위해 필요한 최소한으로 내려갈 수 있다"라고 하였다 (George, 김윤상 역, 1997: 203, 204).

이 이론에는 두 가지 의미가 있다. 하나는 한계토지의 생산성이 높아지면 임금이 상승한다는 것이고, 또 하나는 자가노동의 기회가 많으면 임금이 상승한다는 것이다.

첫 번째 의미를 생각해 보자. 지대를 환수하면 토지투기가 사라지므로 종래 투기 목적으로 소유하면서 제대로 활용하지 않던 토지가 개방된다. 따라서 사회의 토지 사용 수요가 일정하다면, 한계토지는 종전보다 생산성이 높은 토지로 이동하게 된다. 사회의 최저임금은 한계토지의 생산과 일치하므로 한계토지의 생산성이 높아지면 노동자의 임금도 상승한다.

두 번째 의미를 생각해 보자. 지대를 환수하면 투기적 동기로 퇴장되어 있던 토지가 개방되어 노동자가 자가노동을 할 기회가 늘어난다. 자가노동의 기회가 없을 때에는 노동자끼리도 일자리를 얻기 위해 일방적으로 경쟁해야 하지만 자가노동의 기회가 많아지면 사업주도 필요한 노동력을 구하기 위해 경쟁을 벌이게 된다. 이와 같은 쌍방적 경쟁이 존재하면 사업주에 의한 임금의 착취현상이 사라지거나 최소한 줄어들게 된다. 이처럼 토지의 개방이 빈곤을 억제하는 효과가 있다는 헨리 조지의 주장은 사회주의에서도 인정하였다. 앞에서도 지적하였듯이 엥겔스는 토지가 개방되어 있던 미국에서는 유럽식의 무산계급이 존재하지 않았다는 점을 인정하였는데, 이것은 개방된 자연의 기회는 무산계급의 형성을 막아 주는 안전판이 된다는 사실을 인정한 것이다.

그러나 엥겔스는 또 "광활한 미개척지가 거의 사라지고 토지가 사유화되면서 영구적인 무산계급의 형성을 억제하고 있던 안전판이 사실상 작동하지 않게 되었다"라고 하였다(Harrison, 1979: 213). 이것은 자연이 무한하지 않으므로 그 기회가 사유화되어 노동자가 활용할 수가 없게 되어 버리면 무산계급이 발생하게 된다는 점을 지적한 것이다. 헨리 조지 역시 비슷하게 인식하고 있었다. 즉 "미국은 새로운 시대에 접어들어 이제 토지의 독점이 가속적으로 영향을 미칠 것이다. 미국이 가지고 있던 강한 매력은 이제 사라지고 있다. 공공토지는 거의 바닥이 나서 그 영향력이 지금도 하락하고 있으며, 몇 년 내로는 없어질 것이다"라고 하였다(George, 1879, 김윤상 역: 376-377).

이러한 사정을 감안한다면, 이제 헨리 조지가 답을 내놓아야 하는 문제는 다음과 같다. 토지가 개방되더라도 가용토지 전체가 충분하지 않아 독자적인 영농의 기회가 부족한 경우에는 어떻게 할 것인가? 지대를 환수하면 재산증식 목적이나 투기 목적으로 토지를 소유하는 경우가 없어지므로 지금보다는 토지의 공급이 훨씬 늘어날 것은 분명하지만, 그렇다고 해도 누구나 충분한 농지를 획득할 수 있을 정도로 토지가 존재한다는 보장은 없기 때문이다.

이 질문에 답하기 위해 위에서 소개한 헨리 조지의 임금결정이론에서 '자연의 기회'를 일반화하여 '창업의 기회'로 대치해 보자. 그러면 다음과 같이 된다. "임금은 누구나 쉽게 창업할 수 있는 자영업에서 노동이 얻을 수 있는 생산물에 의존한다. 자영업을 창업하기 어려운 경우 임금은 노동자 간의 경쟁에 의해, 노동의 재생산을 위해 필요한 최소한으로 내려갈 수 있다."

노동자는 스스로 자영업을 해서 벌 수 있는 것보다 더 적게 받고 고용주를 위해 일하려고 하지 않을 것이고 자영업을 하기 어려운 경우에는 어쩔 수 없이 고용주의 요구에 응해야 하기 때문에 위의 주장은 자명해 보인다. 따라서 토지가 물리적으로 충분하지 않은 경우에도 헨리 조지의 기대대로 노동자 간의 일방적 경쟁이 사라지고 정상적인 임금이 보장되려면 자영업 창업의 용이성이 핵심 과제가 된다. 사실 농업의 비중이 극히 미미하게 된 현대에는 농업만이 아니라 다른 일반적인 업종을 어느 정도 용이하게 시작할 수 있는가가 임금수준 정상화에 더 큰 영향을 미친다.

그렇다면 지대의 환수는 자영업의 창업에 어느 정도 영향을 미칠 수 있나? 이 질문에 대해서는 아래에서 검토해 보자.

4. 지대환수가 창업에 미치는 영향

지대의 환수는 일반적인 창업에 어떤 영향을 미칠 것인가? 그것은 창업이 성공하기 위한 조건이 무엇이며 지대환수는 이러한 조건을 구비하는 데 어떤 도움을 줄 수 있는지에 달려 있다.

창업을 하기 위해서는 노하우와 목돈과 창업이 성공할 수 있는 경제 여건이 필요하다. 이 중에서 정보, 기술, 영업력 등으로 구성되는 노하우는 지대의 환수와는 별 관련이 없다. 그러나 지대환수는 직접적으로는 창업에 필요한 토지의 공급을 늘려 주고 토지취득비용을 줄여 준다. 또 간접적으로는 좋은 경제 여건을 조성하여 창업 실패의 위험을 줄여 준다.

첫째로, 직접적인 효과를 보자. 지대를 환수하면 창업에 필요한 목돈이 대폭 줄어든다. 창업을 위해서는 공장, 점포 등 부동산을 마련해야 하는 경우가 많은데, 지대를 환수하면 부동산 중 (건물이 아닌) 토지의 매매가격이 대폭 하락한다. 또 지대를 완전히 환수하면 토지의 매매가격은 0이 된다. 따라서 부동산 취득을 위해서는 토지분을 제외한 건물분 취득비용만 마련하면 된다. 물론, 토지 취득비용이 0이라고 해서 모든 토지비용이 0이라는 말은 아니다. 목돈을 내는 대신 취득 후 지대를 납부하기 때문이다. 그러나 현재는 한꺼번에 목돈으로 지불해야 하는 매매가격, 더구나 현재의 토지사용가치에 비해 부풀려진 토지매매가격이 0이 되고 정상적인 수준의 지대를 분납하게 되므로 창업자의 부담은 크게 줄어든다.

둘째로, 간접적인 효과 즉 지대환수가 경제 여건을 좋게 만드는 점에 대해 살펴보자. 이 효과는 세 가지로 나눌 수 있다. 하나는 창업자가 토지를 구하기 쉬워지는 효과이고, 또 다른 하나는 지대환수로 인해 부동산 개발이 활발하게 일어나는 효과이며, 세 번째는 경제 전반이 좋아지는 효과이다. 이를 좀 더 자세히 살펴보자.

지대를 환수하면 우선 창업에 필요한 토지를 구하기가 쉬워진다. 지대를 환수하면 토지의 사용 정도와 무관하게 같은 금액의 지대를 납부해야 하므로 실수요자가 아니면 토지를 소유할 이유가 없어진다. 따라서 토지의 공급이 늘어나고 창업자는 필요한 토지를 구하기가 쉬워진다. 이를 토지개방효과라고 부를 수 있다.

둘째로, 지대환수는 부동산 개발을 촉진하는 효과가 있다. 이에 관해서는 베커가 잘 요약하고 있으므로 그의 견해를 인용한다(Becker, 1969: 24-30).

베커는 부동산 재산세 과세 대상을 건물에서 토지로 이전하면 다음과 같은 네 가지 효과를 통해 부동산 개발이 활발해진다고 하였다. ① 지대세로 인해 지가가 낮아지는 효과(capitalization effect): 지대세를 부과하면 조세가 자본화되어 지가가 하락하게 되므로 토지 개발 희망자가 토지를 쉽게 취득할 수 있고 그로 인해 토지 개발이 촉진된다. ② 유휴토지 소유자의 보유비용이 높아지는 효과(holding-cost effect): 토지를 저사용 내지 방치하는 경우 지대세가 부과되어 토지보유비용이 늘어나면 토지소유자가 토지이용도를 높이는 방향으로 행동하게 된다. ③ 토지개량 정도와 관계없이 지대세액이 일정해지는 효과(fixed-cost effect): 세액이 일정하면 토지개량 단위당 평균세율은 개량도가 높을수록 낮아지므로 이것은 토지를 최대한 개발하도록 하는 유인이 된다. ④ 토지개량물에 대한 조세가 감면되는 효과(unburdening effect): 일반 재산세 구조는 토지를 개량할수록 세 부담을 늘리지만 지대조세제는 그렇지 않으므로 개량을 저해하지 않는다.

이러한 베커의 견해는 학계에서 널리 수용되는 이론을 잘 정리한 것이라고 할 수 있다. 이처럼 토지가 적정하게 사용되고 부동산 개발이 활발하게 이루어지면 창업에 유리한 여건이 조성된다.

셋째로, 지대 환수는 부동산만이 아니라 경제 전체에 좋은 효과를 미친다. 앞에서도 지적하였듯이 거의 모든 조세가 초과부담을 야기하는데 지대를 환수하면서 경제에 부담을 주는 조세를 감면하면 당연히 경제가 좋아지고 창업도 쉬워진다. 티드먼과 플래스먼의 연구에 따르면, 노동과 자본에서 조세를 감면하고 토지 등 자연의 기회를 독점적으로 사용하는 데 대한 대가를 징수하여 대체할 경우 다음과 같은 네 가지 경로를 통해 경제적 효율성이 향상된다고 한다(Tideman and Plassmann, 1998: 157). ① 노력과 기여의 대가를 완전하게 차지할 수 있으므로 생산을 증진시킨다. ② 자본과 자본소득에 대한 조세를 감면함으로써 저축과 투자를 촉진한다. ③ 토지 및 기타 자연의 기회에 대한 사용대가를 징수함으로써 적정 사용을 촉진한다. ④ 토지 및 기타 자연의 기회에 대한 투기를 근절하여 효율성을 높이고 투기로 인한 자원의 저사용을 막는다. 이런 여러 가지 이유로 경제 여건이 좋아진다면 창업에도 좋은 영향을 미칠 것이 분명하다.

5. 지대환수 외에 필요한 추가정책

위에서 본 것처럼 지대환수가 창업에 도움을 주는 것은 분명하다. 그러나 창업에 필요한 노하우와 목돈과 유리한 경제 여건 가운데 노하우에는 지대환수가 특별한 도움이 되지 않는다. 오늘날은 농경사회에 비해 정보, 기술, 영업력과 같은 노하우의 중요성이 높기 때문에 개방적인 창업 기회를 보장하려면 지대환수 외에도 창업에 필요한 노하우 지원정책이 더 필요하다.

또한 창업 시 필요한 목돈 가운데 토지 취득비 이외의 창업자금, 즉 건물 취득비용과 그 밖의 자본도 필요한데, 이에 대해서도 창업자금을 쉽게 구할 수 있도록 지원해 주는 정책이 필요하다. 그래야만 앞서 인용했듯이 "토지가 있다고 해도 노동자들이 노동 수단을 구입할 돈이 어디 있습니까?"라는 쉐비치의 소박한 질문에 충분한 답을 할 수가 있다.

여기서 중요한 것은 노하우와 창업자금 지원만으로는 불충분한가, 즉 사회주의에서 주장하듯이 자본의 국유화가 필요한가의 문제이다. 인간이 이미 노력과 기여를 통해 생산하고 취득한 자본을 국유화하는 것은 그 자체로 정의롭지 않다는 문제가 있다. 그렇다고 해서 기존의 자본이 아닌 미래의 자본을 국유화하기로 한다면 자본을 생산하고 축적하려는 인센티브를 주지 못하기 때문에 경제효율을 해친다. 또 자본을 사회화하면 국민에 대한 정부의 간섭이 커져서 개인의 자유가 제약되고 효율의 문제가 더 크게 발생할 것으로 보인다.

또한 창업이 쉬워진다고 해도 모든 사람이 빈곤에서 탈출할 수 있는 것은 아니다. 정신적·신체적인 장애로 인해 창업의 의욕 또는 능력이 현저히 뒤처지는 사람도 있고, 일반인 가운데서도 창업에 실패하거나, 일시적 또는 구조적 실업에 처하여 빈곤에 빠지는 사람은 늘 있기 때문이다. 이런 계층을 위해서는 추가로 복지정책이 필요하다.

복지정책의 재원으로는 환수한 지대가 가장 적합하다. 모든 국민은 지대에 대해 동일한 지분을 가지기 때문에 지대가 재원이 되면 자기 돈으로 자신의 삶을 보장하는 결과가 된다. 재분배가 아니므로 어떤 시장주의자라고 하더라도 반대할 명분이 없다. 지대 총액을 (또는 그 일부를) 인구수로 나눈 동일 금액을 국민 모두에게 지급해도 되고 지대기금으로 보험제도를 만들어 빈곤이라는 보험사고가 발생할 때 보험금을 지급하는 방식을 취해도 된다.

지대를 환수하여 능력 있는 자들이 쉽게 창업할 수 있도록 하면, 그리하여 극빈층의 발생을 근본적으로 예방하게 되면 복지정책의 필요성도 대폭 줄어든다. 더구나 지대를 재원으로 하여 든든한 사회안전망을 만들어 두면 모든 국민이 여유 있게 인생을 설계하고 직장을 찾을 수 있으므로 노동자의 상태는 현저히 개선될 것이다.

참고문헌

김윤상, 2009, 『지공주의: 새로운 토지 패러다임』, 경북대학교출판부.

이정전, 1993, 『두 경제학 이야기: 주류 경제학과 마르크스 경제학』, 한길사.

Barker, Charles A, 1991, *Henry George*, New York: Robert Schalkenbach Foundation.

Becker, Arthur P, ed., 1969, *Land and Building Taxes-Their Effect on Economic Development*, Madison: The University of Wisconsin Press.

Berlin, Isaiah, 1981, *Karl Marx: His Life and Environment*, 신복룡 역, 1982, 『칼 마르크스』, 평민사.

Brewer, Anthony, 1984, *A Guide to Marx's Capital*, Cambridge: Cambridge University Press.

George, Henry, 1879, *Progress and Poverty*, 김윤상 역, 1997, 『진보와 빈곤』, 비봉출판사.

George, Henry, 1885, *Protection or Free Trade*, Rpt. in 1992, New York: Robert Schalkenbach Foundation.

George, Henry, 1891, "Condition of Labor: An Open Letter to Pope Leo XIII", In *The Land Question*, Rpt. in 1982, New York: Robert Schalkenbach Foundation.

George, Henry, 1898, *The Science of Political Economy*, Rpt. in 1992, New York: Robert Schalkenbach Foundation.

Gronlund, Laurence., 1887a, *Socialism vs. Tax Reform: An Answer to Henry George*, New York: New York Labor News Co.

Gronlund, Laurence., 1887b, *Insufficiency of Henry George's Theory*, New York: New York Labor News Co.

Harrison, Fred, 1979, "Gronlund and Other Marxists", In *Critics of Henry*

George, ed. Robert V., Andelson. London: Associated University Press.

Hyndman, H. M. and Henry George, 1889, The Single Tax versus Social Democracy [A debate that took place between Henry George and H. M. Hyndman, St. Jame's Hall, London, 2 July 1889, Professor E.S. Beesly occupied the chair], http://www.cooperativeindividualism.org/george-henry_debate-with-hyndman-1889.html

Marx, Karl, 김수행 역, 1991, 『자본론』, 비봉출판사.

Marx, Karl, 1881, "On Henry George, A Letter to Friedrich Sorge." Charles A. Baker, 1991, *Henry George*, New York: Robert Schalkenbach Foundation, p.356에서 재인용.

Post, Louis F. and Fred C. Leubuscher, 1961, *Henry George's 1886 Campaign*, New York: Henry George School.

Silagi, Michael, 2000, *Henry George and Europe*, New York: Robert Schalkenbach Foundation.

Tideman, Nicolaus and Plassmann, Florenz, 1998, "Taxed Out of Work & Wealth: the Costs of Taxing Labor & Capital", In *The Losses of Nations: Deadweight Politics versus Public Rent Dividends*, ed. Fred Harrison, London: Othila Press.

Wenzer, Kenneth C, 1997, *An Anthology of Henry George's Thought*, Rochester: University of Rochester Press.

Wilson, Woodrow, 1887, "The Study of Administration", *Political Science Quarterly*, 11 (1).

부록 3

맥글린 신부 파문 사건 경위와 「신앙 소명서」

사건의 경위

서문에서도 지적하였듯이 헨리 조지의 「공개서한」은 맥글린 신부의 파문 사건과 뗄 수 없는 관계를 가지고 있다. 헨리 조지의 토지정의 운동을 적극 지지했던 맥글린 신부는 교계 보수파를 대표하던 뉴욕 코리건 대주교의 노여움을 산 결과 1887년 초에 파문 되었고, 「공개서한」은 헨리 조지가 자신의 토지사상이 가톨릭 교리에 위배되지 않음을 보이기 위해 쓴 글로서 맥글린 신부의 복권에도 도움을 주었기 때문이다. 파문, 「회칙」, 「공개서한」, 재심과 복권으로 이어지는 당시의 경위를 살펴보고,[6] 맥글린 신부가 재심 때 작성하여 제출한 글을 첨부해 둔다.

1891년 교황 레오 13세는 「새로운 사태」라는 회칙을 반포하였다. 이것은 그 후 가톨릭의 경제정책에 관한 기본 문서가 되었다. 헨리 조지는 자신의 사상을 부정하는 표현이 이 회칙에 들어 있다고 생각하였다. 그런데 코리건 대주교는 오히려 「회칙」이 맥글린 신부를 견책한 자신의 입장을

6 사건의 경위는 주로 다음 문헌을 참고하였다. Robert Andelson and James Dawsey, *From Wasteland to Promised Land*, 전강수 옮김, 대학기독교서회, 2009.

옹호하는 것으로 보았다.

이런 상황에서 헨리 조지는 다섯 달 동안 「회칙」에 대한 답서를 준비하여 「노동자의 상태, 교황 레오 13세에게 보내는 공개서한」이라는 제목의 소책자를 출간하였다. 헨리 조지는 자신의 주장이 무정부주의나 사회주의와는 다르며 교회의 가르침에 위배되지 않는다는 점을 설명하였다. 「공개서한」은 교황을 존중하고 공경하는 표현을 사용하였으며 교황과 자신은 다 같이 자연법에 기초를 두고 있다고 강조하였다. 「회칙」에는 수많은 건전한 진리가 담겨져 있다고 찬양하였으며 교황의 "고통받고 압박받는 자들을 도우려[는]" 열성을 높이 평가하였다. 그러나 대담하면서도 정중하게, 교황이 자신의 사상을 오해했으며 「회칙」에서 제시한 방안이 부적절하다고 지적하였다. 「공개서한」의 이탈리아어 번역본이 바티칸 도서관을 통해 교황에게 전달되었으나 헨리 조지가 직접적인 회답을 받지는 못했다.

그러나 헨리 조지는 그 이듬해 간접적으로나마 바티칸의 인정을 받은 것으로 생각하였다. 헨리 조지가 도슨(Thomas Dawson) 신부에게 보낸 편지에 다음과 같은 구절이 있다.

> 놀라운 일이 생겼습니다. 교황님은 코리건 대주교와 같은 교단 내 보수파를 조용히 그러나 확실하게 물리치셨습니다. … 맥글린 박사님도 복권될 것이고 가톨릭에 대한 단일세 운동의 저항도 끝날 것입니다. 저는 레오 13세께서 위대한 분이심을 믿었지만 제 기대 이상이십니다. 교황님이 저의 공개서한을 읽으셨는지는 모르지만, 읽으시고 또 그 내용도 인정하신 것처럼 조처하셨습니다.

교황이 신임하는 신학자였던 사톨리(Francesco Satolli) 대주교가 교황의 특사로 미국을 방문하여 맥글린 사건을 조사하고 파문의 빌미가 되었던 신앙 내용에 대한 소명서를 제출하도록 권고하였다. 맥글린 신부는 헨리 조지의 토지사상이 많이 담긴 소명서를 작성하여 제출하였고, 워싱턴 소재 가톨릭대학교의 4인 전문위원회에서 심사한 결과 교리에 반하는 내용이 전혀 없다고 결론을 내렸다. 이리하여 맥글린 신부는 크리스마스이브에 파문이 취소되고 사제직에 복귀하였다.[7] 이듬해 봄, 맥글린 신부는 로마를 방문하고 30분간 교황을 개인적으로 알현하여 축복을 받았다.

아래는 맥글린 신부가 재심 때 작성하여 제출한 글이다.

「신앙 소명서」[8]

모든 인간은 자연법에 의해 생명과 행복추구에 대한 권리를 부여받았습니다. 그러므로 인간은 자신의 노동을 자연물에 투입할 권리도 부여받았습니다. 자연물이 없으면 노동도, 생존도 불가능하기 때문입니다.

하느님께서는 자연물, 즉 토지를 인류 모두에게 베푸셨습니다. 자연물의 어느 한 부분도 특정인에게 주시지 않았으며, 자연물의 사적 이용에 대해서는 각 개인의 근면과 각 국민의 법에 의해 정하도록 맡기셨습니다.

인간이 자유와 존엄을 지키려면, 도덕법칙을 완전히 준수한다는 전제하에 자기 자신의 주인이 되어야만 합니다. 그러므로 자연물에 대한 공동

7 맥글린 신부를 지지했던 캐리(Henry Carey) 박사가 『뉴욕타임즈』에 기고한 글에는 복권의 동기에 관해 냉소적으로 암시한 부분이 있다. 파문사건 이후 헌금이 줄고 심지어 남미에까지 영향을 미쳐서 교황청의 중요한 자금원이었던 베드로 헌금(Peter's Pence)이 줄었다는 것이다. 그러나 이보다, 파문 사건이 반가톨릭 세력에게 탄약을 공급한 셈이 되었다는 설명이 더 설득력이 있다. 바티칸이라는 "외부 세력"이 미국 국민(가톨릭 일반신도 및 성직자)으로 하여금 공공문제에 관해 특정한 입장을 취하도록 함으로써 미국의 국내 정치에 간섭한다고 비판할 수 있는 명분을 반대파에게 주었다는 것이다.

8 원문의 출처는 다음과 같다. Stephen Bell, *Rebel, Priest and Prophet: A Biography of Dr. Edward McGlynn*, New York: Robert Schalkenbach Foundation, 1937, reprinted in 1968, pp. 226-231.

의 권리에 더하여 근면의 결실에 대한 사유재산권과 소유권이 자연법에 의해 부여됩니다. 즉 각자가 다른 사람의 동등한 권리, 즉 공동의 권리를 침해하지 않는다는 전제하에 자연물에 대한 정당한 접근권을 가지며 자신의 노동을 자연물에 투입하여 생산한 것에 대해서는 사유재산권이 인정된다는 것입니다.

정부의 최고 기능은 이런 두 가지 자연권의 신성함을 똑같이 유지하는 것입니다.

자연물, 즉 토지의 한 부분을 사용하는 것과 그 부분을 절대적·영속적·배타적으로 소유하는 것은 구분하여야 합니다. 이런 구분은 적법할 뿐 아니라 개인과 사회의 이익에 부합하며 문명을 위해서도 필요합니다. 배타적 권리는 개인이 근면의 결실과 생산물을 소유하고 사용하고 향유하도록 하기 위해 필요할 뿐입니다.

그러나 개인의 근면에 의한 생산물이 아닌 자연물에 대해서는, 조직화된 공동체가 정부를 통해 소유해야 합니다. 생산물을 향유하기 위해 필요한 토지사용권이 아닌 토지 자체에 대한 소유는 공동체가 가지고 있어야 합니다. 자연물에 대한 공동체의 소유를 유지하는 것은 조직화된 공동체에서 정부의 일차적 기능이자 의무입니다. 공동체의 토지 소유는, 모든 인간이 자신의 생존과 행복 추구를 위해 노동할 수 있는 평등권, 따라서 자연물에 직간접으로 접근할 수 있는 평등권을 유지하기 위해 필요합니다. 정부가 토지를 소유해야 할 이유가 또 있습니다. 정부가 성립하고 문명이 발달하면서부터 자연물, 즉 토지에서는 특별한 가치, 개인의 근면에 의한 토지 생산물과는 구분되는 별도의 가치가 발생하고 증가하기 때문입니다. 이런 가치는 사적 이용자나 소유자의 근면에 의해서 생산되는 것이 아니라 공동체의 존재에 의해 발생하고 공동체와 문명의 성장과 함께 증가합니다. 그래서 이 가치를 불로가치라고 부릅니다. 도시 토지가 개량물이 없어도 가격이 높은 것은 바로 이 불로가치 때문입니다. 이 가치는 공동체가 조성하는 유리함과 기회를 반영하고 표현합니다. 소유자가 아니면서 이 토지를 사용하려는 사람은 기꺼이 불로가치를 임차료의 형태로 지불할 것입니다. 다른 사람을 소유하지 않는 자가 그 사람에게 일을 시키려면 임금을 기꺼이 지불하는 것과 같습니다.

공동체가 조직화되면, 즉 국가가 성립하면 그 경비도 필요하게 됩니다. 인구가 희박하고 경제가 저급하고 국가의 기능이 적고 단순한 시대에는 수입이 적어도 좋습니다. 그러나 인구가 성장하고 문명이 발달하면 국가의 기능도 증대되고 그로 인해 수입도 많이 필요하게 됩니다. 하느님께서는 사회를 창조하신 분이고 문명을 예정하신 분입니다. 사회 발전과 더불어 공공수입의 필요성이 증대되는 것이 하느님께서 예정하신 현상이라면 수입을 마련하기 위한 올바른 방법이, 우리가 하느님께서 의도하신 것이라고 진심으로 증언할 수 있는 어떤 방법이 있을 것입니다. 또 이 방법은 도덕법칙, 즉 정의의 법칙에 분명히 부합해야 합니다. 개인의 권리와 충돌하지 않아야 하며 공동의 권리와 공동의 의무에서 수단을 찾아야 합니다. 그 답은, 어떤 아름다운 섭리에 의해, 진정으로 하느님의 의도라고 할 수 있는 섭리에 의해 존재하는 기금입니다. 사회의 크기와 수입의 필요성이 증가함에 따라 계속해서 증대하는 것, 즉 토지의 지대가 그것입니다. 이 기금을 공공의 용도로 사용해야 한다는 것은 우리의 명백한 의무입니다. 이 기금은 사유재산에서 취하는 것이 아닙니다. 토지를 사용하려는 개인은 공동체가 만들어 낸 토지가치, 즉 지대를 기꺼이 지불하려고 하기 때문입니다. 이렇게 조성된 기금은 정의의 법칙에 부합하는 공공기금입니다. 기금에는 하느님께서 최초로 공동체에 주신 자연물의 가치도 포함되지만, 더욱 중요하게는 공동체 자체가 만들어 가는 가치도 포함되기 때문입니다. 공동체가 생산하고 조성하고 창조한 가치가 들어 있다는 것입니다.

개인이 이러한 공공재산의 일부에 대해서라도, 정당한 대가를 공공재정에 지불하지 않고 차지한다면 이는 공동체에 불의를 저지르는 것입니다. 그러므로 지대기금 전부가 공동의 용도 또는 공공의 용도에 사용되어야 합니다.

지대세를 부과하면 자연물이 적정하게 사용됩니다. 공동체와 문명의 성장에 정확히 비례하는 사용이 이루어집니다. 토지를 가진 자는 토지에 노동을 투입할 수밖에 없으며 이러한 노동 수요는 노동자에게 완전하고 정당한 임금을 가져다주게 됩니다. 지대세 기금은 자연법에 따라 문명의 성장에 비례하여 커지면서 공공의 필요성과 규모에 맞는 충분한 수입을 조성합니다. 그 결과 우리는 근면 및 그 생산물에 대한 세금을 철폐할 수 있고 또 철폐해야 합니다. 토지가치에 대한 세금은 근면을 촉진하고 그 결과 개인의 부를 증대시킵니다. 반면 근면에 대한 세금은 근면에 벌금을 매기거나 처벌하는 것처럼 작용하여 근면을 제약하고 결국에는 근면을 사라지게 하고 맙니다.

가장 바람직한 방식은 토지를 개인의 수중에 그대로 두고, 개인이 토지를 증여하든지 팔든지 상속해 주든지 마음대로 하도록 하되 국가가 토지에 과세하여 이를 공공의 용도에 사용하는 것입니다. 이때 세액은 토지의 용도나 개량물과는 무관한 토지 자체의 연간 가치와 같아야 합니다.

이런 방식에 비해, 토지에 대한 사유재산권을 인정할 때 소유자가 얻을 수 있는 이익은 단 하나뿐입니다. 소유자가 씨 뿌리지 않은 곳에서 수확하고 대가 없이 다른 사람의 노동 생산물을 가로챌 수 있는 권력을 가진다는 사악한 이익입니다. 이 권력은 대중을 빈곤과 사실상의 노예 상태로 몰아넣는 권력입니다. 대중이 토지를 활용하여 일을 하면 자립할 수 있는데도 불구하고, 이 세상에서 생존하고 노동하려면 토지소유자의 허가를 얻어야 하고 그 대가로 생산물 중 상당 부분을 바쳐야 하기 때문입니다. 또 이 권력은 취업 기회를 얻기 위한 임금노동자 간의 경쟁을 불가피하게 하고 그로 인해 임금을 최저 수준으로 낮춥니다. 이런 수준의 임금은 노동자가 일을 하여 창출하는 새로운 가치에 훨씬 못 미치며 생존을 겨우 유지할 수 있을 정도의 비참한 수준입니다. 심지어 이 권력은 노동의 기회를 아예 부여하지 않을 수도 있습니다. 이것은 생명과 행복 추구에 대한 모든 사람의 평등한 권리를 부정하는 불의입니다. 이 평등권은 인간의 형제 됨에 근거를 두고 있으며 하느님의 아버지 되심에서 도출되는 권리입니다. 저희는 비자발적인 빈곤을 제거하기 위해 이러한 불의를 제거하려고 하는 것입니다.

토지의 지대를 세금 형식으로 환수하여 공공의 용도로 사용하면 방금 말씀드린 불의를 제거할 수 있고 따라서 비자발적 빈곤을 제거할 수 있다는 점은 분명합니다. 지대세를 부과하면 실수요자가 아닌 한 아무도 토지를 소유하려고 하지 않을 것이고 대중은 사용되지 않는 토지에 자유롭게 접근하여 자신의 노동을 직접 투입하고 자기 노동의 결실과 생산물을 완전히 향유할 수 있습니다. 그리고 공동체가 성장하고 문명의 혜택이 확산되어 그 토지에서도 지대가 발생하게 되면 근면의 결실 중 일부를 그 대가로 정부에 납부하게 됩니다. 공동체로부터 얻는 이러한 추가 이익과 일치하는 가치라면 기꺼이 지불하려고 할 것입니다. 또 이런 제도에서 노동자는 절대적으로 정당한 임금, 즉 자신의 노동이 창출하는 새로운 가치와 일치하는 임금 이하로 부득이 취업해야 하는 일이 없습니다. 자가 노동을 통해서도 완벽하게 정당한 임금을 얻을 수 있는 상황에서 부당한 임금을 받고 취업할 사람은 없기 때문입니다.

끝으로, 공동체의 것을 공동체에 귀속시키는 제도에서 개인이 사유재산으로 소유할 수 있는 것은 근면의 생산물뿐이고 좋은 것을 향한 끝없는 욕구와 능력은 문명화된 인간의 본성이므로 좋은 것, 즉 노동 생산물에 대한 수요는 끊임없이 창출됩니다. 이런 수요는 언제나 공급을 초과하며 따라서 좋은 것을 생산하는 노동에 대한 수요도 언제나 공급을 초과하므로 노동자는 완벽하게 정당한 임금을 받을 수 있게 됩니다. 정당한 임금은 타인의 노동 생산물로 받지만, 자신의 노동이 생산한 새로운 가치와 일치하는 금액입니다.

부록 4

자본과 노동에 관하여

교황 레오 13세의 회칙*

1891. 5. 15.

노동자들의 상황에 관하여

사도좌와 더불어 평화와 일치를 누리는

존경하는 형제들인

총주교, 수석주교, 대주교, 주교들에게 보내는

교황 레오 13세 성하의

회칙

차례 |

존경하는 형제들에게 인사와 더불어 사도적 축복을 보낸다.

노동자의 비참한 현실*

1. 새로운 사태(Rerum Novarum)의 열망이 한번 불타올라, 오랫동안 여러 나라들을 동요시켜 왔으며, 그러한 열망으로 인해 언제부터인가 변혁의 추구가 정치의 영역에서 경제 관련 분야로 옮겨가게 되었다.

실제로 새로운 산업의 성장과 새로운 기술의 발전, 변화된 노사 관계, 극소수의 막대한 부요와 대다수의 빈곤, 노동자들의 자기 신뢰 증가와 상호 결속의 필요성, 그 밖에 윤리의 타락이 투쟁을 일으키게 되었다. 이 같은 사태는 사람들의 마음을 우울하고 불안하게 만들 정도로 극히 심각하여 각계 각층의 사람들로 하여금 그 문제 해결에 고심하게 하고 있다. 학자들은 연구하고 현인들은 숙의하고 대중들은 모임을 개최하고 입법자들은 협의하고 통치자들은 심의한다. 이 문제보다도 오늘날 세상 사람들의 가장 큰 관심을 불러일으키는 것은 없다.

그러므로 존경하는 형제 여러분, 치명적인 오류를 반박해야 하는 순간이 닥칠 때마다 본인이 교회의 선익과 공공선을 수호하기 위하여 '공권력', '인간의 자유', '그리스도교 정신에 따른 국가 조직' 등에 관한 회칙들을 반포하였던 전례에 따라, 또한 똑같은 동기로 인하여, 이제 본인은 노동자 문제에 개입해야 할 필요성을 절감하였다.

본인은 기회가 있을 때마다 이미 수차례 이 문제를 다루었지만 본인의 사도적 직무에 대한 자각으로 말미암아 정의와 평등의 기준에 따라 문제를 해결하기 위한 원칙들을 부각시키려는 목적으로 다시금 이 문제를 광범위하게 취급하고자 한다. 이 문제의 해결은 어렵고 위험하기까지 하다. 부유한 사람들과 가난한 사람들 사이의 관계, 그리고 자본가들과 노동자들 사이의 관계에서 상대적인 권리와 상호 의무를 명확하게 규정한다는 것은 쉬운 일이 아니다. 또한 교활하고 선동적인 사람들이 이 같은 허점을 이용하여 그릇된 판단을 유도하고 민중을 혼란시키려고 하기 때문에 위험한 일이다.

갈등의 원인들

어떻든 근로자들 대부분이 부당하게도 비참한 처지에서 살아가고 있으므로 그들을 도와주는 적절한 해결 방안이 시급히 강구되어야 한다는 것은 분명하며 또한 모든 사람이 이를 인정하고 있다. 지난 세기에 숙련공들의 오랜 협동 조합(길드)이 무너져버린 채 그러한 역할을 맡을 다른 보호 조직이 나타나지 않고 있으며, 또 그와 동시에 제도와 법률들이 그리스도교 정신을 온전히 망각하기 시작하여 노동자들은 점차 고립 무원의 상태에 빠지게 되었으며, 인정머리 없는 고용주들의 무절제한 경쟁의 탐욕에 무참히 희생되어 왔다. 교회가 수차례 엄중히 금지시켰음에도 불구하고 고리 대금업은 여전히 성행하고 파렴치한 모리배들로 말미암아 또 다른 형태로 그러한 불의가 자행되고 있다. 한걸음 더 나아가 생산과 상업이 소수에 의해 독점 장악되어 극소수의 탐욕스런 부자들이 가난하고도 무수한 노동자 대중들에게 노예의 처지와 전혀 다를 것이 없는 멍에를 뒤집어씌우고 있다.

사회주의자들의 해결책

2. 이러한 악의 치유를 위하여, 사회주의자들은 부자들에 대한 가난한 이들의 질투를 불러일으키면서 사유 재산을 없애야 하며 그 대신 모든 이를 위한 공동 재산을 만들어야 한다고 주장한다. 사유 재산을 공유화하고

또 모든 재화를 국민에게 공평하게 분배할 때에 사회악을 근본적으로 치유할 수 있다고 그들은 믿는다.

그러나 투쟁을 종식시킬 수 없는 그들의 이론은 노동자 계급에 손해를 입히며, 그 밖에도 정당한 소유주들에게 폭력을 가하고 국가의 임무를 변질시키며, 사회를 혼란에 빠지게 하기 때문에 부당하다.

사유 재산

3. 사실 노동의 목적, 즉 노동자가 자각하고 있는 노동의 근본 동기는 사유 재산이며, 또한 그가 고용되어 다른 사람의 이익을 위하여 자기 업무를 충실히 수행하고 자기 능력을 최대한 발휘하는 동기가 자기 생활에 필요한 것들을 획득하기 위한 것임을 누구나 쉽게 이해할 수 있다. 그런데 노동자는 노동의 대가로서 임금을 요구할 뿐 아니라, 자기의 합당한 임금을 원하는 대로 활용할 수 있는 진정하고도 완전한 권리도 요구한다. 그러므로 만일 노동자가 자기 임금을 절약하여 저축하고 또한 그 임금을 증식시키기 위하여 토지 매입에 그것을 투자하였다면, 이 토지는 결국 다른 형태로 변형된 똑같은 임금이며 또 결과적으로 그 자신의 재산인 것이다. 그것은 다른 형태의 임금에 지나지 않는다. 동산이든 부동산이든 재산이 그런 식으로 형성된다는 것은 모두가 아는 사실이다. 따라서 사회주의자들의 주장대로 모든 사유 재산을 공유화한다면, 그들은 노동자가 자신의 임금을 투자할 수 있는 권리를 박탈함으로써 자기의 자산을 유용하게 활용하고 자기의 생활을 향상시킬 수 있는 권리와 희망을 빼앗아버려 사태를 더욱 악화시키게 된다.

4. 더 나쁜 것은 사회주의자들이 제시한 해결책이 명백하게 정의에 어긋난다는 사실이다. 왜냐하면 사유 재산권은 인간의 타고난 권리이기 때

문이다.

사유 재산권은 인간과 짐승을 구분짓는 인간의 기본권이다. 짐승에게는 자기를 통제하는 능력이 없다. 짐승은 두 가지 본능, 즉 개체 보존의 본능과 종족 보존의 본능에 의해 지배당하고 규제받는데 그 본능들은 짐승이 민첩한 행동을 하게 하고 그 힘을 발휘하게 해주는 반면에 짐승의 모든 움직임을 결정하고 제한한다. 이 두 가지 목적을 성취하는 데에는 짐승이 자기 주변에서 발견하게 되는 제한된 수단들을 이용하는 것만으로 충분하다. 짐승은 감각과 특수한 감수성에 의해서만 움직이므로 자기 주변의 테두리를 벗어나 멀리 내다보지 못한다.

인간의 본능은 짐승의 본능과 전혀 다르다. 인간도 다른 짐승들과 마찬가지로 감각 기능을 갖추고 있지만 물질 세계의 재화들을 활용할 수 있을 정도로 충분한 감각 능력을 충만히 구비하고 있기 때문이다. 동물적 본성이 아무리 영향력을 미칠지라도 인간의 본성을 제한하기는커녕 오히려 인간의 본성보다 훨씬 열등하며 또 이 본성에 봉사하고 따르기 위하여 만들어진 것이다. 인간의 출중한 특권, 즉 인간을 인간답게 해주고 짐승과 근본적으로 구분되는 존재가 되게 해주는 구성 요소는 지성 또는 이성이다. 그리고 인간이 이성을 지니고 있다는 사실 때문에 인간은 다른 모든 짐승들처럼 이 땅의 재화들을 단순히 이용하는 데에 만족하지 않고 최대한으로 활용하기를 원한다. 이것이 곧 안정된 재산의 소유권일 수밖에 없다. 다시 말해서, 사용됨으로써 소모되는 일시적 사물들뿐 아니라 사용되더라도 소모되지 않는 항구한 사물들까지 소유하는 권리인 것이다.

재화의 공동 사용과 사적 소유

5. 이러한 사실은 인간의 본성을 더욱 깊이 통찰해 보면 한층 더 명백해

진다.

인간은 하느님의 영원 불변한 법과 보편적 섭리 안에서 현재는 물론이고 미래까지도 내다보는 폭넓은 인식 능력과 자유 덕분에 자신을 스스로 보살필 줄 안다. 따라서 인간은 일시적 순간뿐 아니라 장래를 위해서도 자기의 삶을 꾸려나가기에 가장 적절하다고 판단되는 방편들을 선택해야 한다. 이는 땅에서 생산되는 결실들을 향유하는 권리 이외에도 땅 자체를 소유할 권리를 인간이 가지고 있으며, 또 인간은 땅의 풍요로운 생산물들에 힘입어 미래에 대비한다는 말과 같다. 그런데 인간의 욕구는 한번 충족되면 사라지는 것이 아니라 끊임없이 되살아난다. 즉, 오늘 충족된 욕구가 내일 다시 꿈틀거린다. 그러므로 자연은 인간이 자기의 끝없는 욕구를 적절히 충족시켜 줄 재화들을 지배할 수 있도록 그 권한을 인간에게 부여하였음이 분명하다. 풍성한 결실로써 인간에게 갖가지 재화들을 제공할 수 있는 것은 토지뿐이다.

6. 국가의 보살핌에 무턱대고 의존할 하등의 이유가 없다. 왜냐하면 국가보다 먼저 인간이 존재하기 때문이다. 즉, 국가가 형성되기 이전에 인간은 태어나면서부터 자기 자신을 스스로 돌볼 권리를 부여받았기 때문이다. 하느님께서 온 인류로 하여금 땅을 지배하고 활용하게 하셨다는 사실은 사유 재산의 소유와 상반되지 않는다. 왜냐하면 모든 사람이 차별 없이 공동으로 소유해야 한다는 의도에서가 아니라 한 특정인에게 어느 한 부분의 땅도 독점 분배되지 않고 개인의 노력과 각 민족들의 제도에 따라 사적 소유의 규정이 허용되야 한다는 뜻으로 하느님께서 모든 사람에게 땅을 선사하셨기 때문이다.

더욱이 토지가 비록 각 개인 소유로 분배되는 경우라 하더라도 여전히 모든 이들에게 공동 이익과 편의에 봉사해야 한다는 것은 너무나 명백하다. 왜냐하면 땅으로부터 양식을 구하지 않는 인간은 이 세상에 없기 때문이다. 자기의 재화를 가지지 못한 사람은 노동으로써 생계를 꾸려나간다. 진정 생계 유지를 위한 보편적 방편이 노동인데, 그것은 자기의 토지를 직접 경작하는 형태의 노동일 수도 있고 또는 노동이나 기술을 제공하여 그 대가로 땅의 여러 가지 소출 대신에 임금을 받게 되는 형태의 노동일 수도 있다.

7. 사유 재산권이 자연법에 온전히 부합된다는 것을 입증하는 또 다른 증거가 있다. 실제로 인간이 토지를 경작하고 열성껏 관리할 때에 한하여 토지는 생계 유지와 인간 생명의 성숙에 필요한 것을 인간에게 제공한다. 인간은 자연의 결실들을 획득하는 과정 중에 육체적으로 수고하고 정신적인 능력을 발휘하게 되는데 이로써 그는 자연의 일부를 자신 안에 간직하여 자연과 긴밀한 관계를 맺고 자연 안에 자기 인격의 흔적을 낙인처럼 남겨두게 된다. 이런 까닭으로 인하여 인간은 당연히 토지를 자기 소유로 삼으며 그 토지를 존중해야 하는 권리를 다른 사람들에게 정당하게 요구할 수 있는 것이다.

실정법과 신법에 의해 인정되는 사유 재산

8. 이처럼 명백한 근거에 비추어볼 때, 어처구니없는 이상론을 되풀이하는 사람들의 주장 안에 모순점들이 내포되어 있다는 것이 분명해진다. 그들은 땅의 활용과 땅의 여러 가지 생산물들은 인간에게 허용하지만 인간이 경작한 토지나 새로 개간한 농토에 대한 소유권은 인정하지 않는다. 이처럼 소유권을 부정하는 사람들은 마침내 인간에게서 자기 수고의 결실을 교묘하게 빼앗아가게 된다는 것을 그들 자신도 미처 깨닫지 못한다. 토지는 경작인의 노동과 기술에 의하여 변화된다. 즉 황폐한 땅, 불모지가

비옥한 농토로 된다. 이와 같이 토지를 개량하는 노동은 그 토지와 뗄 수 없는 관계를 맺을 정도로 인격의 자국을 남겨둔다. 그렇다면 그 토지를 경작하지 아니한 다른 사람이 그 결실을 가로채는 것이 과연 정당한 일이겠는가? 결과가 반드시 원인에 뒤따르는 것처럼 노동의 결실도 당연히 수고한 당사자에게 돌아가야 한다.

따라서 인류가 소수의 다른 의견들을 세밀히 고찰하지 않더라도 자연법을 주의 깊게 관찰한다면, 자연법에서 재화 분배의 기본 원리를 확인하고, 또 사유 재산이 인간의 본성 및 평화로운 사회 생활에 지극히 부합된다는 것을 깨닫고 전 세기에 걸쳐 실천해 오면서 사유 재산의 소유와 그 권리를 공공연하게 인정해 온 것은 당연하다 하겠다. 그리고 자연법 안에 그 고유한 권위와 효력의 바탕을 두고 있는 정당한 실정법들은 그러한 권리를 승인하고 공권력으로 보호해 준다. 신법 또한 다른 사람의 재물에 대한 탐욕까지도 엄금하면서 사유 재산권을 인정한다. "너희는 이웃의 아내를 탐내지 못한다. 이웃의 집이나 밭이나 남종이나 여종이나 소나 나귀 할 것 없이 이웃의 소유는 무엇이든지 탐내지 못한다."[1)]

가정과 국가

9. 우리가 개인의 사유 재산권을 가정 생활과 관련하여 고찰해본다면 그 권리의 의미는 더욱 명백해진다.

자기의 고유한 생활 상태를 선택하는 것은 인간의 자유이다. 인간은 자기 처지에서 독신 생활의 복음적 권고를 따를 수도 있고 혼인의 계약에 매여살 수도 있다. 결혼 생활의 권리는 자연적이고 기본적이기에 실정법이 그것을 폐지할 수도 없고, "자식을 낳고 번성하여라"[2)]는 하느님의 명령으로 제정된 혼인의 목적을 제한할 수도 없다. 바로 이 사실 때문에 가정은 가족 사회로서 작은 사회이기는 하지만 다른 모든 사회에 우선하는 진정한 사회이고 국가와는 독립된 권한과 의무를 지닌 사회이다. 그러므로 개인의 사유 재산권에 관하여 우리가 이미 말한 사실은 가정의 우두머리인 가장에게 해당된다. 더욱이 가정 생활에 있어서 그의 인격이 미치는 영향력이 광범위하고 포괄적일수록 그가 향유하는 사유 재산권은 더욱더 강한 힘을 지닌다. 가장은 침해될 수 없는 자연법으로 말미암아, 자녀들을 부양할 책임을 맡고, 그로 하여금 자녀들 안에서 자신의 모상과 인격의 연장과 계승을 인식하게 해주는 자연의 충동 때문에 그는 자녀들이 고된 삶의 여정 중에서 그들의 욕구를 정당하게 충족시킬 수 있도록 당연히 그들을 보살펴주기 마련이다. 자녀 부양의 책임 완수는 가장이 후에 자녀들에게 유산으로 상속시켜 주게 되는 풍성한 재화를 획득함으로써 가능하다. 우리가 이미 살펴본 대로 진정한 사회인 가정은 국가와 마찬가지로 고유한 권한인 부권에 의하여 다스려진다. 따라서 가정은 자기 목적의 제한된 한계를 벗어나지 않는 범위 내에서 자기를 지탱하고 자기의 정당한 독립을 유지하기에 필요한 방편들을 선택하고 활용하는 데 있어 국가와 대등한 권리를 가진다. 왜냐하면 가족 사회는 논리적으로나 역사적으로나 국가에 선행할 뿐 아니라 국가보다 더 중요한 사회이므로 이에 마땅한 권리와 의무를 지녀야 한다. 만일 인간이나 가정이 국가에 예속되어 국가로부터 도움은커녕 손해를 보거나, 보호받기는커녕 자기의 고유한 권리들을 침해당한다면 그러한 국가는 바람직하기보다는 오히려 배척되어야 할 것이다.

10. 그러므로 국가가 가정의 신성한 영역을 침범하기를 바라는 것은 위험 천만한 큰 잘못이다.

만일 어떤 가정이 불행하게도 극심한 곤경에 처하여 스스로의 힘으로 그 곤궁에서 헤어날 수 없다면 그러한 상황에 공권력이 개입하는 것은 분명히 타당한 일이다. 가정은 국가를 형성하는 한 부분이기 때문이다. 이와 마찬가지로 한 가정의 가족들간에 심각한 마찰이 생겨 큰 혼란이 야기될 경우에 국가가 개입하여 각 가족에게 각자의 몫을 되찾아주어야 한다. 왜냐하면 그 조정 역할은 시민들의 권리를 박탈하는 것이 아니라 공명 정대한 정의의 원칙에 따라 그 권리들을 확인하고 보호해 주는 것이기 때문이다. 그런데 국가의 개입은 이 선에서 끝나야지 그 이상의 개입은 안된다. 그 한계를 넘어서는 것은 자연이 용납하지 않는다. 가장의 권한은 인간 생명의 근원 자체로부터 나오는 것이므로 국가가 그것을 철폐할 수도 그 역할을 대신 담당할 수도 없다. "자녀들은 아버지의 분신이다." 말하자면 아버지의 인격의 연장이다. 정확히 말한다면 자녀는 그들 자신의 존재로서가 아니라 그들이 태어난 가정을 통하여 국가의 한 구성원이 된다. 바로 이런 이유 때문에 즉, "자녀들은 당연히 아버지의 분신이기 때문에 그들이 이성을 사용할 수 있기 전에는 부모의 보호를 받는 것이다."[3] 따라서 사회주의자들은 부모의 보살핌을 국가의 배려로 대치시킴으로써 자연의 정의를 거스르며 가족들간의 유대를 파괴한다.

빈곤에 대한 공산주의 원리

11. 또한 국가의 개입은 정의에 어긋날 뿐 아니라 모든 계층의 사람들을 혼란과 무질서 속에 빠뜨려 증오와 견디기 어려운 참혹 상태를 초래하리라는 것은 자명하다. 상호간의 원한, 비방, 불목의 분위기가 조성될 것이고 개인의 재능과 근면을 고취시키는 자극이 전혀 없어져 재화의 원천이 근원적으로 고갈되어 버리고 그토록 염원해 온 평등의 꿈은 결국 굶주림과 헐벗음이 널리 만연되는 지경에 이르고 말 것이다.

지금까지 밝혀진 사실에 근거하여 볼 때, 다음과 같은 결론을 내릴 수 있겠다. 사회주의자들이 주창하는 재산의 공유화는 정작 혜택을 받아야 할 노동자 당사자들에게 해를 끼치는 것이므로 배격되어야 한다. 재산의 공유화는 각 개인의 타고난 권리들을 침해하고 국가의 기능들을 변질시키며 만인의 평화를 교란시킨다. 그러므로 노동자들의 처우 개선을 추진하려면 확고부동한 기본 원칙으로 사유 재산권이 존중되어야 한다는 것이 명명백백하다. 이러한 전제하에서 본인은 참다운 해결책을 어디서 찾아낼 수 있는지를 밝히려 한다.

교회와 사회 문제

12. 본인은 분명히 본인에게 속한 권한으로 확신을 가지고 이 문제에 접근하려고 한다. 왜냐하면 신앙과 교회의 도움을 받지 않고서는 결코 그 진정한 해결책을 찾을 수 없기 때문이다. 그리고 교회의 권한에 속한 방편들을 관장하며 종교를 보살피는 일이 본인의 주된 임무이므로, 침묵을 지키는 것은 의무를 소홀히 하는 것같이 보일 것이다.

분명코, 이토록 어려운 문제는 다른 사람들의 활동과 노력을 요청한다. 즉, 국가의 통치자들, 고용주들과 부유한 자들, 그리고 이 문제에 직접 연루되어 있는 노동 계층의 협력이 필수적이다. 그러나 교회의 협조가 없다면 그 모든 노력은 분명 수포로 돌아가고 말 것이다. 사실상 교회는 문제를 해결하거나 갈등을 해소시키는 데에 적절한 가르침을 복음으로부터 얻어낸다. 교회는 자신의 가르침으로써 인간 정신을 계몽하고 각 개인의 생활과 습관들을 교화시키는 데에 노력을 쏟는다. 수많은 유익한 제도들을 활용하고 모든 사회 계층의 여론과 역량들을 수렴하여 노동자들의 상태를 개선시킬 수 있는 최선의 방안을 모색하는 데에 기여하기를 교회는 바란다. 또한 교회는 이러한 목적의 성취를 위하여 적절하고도 합당한 범위 내에서 국가의 권위와 법률의 개입에 의지하여야 하리라고 생각한다.

투쟁 없이도 계층들간의 화목은 가능하다

13. 무엇보다도 먼저 확립되어야 할 주요 원칙은 인간의 고유한 조건이 존중되어야 한다는 것이다. 인간 조건에 비추어볼 때에 세상에서 사회적 불평등을 제거하기는 절대 불가능한 일이다. 물론 사회주의자들은 불평등을 없애기 위해서 노력을 기울이지만, 사물의 본성을 거스르는 온갖 시도는 결코 성공하지 못한다. 인간은 본성적으로 가장 뛰어난 다양성을 지니고 있다. 즉, 모든 사람이 똑같은 재능, 성실, 건강, 체력을 지니지는 않는다. 이같이 불가피한 차이로부터 당연히 사회적 조건들의 차별이 생겨난다. 그리고 이 차이는 오히려 개인에게나 사회에게나 모두 이득이 되는데, 사회 생활이 다양한 소질들과 서로 다른 직분들을 필요로 하기 때문이다. 또한 사람들로 하여금 그러한 직분들을 수행하도록 움직이게 해주는 기본 충동이 곧 각 처지의 불평등인 것이다.

그리고 육체적 노동에 대해서만 생각해 본다면, 원죄 이전과 똑같은 '무죄' 상태에 인간이 처하여 있다 해서 그가 전혀 일하지 않는 게으른 자가 되는 것은 아니다. 그 상태에서는 마음의 휴식을 위하여 인간이 기쁨으로 노동하였지만 범죄한 이후로는 하느님의 명령에 따라 죄를 속죄하기 위하여 마땅히 힘겹고 지겨운 처지에서 노동을 해야만 하였다. "땅 또한 너 때문에 저주를 받으리라. 너는 죽도록 고생해야 먹고 살리라."[4)]

이와 같이 고통도 이 땅에서 결코 사라지지 않을 것이다. 왜냐하면 견디어내기가 어렵고 가혹한 것은 인간이 원하든 원하지 않든 죽을 때까지 인간을 따라다니는 죄악의 탐탁치 아니한 결과들이기 때문이다. 그러므로 고통을 참고 견디는 것은 인간의 타고난 숙명이다. 또 인간이 아무리 애쓰고 발버둥치더라도 진정 이 세상의 고통을 없앨 수 있는 방법과 기술은 결코 없다. 이 땅에서 고통을 제거할 수 있다고 주장하거나 가련한 처지의 사람들에게 죄벌과 고통이 없는 삶과 완전한 평화와 기쁨을 주겠다고 약속하는 사람들은 백성을 기만하는 것이며 현 상태보다도 더 심한 고통에의 길로 이끌어가는 것이다. 고통에 대한 가장 적절한 태도는 인간의 모든 사정을 있는 그대로 바라보는 것이고 동시에 우리가 말한 대로 악에 대한 해결책을 다른 곳에서 찾아내는 것이다.

지금 우리가 다루는 문제 중에서 가장 잘못된 견해는 한 사회 계층이 다른 계층과 본성상 적대 관계에 있으므로 부유한 자들과 가난한 자들은 성격상 상호간에 끝없이 투쟁하기 마련이라고 내세우는 것이다. 이 주장은 이성과 참된 진리에 완전히 상반된다. 인체에는 다양한 지체들이 서로 일치하며 좌우 대칭이라 불리는 균형 잡힌 조직을 이루고 있는 것처럼 본래 국가도 부유한 자들의 계층과 가난한 자들의 계층이 서로 조화를 이루며 또 그 결과 균형을 유지하기를 요구한다. 두 계층은 각기 다른 계층을 절대 필요로 하는데, 자본은 노동 없이 있을 수 없고 노동은 자본 없이 있을 수 없다. 화합이 만사를 아름답고도 질서 정연하게 만드는 반면에 끝없는 반목은 혼란과 잔혹만을 조장할 뿐이다. 그리스도교는 분쟁을 종식시키고 나아가 분쟁의 뿌리 자체를 근절시키는 놀라운 힘을 풍성히 지니고 있다.

교회가 해석하고 수호하는 모든 그리스도교 가르침은 무엇보다도 가진 자와 못 가진 자에게 정의가 당당히 요구하는 의무들에서 출발하여 그들에게 그들 상호간의 의무들을 상기시켜 줌으로써 서로 화해시키고 일치시키는 강한 힘을 지닌다.

노동자와 고용주의 의무들

14. 정의의 원리에 따르면 근로자와 노동자의 의무는 다음과 같다. 그들은 자유와 평등에 따라 체결된 업무를 온전하고도 충실하게 수행해야

하고, 사용자의 재산을 침해하거나 그의 인격을 손상하지 말아야 하며, 자기의 권리를 보호해야 할 경우에라도 폭력의 사용을 삼가야 하고 자신을 수호하려는 노력을 폭동으로 변질시켜서는 안된다. 또한 허황된 것들을 약속하면서 교활하게 선동하는 자들과 야합하지 말아야 한다. 만일 그렇게 한다면 결과는 무익한 후회와 만사를 끝장내는 파멸일 뿐이다.

자본가와 고용주가 준수해야 할 의무가 있다. 그들은 고용인들을 노예처럼 취급하지 말아야 하고 그들이 혹시라도 그리스도교인이 됨으로써 더욱 품위를 지니게 되는 인격의 존엄성을 존중해야 한다. 이성과 신앙에 비추어볼 때 노동은 인간의 품위를 떨어뜨리는 것이 아니라 인간으로 하여금 자신의 수고로써 정직하게 살아갈 수 있도록 품위를 드높여준다. 참으로 부당한 일은 인간을 마치 이윤 추구를 위한 물건처럼 마구 다루는 것이고 오직 노동 기술이나 노동력으로써만 인간을 평가하는 것이다. 노동자들이 종교 생활 및 영혼의 선익과 관련된 의무를 준수하도록 고용주들은 배려해 주어야 한다. 따라서 종교적 의무들을 수행하는 데에 충분한 시간적 여유와 편의를 노동자들에게 제공하는 것, 타락의 온갖 유혹과 저속한 행위의 위험에 빠지지 않도록 해주는 것, 가정에 대한 책임감과 절약 정신을 잃지 않도록 해주는 것, 연령과 성별에 적합치 않는 힘겨운 노동을 강요하지 않는 것은 고용주들의 당연한 의무들이다. 그들의 의무 가운데서 가장 기본적인 것은 각 노동자에게 정당한 임금을 주는 것이다. 여러 가지 사항을 고려하여 정의에 따라 임금을 결정해 주어야 한다. 그러나 자본가들과 고용주들이 대체로 명심해야 할 원칙은 자신의 이윤 추구를 목적으로 곤궁한 자들과 불쌍한 자들을 억압하고 이웃의 비참을 이용하여 이익을 추구하는 것을 신법과 실정법이 모두 금한다는 사실이다. 정당한 임금을 착취하는 것은 하느님께 복수를 호소하리만치 중대한 과오이다. "잘 들으시오. 당신들은 당신들의 밭에서 곡식을 거두어들인 일꾼들에게 품삯을 주지 않고 가로챘습니다. 그 품삯이 소리를 지르고 있습니다. 또 추수한 일꾼들의 아우성이 만군의 주님의 귀에 들렸습니다."[5] 마지막으로 부유한 자들은 폭력으로나 속임수로나 고리 대금업의 방법으로든 노동자의 보잘 것없는 소득에 손해를 끼쳐서는 안된다는 것이다. 이 의무는 노동자가 자신을 보호하기에는 미약하고 능력이 부족하며 또한 그의 밑천이 빈약하기 때문에 더욱 각별히 준수되어야 한다.

15. 이러한 의무들이 잘 지켜진다면 비참한 상태가 충분히 완화되고 분쟁의 여러 원인들이 제거될 수 있지 않겠는가?

그런데 그리스도의 가르침과 모범을 따르는 교회는 더욱 높은 목적을 지향한다. 즉, 두 사회 계층을 가능한 한 가깝게 접근시키고 친구 사이가 되도록 노력한다.

인간의 마음이 또 다른 삶, 곧 영원한 삶을 향해 있지 않으면 현세의 사물들을 올바로 이해하지 못하고 정당하게 평가하지 못한다. 영원한 삶이 없다면 도덕적 선에 대한 참다운 개념은 반드시 없어지고 말 것이며 나아가 온 창조계가 설명할 길 없는 수수께끼가 될 것이다. 장차 실현될 세상의 삶이 인간의 참 삶이라는 것은 자연 자체가 우리에게 가르쳐주는 진리이고 그리스도교의 교리인데, 이 가르침을 근본 바탕으로 하여 종교의 모든 진리가 구성되어 있다. 왜냐하면 하느님께서 우리들로 하여금 지상적이고 일시적인 재화들이 아니라 천상적이고 영원한 보화들을 향유하도록 하시기 위하여 우리를 창조하셨기 때문이다. 또한 이 땅은 고향으로서가 아니라 유배의 장소로서 하느님께로부터 우리에게 주어졌기 때문이다. 우리가 재산 및 다른 지상적 보화들을 많이 소유하고 있든 적게 소유하고 있든 그것은 영원한 행복에 전혀 중요하지 않으며 그 재화들을 선용하거나 악용하는 것이 가장 중요한 일이다. 예수 그리스도께서 완전한 구속 행위로써 우리를 구원하셨지만 현세의 삶 안에 얽혀 있는 여러 가지 번민과 고통들을 없애신 것이 아니라 덕을 쌓는 자극제 및 공로를 쌓는 기회로 그것들을 변화시키셨다. 따라서 아담의 후손들 중 어느 누구도 그리스도의 피 흘리신 발자취를 따르지 않는다면 하늘 나라에 도달할 수 없다. "우리가 끝까지 참고 견디면, 그분과 함께 다스리게 될 것이다."[6] 예수께서는 번민과 고통들을 스스로 기꺼이 떠맡으심으로써 놀랍게도 고통과 수고의 짐을 가볍게 하셨고 또한 모범으로써뿐 아니라 당신의 은총 또는 영원한 보상에 대한 희망으로써도 우리로 하여금 고통을 더욱 쉽게 이겨낼 수 있게 해 주셨다. "우리는 지금 잠시 동안 가벼운 고난을 겪고 있지만 그것은 한량없이 크고 영원한 영광을 우리에게 가져다 줄 것입니다."[7]

16. 그러므로 부유한 이들은 경고를 받는다. 재화는 부자들을 고통으로부터 해방시켜 주지 못하며 그것들은 장차 올 행복을 위해서 유익하기보다는 오히려 해로운 것이다.[8] 부자들은 예수 그리스도의 상당히 엄중한 경고[9]를 상기하고 두려움을 가져야 한다. 그들은 재화의 사용에 대하여 심판관이신 하느님께 가장 엄격한 셈을 바쳐야 한다.

재화의 소유와 사용

재화의 사용에 대하여 가장 훌륭하고 중요한 원칙은 역시 철학에 의하여 제시되었지만 교회에 의하여 완전하게 보충되어 정립된 가르침이다. 교회는 순수 사변에 만족하지 않고 실천의 영역에로 나아가 삶을 교화시키려고 애쓴다. 그러한 가르침의 바탕은 재산의 부당한 소유와 정당한 사용은 구분되어야 한다는 원칙에 있다. 이미 살펴본 바와 같이 사유 재산권은 인간의 천부적인 권리이며, 또한 이 권리의 행사는 특별히 사회 생활에 있어서 합법적일 뿐 아니라 절대 필요한 것이다. "인간이 자기 재산을 소유하는 것은 인간의 생활에 정당하고, 나아가 필수적이다."[10] 재화의 사용이 어떠해야 하느냐고 질문을 받는다면, 교회는 주저하지 않고 대답한다. "인간은 물질적 재화를 자신의 것으로뿐 아니라, 공동의 것으로 가져야 한다. 이에 대해 사도께서도 말씀하신다. 이 세상의 부자들은 자기의 소유를 기꺼이 나누어주어야 한다."[11] 물론 아무도 자기 자신과 자기 가족에게 꼭 필요한 것까지 남들에게 베풀어야 할 의무를 진 사람은 없다. 더욱이 자기 신분에 알맞은 생활을 유지하기 위해 필수적인 것까지 내놓아야 할 의무는 없다. "왜냐하면 누구든지 자기의 처지보다 못하게 살아야 할 의무는 없기 때문이다."[12] 그러나 자기 생활에 필수적인 것과 신분에 필요한 것 이외의 나머지를 궁핍한 사람들에게 나누어주는 것은 마땅한 의무이다. "그릇 속에 담긴 것을 가난한 사람들에게 주어라."[13] 극도로 궁핍한 경우를 제외하고 이러한 의무들은 분명히 정의에 입각한 의무가 아니고 그리스도교 애덕의 의무이므로 법률로 그 실천을 강요할 수 없다. 그렇지만 인간의 법과 판단에 그리스도의 법과 판단이 선행한다.

그리스도께서는 너그러이 베풀어주는 덕행에 관하여 여러 가지 형태로 말씀하시면서, "주는 것이 받는 것보다 더 행복하다"[14]고 가르치시고 또 궁핍한 자들에게 자비를 베푼 것이나 거절한 것은 곧 당신 자신에게 선행을 행한 것이나 거절한 것이라고 선언하신다. "분명히 말한다. 너희가 여기 있는 형제 중에 가장 보잘것없는 사람 하나에게 해준 것이 바로 나에게 해준 것이다."[15]

결론적으로 외적이고 물질적인 재화이든 정신적인 재능이든 하느님께로부터 풍성한 은혜를 받은 사람은 자기의 인격 완성에 그것을 활용하는 동시에 하느님 섭리의 봉사자로서 다른 사람들의 유익을 위하여 그것을 활용하도록 그 은혜를 받은 것이다. "그러므로 재능이 있는 사람은 그 재능을 숨기지 말아야 하고 재물을 많이 가진 사람은 자선을 베푸는 데에 너무 인색하지 말아야 하고 기술을 가진 사람은 이웃 사람의 편의와 이익을 위하여 그것을 나누어야 한다."[16]

노동의 존엄성

17. 교회는 노동으로 생계를 유지해야 하는 처지와 가난이 하느님 앞에 결코 수치스러운 일이 아니라는 것을 가난한 사람들에게 가르친다. 예수 그리스도께서 몸소 모범을 보이시어 이 진리를 확인하셨다. 그분은 사람들의 구원을 위하여 "부요하셨지만 가난하게 되셨고"[17] 하느님의 아들이시고 하느님 자신이시지만 목수의 아들로 태어나시고 사람들에게 그렇게 인정받기를 원하셨다. 더욱이 그분은 노동하심으로써 생애의 대부분을 보내시는 것을 마다하지 않으셨다. "저 사람은 그 목수가 아닌가? 그 어머니는 마리아가 아닌가?"[18] 이러한 모범을 친히 보여주신 하느님을 생각해 본다면 다음과 같은 진실을 더욱 쉽게 이해할 수 있다. 즉, 인간의 진정한 존엄성과 고귀함은 전적으로 도덕 곧 덕행으로 응답하는 태도에 있다. 덕은 높은 신분의 사람이건 낮은 신분의 사람이건, 부유한 자이건 가난한 자이건 상관없이 모든 사람이 공평하게 쌓을 수 있는 공동 유산이다. 어떠한 처지에 있든지 간에 영원한 행복의 보상은 오로지 덕을 쌓는 행업에만 베풀어진다. 더욱이 하느님께서 불쌍한 사람들에게 특별한 애정을 쏟으시는 것 같다. 왜냐하면 예수 그리스도께서 가난한 자들은 행복하다고 선언하시기 때문이다.[19] 그분은 무거운 짐에 허덕이는 모든 사람을 인자로이 부르시어 당신께로부터 위안을 받게 하신다.[20] 무력하고 박해받는 사람들을 넘치는 사랑으로 감싸주신다. 이러한 진리들은 부유한 자들의 오만한 태도를 낮추고 불쌍한 자들의 굴욕적 자세를 치유해 주는 놀라운 효력을 지닌다. 또한 부유한 자들과 가난한 자들 모두에게 절제와 관용의 정신을 고취시키는 힘을 지닌다. 이러한 진리에 힘입어 교만이 빚어낸 간격이 좁혀지고 두 계층이 서로 화해함으로써 우정 어린 화합에 일치하게 되는 일이 어렵지 않게 이루어질 것이다.

자연의 재화 및 은총의 보화의 공동 소유

18. 그러나 두 계층이 복음의 법에 순종한다면 단순한 우정에 만족할 것이 아니라 형제적 사랑의 결속을 염원하게 될 것이다. 왜냐하면 그들은 모든 사람이 만인의 아버지이신 하느님께로부터 태어났으며 궁극 목적이신 하느님께로 향해 나아가고 있고 하느님 홀로 사람들과 천사들을 완전하게 하실 수 있다는 것을 깨닫고 느끼게 될 것이기 때문이다. 그리고 그들은 모든 사람이 똑같이 예수 그리스도에 의해 구원받았고 그들 서로만이 아니라 "많은 형제들 중의 맏아들"이신 주 그리스도와 결합되도록 하느님의 자녀의 품위에 부르심을 받고 있음을 깨닫게 될 것이다. 나아가 그들은 자연의 재화와 은총의 보화가 인류의 공동 유산이고 자신의 결함이 없다면 천상의 보화들을 상속받는 데에 제외되는 사람이 아무도 없다는 것을 자각하고 느끼게 될 것이다. "자녀가 되면 또한 상속자도 되는 것입니다. 과연 우리는 하느님의 상속자로서 그리스도와 함께 상속을 받을 사람입니다."[21]

19. 바로 이것이 복음 안에 내포되어 있는 이상적인 권리와 이상적인 의무이다. 복음이 세상 안에 놀라운 힘을 발휘한다면 온갖 분쟁이 종식되고 평화가 회복되지 않겠는가?

교회의 모범과 교도권

20. 교회는 해결책을 제시하는 것으로 만족하지 않고 어머니다운 태도로 그 자신이 몸소 그것을 실천한다. 교회는 자기 교리가 내포하고 있는 구원의 생명수가 주교들과 사제들을 통하여 넘쳐 흘러서 온 땅을 적시도록 배려함으로써 사람들에게 복음의 진리를 가르치고 고취시켜 주려고 혼

신의 힘을 기울인다. 그와 동시에 사람들이 하느님의 계명을 잘 지킬 수 있도록 인간의 마음과 의지를 순화시켜 준다. 그리고 실제로 모든 선익을 가져다 주는 가장 중대한 이 역할은 오로지 교회만이 참으로 효과 있게 수행할 수 있다. 왜냐하면 교회가 이 목적에 따라 사람들의 마음을 감화시키기 위하여 이용하는 방편들은 예수 그리스도께로부터 직접 받은 것이고, 따라서 그 자체 안에 신적인 효력을 지니고 있기 때문이다. 그러므로 이 방편들만이 사람들의 깊숙한 마음속과 양심에까지 가닿아, 사람들로 하여금 자연스럽게 의무감을 갖고 행동하게 해주고, 여러 가지 욕망과 격정들을 잘 다스리게 해주며, 고귀하고 드높은 사랑으로 하느님과 이웃을 사랑하게 해주고 덕을 쌓는 과정에서 생기는 모든 장애들을 대범하게 극복할 수 있게 해준다.

이 사실을 확인하려면 역사적인 사례들을 일별하는 것만으로도 충분하다. 우리는 의심할 여지가 없는 사실들과 사항들을 기억하고 있다. 그리스도교의 업적으로 말미암아 인간 사회가 변화되었고, 이러한 변화는 인류의 발전이었으며 나아가 도덕적인 죽음으로부터 도덕적 삶에로의 소생이었고 일찍이 전혀 볼 수 없었고 앞으로도 더 나은 발전을 기대할 수 없을 정도로 더없이 완벽한 발전이었다. 결국 예수 그리스도께서 이 모든 변화의 근원이고 완성이시므로, 그 모든 변화가 그분에게서 연유되었으며 그분과 결부되어 있음을 우리는 명심하고 있다. 세상이 복음의 빛을 통하여 말씀의 강생과 인간 구원의 위대한 신비를 깨달았을 때에 하느님이시며 사람이신 예수 그리스도의 생명이 인간 사회 안에 파고들었으며, 세상은 그리스도를 믿고 그분의 계명과 법들을 깨닫게 되었다. 그러므로 만일 세상의 죄악을 척결하는 해결책이 있다면 그것은 오로지 그리스도교적 생활과 그리스도교적 제도로 되돌아가는 길밖에는 없을 것이다. 몰락하여 가는 사회를 일으켜 세우려면 그 사회가 존재하기 시작할 때에 부여받은 근본 원리들에로 그 사회를 다시 이끌어가야 하는 것이 중요한 원칙이다. 모든 사회 단체가 완성되기 위해서는 그 자신의 목적을 향하여 나아가고 거기에 도달하여야 한다. 사회 단체의 모든 움직임과 활동을 유발시키는 원리는 그 단체를 발생시킨 똑같은 원리이기 때문이다.

21. 따라서 교회의 모든 배려가 지상의 현세적 삶에 속하는 것을 무시하면서까지 오로지 영혼의 구원에만 전적으로 쏠려 있다고 믿어서는 안된다.

교회는 특히 노동자들이 그들의 가련한 처지에서 헤어나고 그 상태가 호전되기를 바라며 또 그렇게 배려하고 있다. 교회는 무엇보다도 먼저 사람들을 덕행으로 인도하고 교화시킴으로써 그 일을 추진한다. 그리스도교의 관습들이 그러한 역할을 계속 수행해 나갈 때에 그 자체로서도 현세 삶의 번영에 기여한다. 왜냐하면 그 관습들은 온갖 선의 근원이며 원천이신 하느님의 축복을 얻어 누릴 수 있으며, 모든 것이 풍족한 상황에서도 인간을 불행하게 만드는 재난, 즉 재산에 대한 탐욕과 쾌락에 대한 탐닉을 규제하기 때문이다.[22] 그 관습들은 검소한 생활에 만족하면서 재산의 부족을 절약으로 보충하며, 적은 재화들은 물론 큰 재화들을 낭비하고 심지어 엄청난 유산까지 탕진하게 만드는 악행들을 멀리하라고 가르친다.

교회가 실천하는 애덕의 활동

교회가 하는 일은 그 밖에도 또 있다. 교회는 빈곤의 구제에 효력을 지니고 있다고 알려진 수많은 단체들을 설립하고 또 운영함으로써 가난한 사람들에게 직접적인 도움을 주고 있다.

교회는 자기를 반대하는 적들로부터도 찬사와 경탄을 자아낼 정도로 훌륭하게 이 자선 사업을 추진해 왔다. 초기 교회의 그리스도인들의 마음 안에는 형제적 사랑의 열정이 뜨겁게 달아올라 부유한 이들이 다른 형제들을 도와주기 위하여 너무나 자주 자기 재산을 희사하였다. 그래서 "그들 가운데 가난한 사람은 하나도 없었다."[23] 사도들은 매일의 자선 행위를 부제들에게 맡겼는데 부제직은 바로 이 목적을 위하여 제정된 직분이었다. 또한 사도 바오로는 모든 교회를 돌보는 일에 여념이 없었는 데도 불구하고 자기가 모은 희사금을 가난한 신자들에게 직접 전해주기 위하여 고달픈 여행을 감내하기를 주저하지 않았다. 테르툴리아누스는 신자들이 집회 때마다 자발적으로 모은 헌금들을 '신심의 보증금'이라 불렀다. 왜냐하면 그것은 "구차한 사람들에게 먹을 것을 주고 죽었을 때 장례를 치러주고 남녀 구별 없이 가난한 사람들과 고아들과 늙은 사람들과 파산당한 사람들을 구제하는 데에 사용되었기"[24] 때문이다.

이렇게 하여 점차로 교회의 세습 재산이 형성되었는데 교회는 그것을 항상 종교적인 배려로써 가난한 사람들의 공유 재산으로 활용하였다. 더욱이 가난한 사람들은 교회의 참신하고도 결정적인 구제 활동 덕분에 구걸하는 부끄러움을 전혀 느끼지 않았다. 사실상 교회는 가난한 이들과 부유한 이들 모두의 공동 어머니로서 장소를 가리지 않고 영웅적인 자선 행위를 독려하고 실천하도록 유도함으로써 여러 수도 단체와 다른 자선 단체들을 탄생시켰는데, 이 단체들은 도움과 위안을 받지 못하는 온갖 종류의 비참한 처지를 그냥 방치해 두지 않았다. 이교도들이 과거에 그리스도인들에 대해 이미 그렇게 했던 것처럼 오늘날에도 많은 사람들이 교회의 훌륭한 자선 활동에 대해서조차 비난을 퍼붓는다. 그들은 이 자선 활동을 법률적 성격의 원조 사업으로 대체하는 것이 바람직하다고 믿는다. 그러나 인간이 아무리 재간이 있고 성실할지라도 다른 사람들의 선익을 위하여 전적으로 헌신하는 그리스도인들의 자선 활동에는 전혀 미치지 못한다. 자선 활동은 교회의 도덕적 힘에서 나온 것일 수밖에 없다. 왜냐하면 그것은 지극히 거룩하신 예수 그리스도의 성심으로부터 생겨나는 능력이기 때문이다. 그리고 교회를 등지고 있는 사람은 예수 그리스도께로부터 멀리 떨어져 있는 사람이기 때문이다.

국가의 협력

22. 물론 노동자 문제를 해결하려면 인간적 방편들도 활용하여야 한다는 것은 두말할 나위 없다. 이 문제에 관심을 쏟는 모든 사람들은 각자의 역할에 따라 또한 세상을 다스리시는 하느님의 섭리를 본받아 협력해야 한다. 좋은 결과는 그것을 전적으로 좌우하는 모든 원인들이 조화 속에서 함께 작용하여 이루어지는 결실이라는 평범한 원칙을 명심해야 한다.

23. 그러므로 우리는 국가의 협력이 어떠해야 하는지를 안다.

우리가 여기서 말하는 국가란 어떤 특정한 나라들에서 보여지는 바와 같이 구성되어 있고 또 기능을 다하는 그런 국가가 아니라 가톨릭 교리 내용과 완전히 부합되고 올바른 이성의 원칙들 위에 근거를 둔 참된 의미의 국가이다. 본인 자신이 '그리스도교 정신에 따른 국가 조직'에 관한 회칙에서도 이러한 국가관을 제시하였다.

국가 번영의 기원

따라서 국가의 통치자들은 우선 모든 법과 정치 제도들을 총괄적으로 또 균형 있게 운용하여 사회의 번영과 개인의 복리가 자연스럽게 증진되도록 국가를 다스리고 운영해야 한다. 이러한 일은 현명한 정치가의 직분이고 통치자의 본분이다. 그런데 국가의 번영은 특히 도덕적인 사회 관습, 건전한 가정 생활, 열심한 종교 생활 및 정의의 실천, 조세 공과금의 적절한 부과와 균등한 배분, 상공업 및 농업의 발전 그리고 이와 유사한 다른 정책들, 즉 더 훌륭히 촉진될수록 더욱더 백성을 행복하게 해줄 수 있는 여러 요소들에 의해 이루어진다.

오로지 이런 제도들을 통해서만 국가는 다른 사회 계층들과 노동자 계층의 복지를 상당히 촉진시킬 수 있으며 또한 부당한 간섭의 의혹을 받지 않고서 자기의 충만한 권한을 행사할 수 있다. 왜냐하면 공동선을 보살펴주는 것이 국가의 본분이고 권한이기 때문이다. 그리고 국가의 이러한 총괄적인 배려로 말미암아 이루어지는 전체 이익이 크면 클수록 노동자들의 복리 증진을 추구하기 위한 다른 방법들을 강구하려는 필요성은 줄어들 것이다.

24. 우리 문제의 핵심에 더 가까이 가려면 고려되어야 할 사항이 또 있다. 즉, 국가는 더 낮은 계층과 높은 계층의 사람들을 조화 속에서 똑같이 포용하는 단일체라는 점이다. 노동자들도 부자들에 못지 않게 타고난 권리를 가진 시민들이고 참되고 살아 있는 국가 구성원들이며 또 그 결과 두말할 나위 없이 절대 다수인 노동자 계층의 가정들을 통하여 국가가 한 생명체로 형성되는 것이다. 따라서 다른 계층의 시민들을 소홀히 하면서 어느 한 계층의 시민들을 보살피는 것은 불합리하며 노동자들의 복지를 마땅히 배려해 주는 것이 국가의 진정한 의무이다. 이 본분을 다하지 않을 때 각 사람에게 각자의 몫이 되돌아가게 해주는 정의는 손상된다. 이 점에 대해서 성 토마스 데 아퀴노가 현명하게 지적하고 있다. "부분과 전체가 어떤 식으로든 한 단일체를 이루기 때문에 전체에 속하는 것은 어떤 방식으로든 부분에 속해 있다."[25) 그러므로 공동선을 위해 애쓰는 통치자들이 수행해야 할 많은 중대한 의무들 가운데 으뜸가는 임무는 '분배 정의'를 엄격하고도 공정하게 준수함으로써 모든 계층의 시민들을 공평하게 보살펴주는 일이다.

25. 모든 시민이 예외 없이, 나중에 각 개인들의 이익으로 환원되는 공동 복지에 각자가 협력한다 할지라도 공동 협력은 모든 부면에 있어서 일

률적으로 똑같을 수는 없다. 국가의 통치 방식이 아무리 변할지라도 국민 각자의 처지는 항상 서로 다르며 불평등할 것이다. 이러한 다양성과 차이가 없는 인간 사회는 존재할 수도 상상할 수도 없다. 나라를 다스리는 사람들, 법을 제정하고 집행하는 사람들, 판결을 내리는 사람들이 있어야 한다. 단적으로 말해서 평화시에 치안을 담당하는 사람들이 있어야 하고 전쟁 중에 나라를 방어하는 사람들이 있어야 한다. 그리고 이런 여러 직분들이 공동선을 실현하는 더욱 용이하고 효과적인 방편들이기 때문에, 국가의 주요한 역할을 담당하고 있다는 것은 쉽게 이해된다. 근로자들도 똑같은 방식이나 업무로써 공동선에 협조할 수는 없다. 그럼에도 불구하고 그들 역시 그들의 업무 수행으로써 공동선의 실현에 큰 일익을 담당한다. 물론 사회 복지의 궁극 목적이 국민 각자의 손색 없는 안녕이기 때문에 사회 복지는 반드시 덕을 바탕으로 하여 실현되어야 한다. 그렇지만 "물질적 재화의 사용이 덕을 실천하는 데에 필수적이기"[26] 때문에 질서 정연한 모든 사회는 그런 재화들을 풍부히 가지고 있어야 한다. 물질적 재화들을 생산하는 데에는 논밭에서나 공장에서 일하는 노동자들의 전반적인 노동과 기술이 필수적이고 효과적이다. 이 점에 있어서 노동자의 역할이 매우 중요하므로 노동자들의 노동에 의해서만 국가의 부가 생산된다는 것이 아주 확실하다. 그러므로 정부는 노동자 자신이 생산해 내는 국가의 재산에 그가 어떤 방식으로든지 참여할 수 있도록 노동자에게 적극 배려해 주어야 한다. 그렇게 되면 노동자는 의식주 문제를 해결하게 되고 또 더욱 편리한 생활을 영위할 수 있게 된다. 따라서 어떤 방식으로든지 노동자의 처지를 호전시킬 수 있는 모든 방도가 최대한 강구되어야 하며 또 이러한 배려가 분명히 어느 한 사람에게도 손해를 끼치지 않고 모든 사람에게 균등한 혜택을 주어야 한다. 왜냐하면 국가의 그토록 중요한 이득을 산출해 내는 노동자들의 비참한 처지의 해결은 모든 사람들에게 이익이 되기 때문이다.

국민들을 위한 국가의 통치

26. 이미 말한 대로 국가가 개인이나 가정을 장악하는 것은 부당하다. 개인이나 가정이 공동선과 다른 사람의 권리를 침해하지 않는다면 국가는 마땅히 개인이나 가정이 가능한 한 자유로이 활동할 수 있도록 배려해 주어야 한다. 또한 국가의 통치자들은 사회 전체와 그 부분들을 보호해야 한다. 사회를 보호하는 것이 최고 통치권자에게 맡겨진 당연한 의무이기 때문에 공공의 안녕은 최고의 법으로 보장받을 뿐 아니라 정부의 유일하고 근본적인 존재 이유이다. 정부의 설립 목적이 통치자 개인의 이득이 아니라 국민들의 이익을 증진시키는 것임을 철학과 복음이 한결같이 가르치고 있는 만큼, 통치자는 사회의 구성원들도 마땅히 보호해 주어야 한다. 그리고 정치 권력은 하느님께로부터 온 것이며 또한 하느님의 주권에 참여하는 것이므로 하느님의 다스리심을 본받아 행사되어야 한다. 하느님께서는 자부적 배려로써 온 우주뿐 아니라 각개 피조물까지도 보살피시고 다스리신다. 따라서 사회 전체나 일부 구성원들이 자신의 권리를 침해당하고 손해를 입게 되는 상황에서 그 침해를 회복하거나 미연에 방지할 만한 별다른 방도가 없을 때에 국가가 개입할 필요가 있다.

국가의 의무와 개입의 한계

개인의 복지도 사회의 안녕과 마찬가지로 다음과 같은 사항을 염두에 두어야 한다. 즉, 공공 질서와 평온이 유지되어야 하고, 가정 생활이 하느님의 법과 자연의 원리들에 따라 영위되어야 하고 종교가 존중되어야 하며 사회의 미풍 양속과 개인의 건전한 생활이 확산되어야 하고 정의가 침해당하지 말아야 하고 사회의 한 계층이 다른 계층들을 억압하지 말아야 하고 국가의 이익을 신장시키고 국가를 수호할 능력을 갖춘 건전하고 강한 시민들이 많이 배출되어야 한다. 그러므로 만일 노동자들의 폭동이나 파업으로 말미암아 사회 질서가 극도로 교란된다면, 가난한 노동자들의 가정이 뿌리째 흔들린다면, 노동자가 종교 생활의 의무를 수행하는 데에 필요한 시간적 여유와 기회를 갖지 못하여 그 생활을 제대로 영위하지 못한다면, 성문란 및 악으로 유인하는 여러 가지 요인들로 인하여 공장 내의 건전한 풍속이 문란해진다면, 기업주들이 강요하는 부당한 부담 때문에 노동자들이 억압당하거나 인간의 존엄성에 상반되는 계약 조건에 희생된다면, 성별과 연령에 맞지 않는 과도한 작업량과 작업 환경으로 인하여 노동자들의 건강이 위협받는다면, 이런 경우에 법이 힘과 권위로써 개입하여 문제를 해결해 주어야 한다. 그러나 법의 개입에는 분명한 한계가 있는데 국가의 개입이 필요한 경우에 적용되는 똑같은 한계를 넘어서지 말아야 한다. 다시 말해서 악이나 위험을 제거하기 위한 다른 방도가 없을 때에 한하여 법이 개입해야 한다.

27. 권리를 가진 사람은 누구든지 그 권리를 마땅히 보호받아야 하며 공권력은 권리의 침해를 미연에 방지하거나 그 침해에 대해 처벌함으로써 각 사람에게 그 권리를 보장해 주어야 한다. 개인의 권리를 옹호함에 있어서, 국가는 특별히 약자들과 빈자들을 보살펴야 한다. 부유한 이들은 자기 방어 능력이 있으므로, 공적인 보호를 받을 필요가 덜하다. 이와는 반대로 빈곤한 대중은 든든한 재산이 없으므로, 국가의 재산에 크게 의존한다. 따라서 임금노동자들이 빈곤한 대중에 속하기 때문에, 국가는 이들을 특별한 배려와 관심을 가지고 돌봐야 한다.

국가는 사유 재산을 보호해야 한다

28. 아주 중요한 몇 가지 개별 원칙들이 분명하게 밝혀져야 한다.

가장 기본적인 원칙은 국가의 통치자들이 법을 훌륭히 집행함으로써 사유 재산을 보호해 주어야 한다는 것이다. 탐욕의 열기가 걷잡을 수 없을 정도로 달아오르고 있는 오늘날에 특히 국민 모두가 각자의 의무에 충실해야 한다. 왜냐하면 그들이 자기의 처지를 향상시키는 것은 정의가 허용하지만, 다른 사람들이 가진 것을 빼앗거나 평등을 빌미로 하여 다른 사람의 재산을 침해하는 것은 정의와 공동선이 결코 용납하지 않기 때문이다. 분명히 대다수의 노동자들이 다른 사람의 인격을 손상하지 않고 정직하게 자기의 처지를 개선하려고 하겠지만, 그릇된 주장에 물들고 위태로운 변화에 광분하여 어떤 대가를 치러서라도 소란을 일으키고 다른 사람들을 자극하여 폭동을 선동하려는 자들도 적지 않다. 따라서 국가의 공권력은 이에 즉각 개입하여 선동자들을 규제하고 나서 선동의 위험으로부터 선의의 노동자들을, 약탈의 위험으로부터 양심적인 기업주들을 보호해야 한다.

국가는 노동 파업을 예방해야 한다

29. 노동자들이 파업을 일으키는 동기는 대개의 경우 작업 시간이 너무 길며 고되고 또 임금이 적다고 판단되기 때문이다. 자주 발생하는 이런 심각한 불상사를 국가가 미리 방지해야 한다. 왜냐하면 그러한 파업은 고용주들과 노동자 자신들뿐 아니라 상업과 공공 이익에도 손해를 끼치기 때문이다. 또한 일반적 파업에 뒤따라오는 폭력과 소요 사태들이 가끔 사회의 평화를 위태롭게 하기 때문이다. 이럴 경우에 가장 큰 도움이 되고 효과적

인 해결책은 적절한 법이 노사간의 갈등을 일으킬 수 있는 원인들을 제때에 제거함으로써 악을 예방하고 또 노사 분규를 미연에 방지하는 것이다.

국가는 영적 보화들을 보호해야 한다

30. 그와 동시에 국가는 노동자가 가지고 있는 많은 것들을 보호해야 한다. 그 가운데 으뜸가는 것이 영적 보화이다. 현세의 삶이 아무리 좋고 바람직할지라도, 그 자체는 창조 목적이 될 수 없고 진리에 대한 완전한 인식에 이르고 또 선을 실천함으로써 영적 생명을 완성시키기 위한 방편이며 길일 뿐이다. 인간의 영혼은 그 자체 안에 하느님의 모상과 유사성을 지니고 있다. 이 영혼으로 말미암아 인간은 다른 모든 피조물들을 지배하고 또 자신의 유익을 위하여 온 땅과 온 바다를 이용할 수 있는 주권을 누린다. "자식을 낳고 번성하여 온 땅에 퍼져서 땅을 정복하여라. 바다의 고기와 공중의 새와 땅 위를 돌아다니는 모든 짐승을 부려라!"27) 이 점은 모든 사람에게 동등하다. 즉, 부유한 자와 가난한 자, 주인과 하인, 우두머리와 그 수하 사람 사이에 아무런 차별이 없다. 왜냐하면 "같은 주님께서 만민의 주님이 되시기"28) 때문이다. 하느님 자신이 대단한 존경심으로 다루는 인간 존엄성을 어느 누구도 부당하게 침해할 수 없으며 인간이 영원한 생명을 얻기 위하여 완성에로 나아가는 길을 걷지 못하게 방해할 수도 없다. 더군다나 인간은 자기의 자유 선택권을 단념하여 영혼의 예속 상태를 자발적으로 받아들이도록 방치되어서도 안된다. 왜냐하면 그것은 인간이 마음대로 행사할 수 있는 권리에 관한 문제가 아니라 인간이 하느님께 대해 엄격히 수행해야 할 절대적 의무에 관한 문제이기 때문이다.

이 의무로부터 주일과 축일에 일하지 말고 휴식을 취해야 한다는 당위성이 생긴다. 이 휴식은 오랜 시간 무료하게 지내는 상태로 이해해서도 안

되고, 더욱이 많은 사람들이 흔히 바라듯이, 범죄의 동기와 낭비의 기회가 되는 전적인 태만으로 생각해서도 결코 안된다. 그것은 종교에 의해 거룩하여진 휴식, 곧 안식이다. 종교와 결부된 휴식은 인간을 노동과 일상 생활의 업무로부터 해방시켜 천상 보화에 유념하게 하고 하느님께 마땅한 예배를 드리도록 해준다. 이것이 바로 휴식의 근본 동기이고 안식의 목적이다. 하느님께서는 구약성서에서 "안식일을 기억하여 거룩하게 지켜라"[29]고 인간에게 말씀하시면서 안식을 율법으로 제정해 주셨고 또한 몸소 안식을 준수하심으로써 직접 가르치셨다. 하느님께서 인간을 창조하신 후 일곱째 날에 창조 사업을 마치시고 안식을 취하셨다. "하느님께서는 엿새날까지 하시던 일을 다 마치시고 이렛날에는 모든 일에서 손을 떼고 쉬셨다."[30]

노동자 및 부녀자와 연소자의 노동에 대한 보호

31. 외형적이고 육체적 안녕을 보호하는 문제에 관하여 제일 먼저 고려해야 할 것은 이득을 목적으로 사람들을 마치 물건 취급하듯 무차별 혹사시키는 악덕 기업주들의 인권 유린으로부터 가난한 사람들을 보호해 주는 일이다. 과중한 노동으로 정신이 무디어지고 육신이 핍진해지도록 노동을 요구한다는 것은 정의도 인간성도 용납하지 않는다. 인간의 본성과 마찬가지로 인간의 활동에도 한계가 있다. 인간의 활동은 훈련과 실행을 통하여 촉진될 수 있으나, 이는 적절한 시기에 활동을 중지하고 휴식을 취할 때에 한해서 그러하다. 따라서 체력이 감당할 수 없을 정도로 노동 시간이 길어져서는 안된다. 휴식 시간은 노동의 질, 작업 시간과 작업 장소의 환경, 노동자들의 체질 자체와 건강 상태에 따라 결정되어야 한다. 예컨대, 채석 작업이나 철, 구리 따위의 지하 자원의 발굴 작업은 건강을 해치는 힘든 노동이므로 작업 시간이 단축되어야 한다. 역시 계절에 따라서도 작업량과 시간이 정

해져야 한다. 왜냐하면 어떤 계절에는 쉽게 견딜 만한 노동이 다른 계절에는 참으로 견디기 어렵고 너무 고된 작업이 되는 경우가 허다하기 때문이다.

결국 신체 건장한 성인 남자에게나 적합한 노동을 부녀자나 연소자에게 강요하는 것은 이치에 어긋난다. 연소자들이 신체적으로나 지적으로나 정신적으로 충분한 힘을 기르기까지는 공장에서 일을 하지 못하도록 배려해 주어야 한다. 사춘기에 발산하는 힘은 한창 자라나는 풀과 같아서 조속히 발육시켜 버리면 그 힘이 빨리 소모되며 나아가 연소자에 대한 교육 자체가 불가능해진다. 이와 마찬가지로 어떤 직종의 노동은 원래 가사를 돌보는 데에 적합한 부녀자들에게는 전혀 맞지 않는다. 여자들은 온유한 성품의 여성다움으로써 정절을 훌륭히 지키며 자녀들을 교육하고 가정의 안녕을 유지하는 데에 타고난 자질을 갖추고 있기 때문이다. 다음의 규범은 꼭 지켜져야 할 일반 원칙이다. 즉, 노동자에게 필요한 휴식은 노동으로 소모된 체력에 비례하여 결정되어야 한다. 왜냐하면 노동으로 소모된 체력은 휴식으로써 회복되어야 하기 때문이다. 고용주들과 노동자들이 서로 맺은 모든 협약에는 노동자들에게 정신과 육신의 휴식을 보장하는, 명시적 또는 묵시적 조건이 있어야 한다. 이것과 달리 합의하는 것은 도리에 어긋나는 것이다. 하느님과 자기 자신에게 대해 지고 있는 의무들을 저버리도록 유도하는 것은 어느 누구에게든 절대 허용되지 않기 때문이다.

노동자의 적정 임금

32. 이제 우리는 지극히 중요한 문제를 다루게 되는데, 그것은 상반되는 양극단의 어느 한 쪽으로 치우치지 않기 위하여 올바로 이해되어야 하는 문제이다. 흔히 말하기를 임금은 고용주와 노동자들의 자유로운 합의에 의해 결정된다고 한다. 고용주는 합의된 임금을 지불함으로써 할 바를 다하고 그 이상

의 것은 아무것도 더 하지 않아도 된다는 것이다. 고용주가 합의한 임금 전부를 지불하지 않거나 노동자가 계약한 작업을 완수하지 않을 경우에만 불의가 저질러지며 또한 고용주와 노동자의 권리를 보호하기 위해서만 국가의 개입이 정당할 뿐이고 그 밖의 다른 경우에는 절대 허용되지 않는다는 주장이다.

이런 논리 전개는 공정한 판단을 내리는 사람에게 쉽게 납득되지도 않고 모든 사람에게도 인정받지 못한다. 왜냐하면 그것은 모든 측면에서 사태를 관찰할 줄 모르고 또 결정적인 몇 가지 고려해야만 할 사항을 빠뜨리고 있기 때문이다. 노동한다는 것은 생활의 다양한 요구, 특히 생계 유지에 필요한 것을 마련하기 위하여 노력하는 것이다. "이마에 땀을 흘려야 낟알을 얻어 먹으리라."[31] 그러므로 인간의 노동은 인간이 날 때부터 타고난 두 가지 특성을 지니는데, 인격적인 특성과 필연적인 특성이 바로 그것이다. 인격적인 특성이라는 이유는 활동의 힘이 인격 안에 천부적으로 내포되어 있으며 그 힘을 발휘하고 활용하는 사람에게 전적으로 속한 것이기 때문이다. 필연적인 특성이라 함은 노동의 결과가 인간이 생명을 유지하기 위하여 필수적이며 또 생명 보존이 자연에 의하여 부여된 불가피한 의무이기 때문이다. 따라서 인격적인 특성에 비추어서만 고찰해 본다면 노동자가 정당한 수준에 못미치는 임금으로 계약할 수 있다는 것은 의심할 여지가 없다. 왜냐하면 그가 노동을 원하는 만큼 제공할 수 있으므로, 그가 원해서 적은 임금에 만족할 수도 있고 실제로 그것마저 포기할 수도 있기 때문이다. 그러나 인격적인 특성과 함께 필연적인 특성도 고려되어야 하기 때문에 현실에 비추어 도저히 그렇게 할 수는 없다. 이 두 가지 특성은 논리상으로 구별되지만 실제로는 불가분의 관계에 있다. 사실 생명의 보존은 의무이고 이 의무를 소홀히 하는 것은 죄악이므로 아무도 그 의무를 저버릴 수 없다. 여기에서 필연적으로 생계 유지를 위한 것을 취득할 권리가 나오며, 가난한 이는 노동으로 취득한 임금을 통해서만 그렇게 할 수 있다. 따라서 노동자와 고용주가 양자 합의로 계약을 체결하고 임금을 분명하게 결정하더라도, 쌍방간의 자유 의사를 우선하고 능가하는 기본적인 정의가 항상 반영되어야 한다. 임금은 노동자가 검소한 생활, 말하자면 최소한의 안락한 생활을 유지하는 데에 미흡해서는 안된다. 만일 노동자가 궁핍 때문에 강요되거나 더 큰 악이 두려워서 더욱 힘든 조건들을 받아들인다면, 또 원하지도 않는데 고용주와 기업주가 부과하기 때문에 어쩔 수 없이 받아들여야 한다면, 그것은 폭력을 당하는 것이며, 이에 정의가 항의하는 것이다.

그 밖에도 이와 유사한 다른 문제들이 있다. 작업 시간 및 노동자의 생명을 위협하지 않는 작업 환경에 대한 세심한 배려는 국가가 부당하게 개입할 문제가 아니다. 환경, 시기, 장소에 따라 사정이 너무나 달라지는 문제이므로 이에 대한 결정은 앞으로 우리가 다룰 당사자들의 협동 단체에 맡기는 것이 더 바람직하다. 또는 국가의 보호나 도움이 필요한 경우에만 국가의 개입을 요청하면서 정의에 따라 노동자들의 권익을 보호하는 다른 방도를 강구하는 것이 더 나을 것이다.

계층들간의 화해의 방편인 절약

33. 노동자의 임금이 그 자신과 가족의 생계 유지 및 안락한 생활에 충분할 경우에 그가 현명하다면 쉽게 절약을 생각하게 될 것이고 또 그리하여 본성 자체의 충동에 따라 지출을 줄이고 임금의 일부를 남겨 어느 정도의 재산을 장만할 수 있을 것이다. 사실 이미 지적한 대로, 침해될 수 없는 사유 재산권은 노동자 문제의 실제적이고 효과적인 해결에 필수적이다. 그러므로 법은 이 권리를 보장해 주어야 하며 재산을 소유한 국민의 수효가 가능한 한 늘어날 수 있게 해야 한다. 그렇게 되면 몇 가지 큰 혜택이 뒤따를 것이다. 우선 국가의 재화가 더욱 공평하게 분배될 것이다. 혁명은 사회를 두 계층으로 분리하였으며 큰 차이로 벌어지는, 두 계급으로의 분열을

만들어놓았다. 한 계층은 굉장히 부유하여 막강한 세력을 지닌다. 온갖 종류의 생산과 교역 체계를 장악함으로써 부의 모든 원천을 독점하고 국가의 운영에까지 막대한 영향력을 행사한다. 다른 계층은 가련하고 힘없는 수많은 대중이다. 이들은 생활고에 쪼들려 마음이 조급하고 항상 소요에 쉽사리 휩쓸린다. 그러나 만일 이들이 안정된 재산을 획득할 수 있다는 희망에 부풀어 근면해진다면 두 계층은 서로간에 점차 가까워져서 결국에는 극도의 가난과 극도의 부유 사이의 거대한 장벽이 무너지게 될 것이다.

두번째 혜택은 땅에서 훨씬 많은 소득이 산출되는 것이다. 사람들은 자기 토지에서 일하고 있다는 보람을 느낀다면 더욱 기꺼이 또 열심히 수고한다. 더욱이 토지가 자기 자신과 가족을 위하여 양식뿐 아니라 안락한 생활을 마련해 준다는 기대감 때문에 자기가 손수 경작하는 토지에 대해 더 큰 애정을 가지게 된다. 농토에 대한 이 같은 마음가짐이 땅의 소출과 국가의 재산을 증식시키는 데에 얼마나 많이 기여하는지는 쉽게 이해된다. 그 결과 고향에 대한 애향심이라는 세번째 혜택이 생긴다. 왜냐하면 고국이 대체로 편안한 생활을 마련해 준다면 자기 고국을 등지고 외국으로 떠날 사람은 아무도 없을 것이기 때문이다. 그렇지만 사유 재산이 각종 세금의 과도한 부과에 의하여 고갈되지 아니할 경우에만 그러한 혜택들이 생길 수 있음을 알아야 한다. 사유 재산권은 인간의 법이 아니라 자연법에서 나온 것이므로 국가는 그것을 폐지할 수 없으며, 다만 재산의 사용을 규제하고 또 공동선과 융화될 수 있도록 유도할 수 있을 뿐이다. 국가가 각종 세금의 명목으로 각 사람들에게서 그가 바쳐야 할 것 이상으로 강요하는 것은 부당하고 비인간적인 처사이다.

노동 조합의 역할

34. 결국 고용주와 노동자 당사자가 가난한 이들을 적절히 도와주고 두

계층을 서로 접근시킬 수 있는 단체들을 통하여 노동자 문제의 해결에 상당히 공헌할 수 있다. 그런 단체들로서 상부 상조의 사회 단체, 노동자와 과부와 고아들이 갑작스런 불상사를 당하거나 고질병을 앓거나 그 밖의 사고를 겪게 될 때에 그들을 보살펴주는 사설 단체들이 있다. 그 가운데서 으뜸가는 단체가 노동 조합이며 이 협동 단체는 다른 모든 단체가 지니는 기능을 거의 다 간직하고 있다. 우리 선조들은 이 협동체로부터 여러 가지 현저한 혜택을 누렸다. 그 단체는 숙련공들에게 큰 이득을 주었을 뿐 아니라, 대부분의 기념비적 업적들이 증언하고 있듯이, 기술 자체의 발전에도 크게 기여하였다. 그런데 문화가 발전하고 새로운 생활 풍습이 형성되어 일상 생활의 요구가 늘어남에 따라 이러한 단체는 오늘날의 실정에 맞게 적응되어야 한다. 이 같은 조직체가 노동자들만으로 구성되거나 또는 고용주와 노동자가 함께 이를 구성하고 있는 것은 고무적인 일이며, 그 숫자가 증가되고 그 기능이 활성화되고 있는 것은 바람직한 일이다. 우리가 이 협동 단체에 대하여 이미 수차례 언급하였지만, 여기서는 노동 조합의 필요성과 긴급성을 다시 한번 설명하고 그 결성 시기, 합법성, 조직 방법, 활동 계획 등에 대하여 살펴보고자 한다.

사적 단체와 국가

35. 인간은 자신의 연약함에 대한 뼈저린 체험으로 말미암아 자신의 활동을 다른 사람의 활동과 연합시키려는 강한 충동을 느낀다. 성서도 이 점을 지적하고 있다. "혼자서 애를 쓰는 것보다 둘이서 함께하는 것이 낫다. 그들의 수고가 좋은 보상을 받겠기 때문이다. 넘어지면 일으켜줄 사람이 있어 좋다. 외톨이는 넘어져도 일으켜줄 사람이 없어 보기에도 딱하다."[32] 또한 "의좋은 형제는 요새와 같다."[33] 이 자연적 성향으로 인하여 인간은 큰 사회 단

체인 국가 및 다른 개별 단체들을 형성하게 된다. 이 개별 단체는 분명히 작고 불완전하지만 참다운 사회 단체이다. 이 개별 단체들과 국가 사이에는 각기 그 직접적인 목적이 서로 다르므로 상당히 큰 차이가 있다. 국가의 목적은 보편적이며 공동선에 관심을 두는 것으로서 모든 국민 각자가 적절한 비례에 따라 그 공동선에 대한 권리를 누린다. 이 때문에 국가는 '공적 사회'라 불린다. 공적 사회로 말미암아, 성 토마스 데 아퀴노의 말에 따르면, "인간은 한 국가를 세우기 위하여 서로 친교의 관계를 형성하게 된다."[34] 반면에 국가의 테두리 안에서 형성되는 다른 사회 단체들은 그 구성원들만의 사사로운 이익을 그 목적으로 삼고 있기 때문에 사적 단체라 불린다.

성 토마스 데 아퀴노의 말을 빌리자면, "사적 사회는 둘이나 셋이 공동 교역의 동반자 관계를 형성하는 것처럼 사사로운 목적을 추진하기 위하여 결성되는 것이다."[35] 그런데 이 사적 사회 단체들이 국가 안에서 형성되고 또 많은 부분으로서 존재할지라도, 일반적으로 또 단적으로 말해서 국가가 그 결성을 금지시키지 못한다. 왜냐하면 사회 단체에 가입하는 것은 인간의 타고난 권리이기 때문이다. 또한 국가는 자연권을 보호하기 위해서 있는 것이지 없애기 위해서 있는 것이 아니다. 만일 국가가 시민들의 단체 결성을 금지한다면, 이는 명백히 국가의 존재 자체에 모순을 초래한다. 다른 사회 단체와 마찬가지로 국가의 유래도 바로 사회성이라는 인간의 자연적 본성에 근거를 두고 있기 때문이다.

개별 사회 단체가 정의의 공정성과 국가의 안전에 명백히 상반되는 목적을 획책하려 할 때에 국가가 그 결성을 금지함으로써 또는 이미 형성되었다면 그 단체를 해체시킴으로써 반대하는 것은 합법적이다. 그러나 국민의 이 자연적 권리를 침해하지 않고 또 죄악을 저지르지 않도록 그 점에 있어서 최대한의 신중을 기할 필요가 있다. 왜냐하면 법은 올바른 이성에 부합될 때에만, 또한 따라서 하느님의 영원한 법에 일치될 때에 한해서 구속력을 지니기 때문이다.[36]

36. 이제 교회의 권위와 신도들의 신심이 탄생시킨 수많은 형태의 수도회, 협동 단체 및 그 밖의 다른 사회 단체들을 살펴보려 한다. 지금까지 이러한 단체들이 인류에게 얼마나 많은 혜택을 주었는지는 역사가 증거한다. 이 단체들을 오로지 이성에 비추어서만 고찰해 보더라도 그것들이 정당한 목적을 가지고 있기 때문에 인간의 타고난 권리로 말미암아 분명히 합법적인 단체이다. 더욱이 이 단체들은 종교와 결부된 것이므로 오직 교회의 권위에 예속되어 있다. 따라서 국가는 이 단체들에 대하여 어떠한 권한도 행사할 수 없으며 관할권을 주장할 수 없고, 그 대신에 그것들을 존중하고 보존해야 하며 또 필요하다면 보호해야 한다. 그런데 오늘날의 현실은 그것과 전혀 다른 방향으로 나아가고 있다. 여러 곳에서 수많은 방식으로 국가가 그 단체들을 장악하고 실정법에 예속시키며 법인체로서의 권리를 박탈하고 사유 재산을 강탈함으로써 그 단체들의 권리를 침해해 왔다. 그 단체들의 사유 재산에 대한 권리는 교회 및 그 단체의 각 구성원들, 그리고 그 단체가 일정한 목적에 따라 모은 재산을 나누어주려고 작정한 사람들에게 속한 것이다. 그러므로 우리는 부당하고 악독한 강탈 행위를 통탄해 마지않는다. 더군다나 결사의 권리에 대한 요구가 드높아져 가고 있는 이때에 평화를 유지하며 많은 이득을 주는 가톨릭 단체들의 결성이 금지당하고 또 종교와 국가에 해를 끼치려고 공공연하게 획책하는 사람들에게 결사의 권리가 널리 주어지고 있는 현사태를 볼 때에 더욱 통탄스럽다.

가톨릭의 노동 단체

37. 확실히 그 어느 때보다도 오늘날 여러 사회 협동 단체들, 특히 노동자들의 단체가 늘어나고 있다. 여기서 우리는 이 단체들 가운데 많은 단체

의 기원, 목적, 진로 방향에 관하여 논의할 수는 없다. 그러나 많은 정보에 의해 확인된 공통 견해에 따르면, 이 단체들 중 상당수가 그리스도교 정신과 공익에 위배되는 조직으로서, 배후의 우두머리들에 의하여 은밀히 조정되고 있다. 이 막후 인물들은 산업을 독점함으로써 자기 단체에 가입하기를 거부하는 사람들을 위협하여 거절하면 큰 대가를 치르게 되리라고 협박한다는 것이다.

이런 상황하에서 그리스도인 노동자는 두 갈래 길 중에 하나를 선택하지 않을 수 없다. 종교 생활을 위태롭게 하는 사회 조직에 가담하든가 아니면 자신들의 힘을 규합하고 자기들의 고유한 단체를 결성하여 불의와 견딜 수 없는 탄압으로부터 과감하게 벗어나는 길밖에 없다. 그런데 인간의 가장 고귀한 선을 위기에 빠뜨리기를 원하지 않는 사람이라면, 어찌 후자의 길을 택하는 데에 주저하겠는가?

38. 가톨릭 신자들 가운데 많은 이들이 최고의 찬사를 받아 마땅하다. 그들은 시대의 요구를 통찰하여 노동자들의 처지를 적절하게 향상시키는 일에 온갖 노력을 기울여왔다. 그들은 노동자들이 처한 어려운 상황의 원인을 면밀히 파악하여 노동자 자신은 물론, 그 가족들의 행복을 증진시키며 형평의 원칙에 따라 고용주와 피고용인 사이의 상호 관계를 원만히 하려고 노력한다. 또한 그들은 이 두 계층이 서로 지키고 수행해야 할 근본적으로 중요한 의무들과 복음적 계명들을 생생하게 인식시켜 준다. 복음의 계명들은 인간의 마음이 온갖 종류의 탈선에 빠져들지 않게 해줌으로써 절제를 몸에 배이게 해주며, 국가 내에서 상당한 다양성을 이루고 있는 사람들과 사물들 간에 조화가 이루어지도록 해준다. 이러한 목적을 위하여 여러 모임들이 열리는데, 토론 중에 현명한 인사들이 의견을 교환하고 힘을 합쳐서 더 나은 해결 방안에 뜻을 모은다. 또 어떤 사람들은 다양한 직종의 노동자들이 각기 알맞은 노동 조합에 가입하도록 노력하고 조언

과 수단들을 제공하여 그들을 도와주며, 그들이 공정하고 유익한 일거리를 확보하도록 배려한다. 이에 주교들은 그들의 용기를 북돋아주고 그들을 보호하며, 많은 수도 사제들과 교구 사제들은 주교의 지도하에 노동 조합원들의 영신적 선익을 열성껏 보살펴주고 있다. 끝으로 부유한 가톨릭 신자들 가운데는 노동자들과 함께 거의 공동 보조를 취하면서 조합을 결성하고 널리 보급시키는 일에 자기 재산을 아끼지 않고 투자하는 사람들도 적지 않다. 그들은 노동자가 자신의 노동으로써 당장의 어려움을 해결하게 할 뿐 아니라 또한 장래의 영예로운 퇴직과 평온한 노후를 대비할 수 있도록 도와준다. 이토록 다양하고 자발적인 성실한 활동이 공동선에 미치는 혜택들은 너무 잘 알려져 있으므로 이에 대해 새삼 언급할 필요는 없겠다. 본인은 다만 그러한 활동들이 앞으로도 더욱더 활발해지기를 염원할 뿐이다. 그러한 단체들이 갈수록 언제나 번창하고 또 현명하게 운영되기를 희망한다. 국가는 시민들의 합법적인 단체들을 보호해야 하지 그 조직과 규율에 깊숙이 간여해서는 안된다. 왜냐하면 생명력의 움직임은 그 내재적 원리에서부터 저절로 나오며 외부로부터의 거친 간섭은 그 생명력을 말살하기 때문이다.

노동 조합의 규율과 목적

39. 어느 단체가 일관된 목적을 향하여 원활한 활동을 펴나가려면 훌륭한 조직과 현명한 규율이 절대 필요하다. 만일 시민들이 실제로 누려왔던 것처럼 한 사회 단체에 가입하는 자유로운 권리를 가지고 있다면 그들이 자기 목적에 더욱 부합된다고 판단하는 방향에서 조합을 선택하는 권리를 똑같이 누려야 한다. 조직과 규율이 각기 세세한 부문에 있어서 어떠해야 하는지에 대해 우리가 여기서 분명하고 구체적인 규범들을 규정할 수 있

다고 생각하지는 않는다. 그것은 각 국민의 성격, 노동자들의 경험과 재능과 생산 능력, 상공업의 발전 그리고 나아가 신중하게 고려되어야 할 제반 환경에 의하여 결정되어야 한다. 그러나 보편적이고 항구적인 규범으로 설정될 수 있는 근본 원칙이 있다.

노동 조합은 조합원 각자가 가능한 한 최상의 신체적 경제적 도덕적 조건을 증진시키기 위한 목적의 달성에 더욱 적합하고 용이한 방편들을 마련할 수 있도록 조직되고 운영되어야 한다. 종교적이고 도덕적인 관심이 그 주요 목적이 되어야 하며 또 사회 단체의 모든 규율이 그 목적을 지향해야 한다는 것은 분명하다.

그렇지 아니하면 이러한 조합들이 다른 성격의 단체로 변질되어 버리고, 종교를 전혀 고려하지 않는 엉뚱한 단체로 전락하고 말 것이다. 더군다나 노동자가 안락한 생활을 보장해 주는 단체에 가입할지라도 그의 영혼이 영적 양식을 구하지 못해 파멸의 위험을 겪게 된다면 무슨 이득이 있겠는가? "사람이 온 세상을 얻는다 해도 제 목숨을 잃으면 무슨 소용이 있겠느냐?"[37] 예수 그리스도의 가르침에 따르면, 바로 이 점이 그리스도인과 이교인을 구분짓는 특징이다. "이런 것들은 모두 이방인들이 찾는 것이다… 너희는 먼저 하느님의 나라와 하느님께서 의롭게 여기시는 것을 구하여라. 그러면 이 모든 것도 곁들여 받게 될 것이다."[38] 그러므로 이 단체들이 먼저 하느님을 찾게 해야 하고, 조합원 각자가 하느님께 대한 자신의 의무들을 깨닫도록 그들을 위한 종교 교육에 큰 비중을 두어야 한다. 각기 조합원이 믿어야 할 바, 바라야 할 바 그리고 자기 구원을 위하여 행해야 할 바를 잘 인식하게 해주어야 하며 널리 유포되어 있는 오류들과 타락의 유혹에 물들지 않도록 용의 주도한 방비책이 마련되어야 한다. 노동자가 하느님을 흠숭하고 열심한 신앙 생활을 영위하도록 해주고, 특히 주일과 축일의 의무들을 잘 지키려는 투철한 정신을 심어주어야 한다. 모든 이들의 공동 어머니인 교회를 존중하고 사랑하기를 배워야 하고, 교회의 계명들을 준수하며, 죄의 사함과 거룩한 생활을 위하여 하느님께서 몸소 제정하신 성사들을 자주 받도록 해주어야 한다.

40. 사회 단체의 규약들이 종교에 바탕을 두고 있다면 그 구성원들의 평안하고 풍요로운 삶과 경제적 안녕을 위하여 그들 상호간의 결속을 다지는 길이 열리게 된다. 공동 이익에 적합한 방식으로 업무들이 분담되고 다양성이 일치를 깨뜨리지 않도록 업무 분담이 조화 속에서 이루어진다. 구성원들 중 어느 누구도 피해를 입지 않도록 업무들을 분담하고 그 책임 한계를 명확하게 하는 것은 지극히 중요한 일이다.

각 사회 단체의 공동 재산은 구성원 각자가 필요에 따라 도움을 받을 수 있으며 또 고용주의 권리 및 의무가 노동자의 권리 및 의무와 융화될 수 있도록 온전하게 관리되어야 한다. 만일 고용주와 노동자 중 어느 한편이 손해를 보고 있다고 생각되면, 규약의 구속력 때문에 쌍방 모두가 받아들여야 할 결정을 내릴 수 있는 정직하고 유능한 인물들을 쌍방의 조직 안에서 각각 선출하여 문제를 해결하는 것이 바람직하다.

가톨릭 노동자들의 단합

또 배려해야 할 사항이 있다. 노동자들에게 일자리가 부족해서는 안되며 각기 노동자가 어려움을 겪을 때, 즉 갑작스럽고 돌발적인 산업 위기가 발생하였을 때뿐 아니라 병고나 노령이나 그 밖의 불상사가 일어났을 경우에도 그들을 도울 수 있는 기금이 조성되어야 한다.

이러한 규약들이 자발적으로 준수된다면 가난한 사람들의 물질적 복지와 안녕이 충분히 보장될 수 있으며 또한 가톨릭 협동 단체들이 국가 자체의 융성한 발전에 적지 아니한 영향력을 행사할 것이다. 우리가 가까운 과거로부터 미래를 예측하는 것은 결코 경솔한 짓이 아니다. 실제로 인류의 모든 세대가 고리로 연결되어 있다. 역사의 사건들은 서로간에 닮은 점이 많다. 왜냐하면 그 사건들은 하느님의 섭리에 의해 규제되기 때문이다. 하느님의 섭리는 인류를 창조할 때 미리 정해놓은 목적을 향하여 인류의 모든 사건이 진행되어 가도록 인도한다.

교회의 초창기에 희사나 노동에 힘입어 삶을 꾸려나간 그리스도인들은 세인들로부터 멸시를 받았다. 그런데 그리스도인들은 가난하고 무력하였지만 부유한 자들의 동정과 권력 있는 자들의 보호를 받아내는 데에 성공하였다. 그들은 활동적이고 근면하고 평화를 애호하며 정의를 모범적으로 실천하였고 특히 애덕의 정신으로 가득 차 있었으므로 모든 이들에게 인정받았다. 그토록 놀라운 생활과 관습 앞에서 온갖 편견이 사라졌고 악담하는 자들의 험담이 잠잠해졌으며 뿌리깊은 미신의 거짓이 그리스도교의 진리 앞에 굴복당하고 말았다.

오늘날 노동자 문제는 열띤 논쟁의 대상이 되어 있는데 그에 대한 해결책이 좋든 나쁘든 그것은 국가의 가장 중요한 문제로 등장하였다. 그리스도교 노동자들이 단체를 결성하여 연합한다면 그 문제를 훌륭하게 해결할 수 있고 또 현명한 지도를 받는다면 그들 자신과 노동자단체를 위하여 그들의 선조들이 걸어갔던 똑같은 길을 따르게 될 것이다. 왜냐하면 아무리 인간의 편견과 노여움이 거셀지라도 사악한 마음으로 정의감이 상실되지 않는다면 사람들은 노동자들에 대한 자비심을 행동으로 보여줄 수 있을 것이기 때문이다. 더욱이 노동자들이 근면하고 절도 있으며 이익보다는 정직을 더 중요시하고 다른 모든 것보다 의무감을 앞세우는 것을 사람들이 보게 될 때에 더욱 그러할 것이기 때문이다. 실제로 그렇게 된다면 또 다른 혜택이 초래될 것이다. 즉, 믿음이 부족하거나 믿음의 생활을 영위하지 않는 노동자들에게 회개의 마음과 희망의 열정을 쉽게 불러일으킬 것이다. 노동자들은 너무 자주 거짓 희망, 허황된 기만에 속아왔음을 잘 알고 있다. 그들은 탐욕스런 고용주들로부터 비인간적 대우를 받아왔고 노동으로써 생산해 내는 것 이상의 평가를 거의 받지 못하였음을 자각하고 있다. 또한 그들은 자신들에게 올가미를 씌우는 노동자단체 안에 애덕과 형제적 사랑 대신에, 거만하고 불신에 찬 가난과 함께 수반되는 뿌리깊은 불화가 지배한다는 것을 깨닫고 있다. 노동자들 가운데에는, 영육의 비참을 뼈저리게 느끼면서 참혹한 노예 상태의 멍에를 벗어버리기를 절실히 원하지만 인간 관계나 빈곤에 대한 공포 때문에 감히 실행하지 못하고 주저하는 자가 얼마나 많겠는가. 만일 망설이는 그들을 가톨릭 단체가 도와 자기의 품안에 따뜻이 맞아들이고 또 그리하여 각성한 그들을 보호하고 그들에게 원조를 베푼다면 노동자 문제의 해결에 큰 공헌을 할 수 있을 것이다.

결정적 해결책: 애덕

41. 존경하는 형제 여러분, 본인은 이토록 어려운 문제를 누가 또 어떤 방식으로 해결하여야 하는지를 제시하였다. 모든 사람은 각자 자신의 역할을 즉각 수행하여야 한다. 그러지 않으면, 이미 심각한 상태의 악이 지연으로 인해 치유 불가능하게 될 것이다. 일을 미루다 보면 그토록 심각한 악을 퇴치하는 일이 더욱 힘들어지기 때문이다. 국가의 통치자들은 훌륭한 법과 현명한 제도로써 전력을 기울여야 하고, 자본주들과 고용주들은 항상 자기의 의무들을 명심해야 하고, 이 문제에 직접 관련되어 있는 노동자들은 정의가 허용하는 범위 내에서 할 수 있는 일을 다해야 한다. 우리가 처음부터 줄곧 역설해 왔듯이 참되고 근본적인 치유책은 오로지 종교로부터 나올 수 있으므로 모든 사람이 반드시 그리스도교 생활을 다시금 영위해야 한다. 그 생활을 영위하지 않는다면 아무리 뛰어나고 효과적인 방안일지라도 소기의 목적을 결코 달성하지 못할 것이다.

교회를 두고 말하자면, 교회는 모든 시대에 모든 방법으로 자신의 역할을 수행하고자 한다. 교회의 활동은 자유로울수록 더욱더 큰 효력을 발휘할 것이다. 그러므로 국민들의 안녕을 돌보는 직책을 맡은 모든 사람이 이 점을 명심하고 있어야 한다. 성직자들은 문제 해결에 온 힘과 온 열성을 다 쏟아야 한다. 존경하는 형제 여러분은 권위와 모범으로써 모든 계층의 사람들에게 복음의 말씀을 성심 성의껏 꾸준히 가르쳐야 한다. 그들은 각자 최선을 다하여 공동선의 증진에 이바지하고 특히 자기의 안녕을 보살피기 위하여 전심 전력을 다해야 하며 또한 지위 고하를 막론하고 모든 사람들의 마음 안에 모든 덕의 근원이고 절정인 애덕의 열정을 불러일으켜 줄 수 있도록 해주어야 한다. 왜냐하면 모두가 염원하는 안녕은 근본적으로 사랑이 널리 확산되어 생겨난 결실이어야 하기 때문이다. 여기서 본인이 말하는 사랑은 그 자체 안에 복음 전체를 요약하며 또 다른 사람들을 위하여 항상 자신을 희생시킬 만반의 태세를 갖춘 그리스도교 사랑, 곧 애덕이다. 애덕은 그야말로 세속의 교만과 이기심을 해소시키는 가장 효과적인 치료약이다. 애덕의 신적 요소들에 대하여 성 바오로는 이렇게 묘사하고 있다. "사랑은 오래 참습니다. 사랑은 친절합니다…사랑은 사욕을 품지 않습니다…사랑은 모든 것을 덮어주고…모든 것을 견디어냅니다."[39)]

42. 존경하는 형제 여러분, 본인은 여러분 각자와 여러분의 사제들과 신자들 모두에게 주님께 대한 크나큰 애정과 더불어 하느님 은총과 본인의 호의의 표시인 사도적 축복을 보낸다.

로마 성 베드로좌에서,
교황 재위 제14년,
1891년 5월 15일
교황 레오 13세

*소제목은 이탈리아어 번역문을 따랐고, 항 번호는 라틴어 원문(Libreria Editrice Vaticana, 1971)의 단락에 따라 매겼다.

1. 신명 5,21.
2. 창세 1,28.
3. 성 토마스 데 아퀴노, 「신학대전」, II-II, q.10, a.12.
4. 창세 3,17.
5. 야고 5,4.
6. 2디모 2,12.
7. 2고린 4,17.
8. 마태 19,23-24 참조.
9. 루가 6,24-25 참조.
10. 성 토마스 데 아퀴노, 「신학대전」, II-II, q.66, a.2.
11. 「신학대전」, II-II, q.65, a.2.
12. 「신학대전」, II-II, q.32, a.6.
13. 루가 11,41.
14. 사도 20,35.
15. 마태 25,40.
16. 성 대 그레고리오, Evang. Hom. 10, 7항.
17. 2고린 8,9.
18. 마르 6,3.
19. 마태 5,3 : "마음이 가난한 사람은 행복하다" 참조.
20. 마태 11,28 : "고생하며 무거운 짐을 지고 허덕이는 사람은 다 나에게로 오너라. 편히 쉬게 하리라" 참조.
21. 로마 8,17.
22. 1디모 6,10 : "돈을 사랑하는 것이 모든 악의 뿌리입니다" 참조.
23. 사도 4,34.
24. 테르툴리아누스, Apologia II,39.
25. 「신학대전」, II-II, q. 61, a.1 ad 2.
26. 성 토마스 데 아퀴노, De Regimine Principum, I, c.15.
27. 창세 1,28.
28. 로마 10,12.

29. 출애 20,8.

30. 창세 2,2.

31. 창세 3,19.

32. 전도 4,9-12.

33. 잠언 18,19.

34. Contra impugnantes Dei cultum et religionem, cap.II.

35. 상동.

36. 성 토마스 데 아퀴노, 「신학대전」, I-II, q.13, a.3.

37. 마태 16,26.

38. 마태 6,32-33.

39. 1고린 13,4-7.